書山有路勤為徑，學海無涯苦作舟
U0085607

書山有路勤為徑，學海無涯苦作舟

瘋狂的年代、瘋狂的名士、輝煌的魏晉

曾經有一個這樣的年代、有這麼一群人，
在他們的眼中，人生不是一場修行，而是一場狂歡不羈的飲宴
他們敢於面對真實獨特的自我，肆意揮灑失意浪漫的人生……

勝祥寫的這本書名為《魏晉原來是這麼瘋狂（*818*瘋狂魏晉的牛人）》。什麼叫「牛人」？百度裡解釋曰：「網路語言：像『牛』一樣，作為形容詞表現此人非常厲害，用來誇讚別人，或者做了一般人意想不到的事情，別人對此人表達的一種驚訝。」為什麼要八卦這些「牛人」？我想是為了對照當下的「雷人」。

網路時代，雷人雷事層出不窮。著姐、鳳姐、小月月如過江之鯽，芙蓉、蘭董、犀利哥似雨後春筍。然，類似雷人舉動，對魏晉牛人而言，實在是小巫見大巫。讀過本書，你會發現：相對於瘋狂魏晉的牛人，當下林林總總標新立異的雷人實在太*out*了！

魏晉是中國歷史上最富於激情和智慧的一個時代，不知道魏晉歷史就不能妄談中華民族的歷史。當下人們常用的成語或典故，有將近百分之四十跟這個時代有關，足可見這段歷史對中國文化的影響。同時，魏晉也是一個名士輩出的「風流」時代。無論是「竹林七賢」，還是「蘭亭名士」，他們對自然和生活的無限熱愛，對真實自我的不懈追求，無不令人心嚮往之。

勝祥遴選了這個時期最具個性、最有故事的*20*位人物，用詼諧犀利、極具時尚感的語言描繪他們的生平事蹟，使他們的形象栩栩如生，躍然紙上。王忱，也叫王大，身為朝廷高官，岳父家有喪事，不但不幫忙料理，反而邀約十幾人赤身裸體魚貫而進，圍著棺材和痛哭的岳父繞三圈就走人；名相王導的族弟王澄，身為一方軍事大員，在朝廷為他組織的送行大會上，扔下眾人，脫掉官服爬到樹上去掏鳥窩；竹林七賢之一的嵇康，身為中散大夫（皇帝的謀臣），在職期間卻跑到鄉下去開鐵匠鋪打鐵；潘安，不僅第一帥，還是個非常癡情的男人；王羲之的兒子王徽之，一時心血來潮，想起遠方好友，經整整一宿行船終於到達朋友門前，卻突然下令掉頭回家……在不偏離史料的前提下，勝祥把這些故事講得津津有味，引人入勝。閱讀本書，不僅能讓人產生強烈的閱讀快感，還能讓瘋狂魏晉的牛人穿越千年，直接*PK*秒殺當今任何一位網路紅人！

勝祥出生於貴州萬山，現居貴陽五柳街。尚氣剛傲，驕時慢物，鄙視偽俗自欺，尤好簡略真實。身為《文史天地》編輯、簽約作家、作協副主席，卻不以為然。跟勝祥接觸這麼些年，在我看來，他的性格的確很「魏晉」，我猜想，除了天性之外，或許是受了這些魏晉牛人的影響吧。

《文史天地》是一本用生動活潑的語言介紹著名歷史人物、講述重大歷史事件的雜誌。這本雜誌一般不採用網路語言。但勝祥熟悉網路，且愛追求時尚，於是在這本「牛書」裡，用了很多「雷人」的網路語言，這大約要算本書的一大特色吧。

既然是本講述真實歷史的書，語言可以「雷人」，史實卻不可戲說。這就需要作者下工夫了。而勝祥絕對是能下工夫的人。在我印象中，他總是手不釋卷。在他這個年齡段的人，像他這樣嗜讀的，似不多見了。常言說，一分耕耘一分收穫。這本書，就是勝祥博覽群書的收穫之一了。

《文史天地》主編

魏晉原來這麼瘋狂

孔融 乖孩子的虛妄悲劇

人物簡介

姓名：孔融，字文舉，外號孔北海

家庭出身：至尊貴族

籍貫：山東曲阜

生卒：西元153～208年

社會關係：孔子的二十世孫、漢元帝老師孔霸的七世孫、太山都尉孔宙的兒子、大文學家蔡邕的學生、曹丕的好友、曹操最恨的人

社會身分：官員、名士、建安七子之首

容貌：偉岸

文學作品：《孔融集》九卷，已散佚。今存其集都是明、清人輯本，通行本有《漢魏六朝百三家集‧孔少府集》一卷

雷人言行

◎少時讓梨、讓生命，成年後虛妄、狂誕，忤逆父母，甚而兩度害了妻子兒女。

◎「父親對於兒子，有什麼值得誇張的親情呢？只不過是當初性欲衝動的結果。子女對於母親，又有什麼了不起呢？就像把一件東西放在瓦缸中一樣，一旦拿出來就沒任何關係了。」

相關成語

小時了了 推梨讓棗 不脛而走 想當然耳 巢傾卵覆 歲月不居 時節如流

志大才疏 棄短就長

作者評價

千萬別以為自己是誰，少說話不會死，說多了肯定會死。

不怕死算什麼！只是別害了一次又一次的老婆和孩子！！

神話般的乖孩子

西元208年，當孔融身首異處躺倒在許昌城郊殷紅的血泊中時，一夜之間，神州各國一片譁然，上至達官貴人，下至學子、農夫的震驚絲毫不亞於今天美國總統全家被刺。

> 孔融字文舉，魯國人，孔子二十世孫也。父宙，太山都尉。融幼有異才。（《後漢書・孔融傳》）

在他的那個時代，孔融實在太有名了，用今天演藝界的天王巨星來比也不為過。他不是因為全家被殺而揚名天下的那一類，早在幼年時期，他就因其至尊貴族的出身和聰慧機智而名滿天下，加之成年後一手漂亮的文章和虛妄任誕的言行而無人不知。正是他的虛妄、任誕，造成了他先後兩任妻子兒女無辜為他殉難。可以說，魏晉牛人們的瘋狂，是從他開始的。

「融四歲，能讓梨，弟與長，宜先知。」千百年來，一代又一代的人吟誦著這樣的句子開始識文斷字。時空轉到一千多年後的今天，很多人會懷疑這個故事的真實性。如果想一想孔融出生的家庭和西漢董仲舒之後「罷黜百家，獨尊儒術」的「主旋律」背景，就不難判斷出這個故事的真實性了。這個真實的故事，使孔融的名字從他的時代一路響來，婦孺皆知。然而，翻開歷史，我們驚訝地發現，這個早慧的神童、眾目翹首的乖孩子，前景並未光輝燦爛，而是一生虛妄、狂放，並因此命運多舛、悲劇相隨，甚至不得善終。

或者可以認為，從讓梨事件的價值取向上，孔融就顯露出了他性格中的悲劇色彩。這幾乎是人們斷然不曾料到的。但這一切還是被一個人不幸言中，這個人叫陳煒。

西元*163*年，這一年也叫東漢延熹六年，這一年東漢發生了三件大事：武陵蠻第三次反叛，車騎將軍馮緄被污免官，西羌勢熾、涼州危急。正是這一年，中國文化史上，多了一個叫「小時了了」的典故。

> 年十歲，隨父詣京師。時，河南尹李膺以簡重自居，不妄接士賓客，敕外自非當世名人及與通家，皆不得白。融欲觀其人，故造膺門。語門者曰：「我是李君通家子弟。」門者言之。膺請融，問曰：「高明祖父嘗與僕有恩舊乎？」融曰：「然。先君孔子與君先人李老君同德比義，而相師友，則融與君累世通家。」眾坐莫不嘆息。太中大夫陳煒後至，坐中以告煒。煒曰：「夫人小而聰了，大未必奇。」融應聲曰：「觀君所言，將不早惠乎？」膺大笑曰：「高明必為偉器。」（《後漢書‧孔融傳》）

這一年，十歲的孔融隨父親從曲阜來到京都洛陽，外出辦事的父親把他一人丟在了旅館。父親走後，孔融悄悄溜上大街東遊西逛。一處華麗的大宅深深吸引了他，一打聽，原來是當朝負責百官督察的李元禮的豪宅。或許，官至太山都尉的父親孔宙跟朋友聊天之時，曾多次說到這個人：「李元禮這個人，品格很高，不但對自己高標準、嚴要求，還把在天下建立以儒教為核心的道德是非標準作為自己畢生的責任。假如能上他家去拜訪並受到接待，那簡直是鯉魚跳進了龍門了。」

於是，孔融大搖大擺走到門衛室，對門衛說：「我是李大人的世交親戚，有勞通報一聲。」門衛一看是一小孩大大咧咧地吩咐自己，立刻跑回府中稟報。孔融就這樣走進了李元禮高貴的客廳。當著滿坐高朋，李元禮驚詫地說：「我弄不明白你們家跟我們家有什麼恩情往來？」孔融說：「是的先生，你姓李，我姓孔，我是孔仲尼的第二十代孫，想當年我們家先人同你們家先人一起探討過道德學問，從而成了很好的師友關係，這樣說來，咱們兩家難道不是世交嗎？」聽到這樣的話，李元禮跟在座的賓客大為感嘆。

不一會兒，主管朝廷議論政事的太中大夫陳煒來了。於是，有人把這件事當奇聞趣事講給他聽。陳煒聽完之後，說：「小時候聰明伶俐，長大以後未必就有什麼大的出息。」聽到這樣的話，孔融馬上反擊：「您小的時候肯定也是特別聰明伶俐的那種吧，先生。」

陳煒頓時大汗。李元禮大笑：「這孩子呀，長大後就不是一般的人哪！」

不知是李元禮有意誇孩子，還是他根本就沒有察覺到，除了智力超群之外，孔融的心高氣傲和咄咄逼人對他未來的命運意味著什麼。

在孔融即將跨入成人行列的那一年，又一樁載入史冊的事發生了。這就是千百年來人們交口相傳的「一門爭死」的故事。

> 時融年十六，儉少之而不告。融見其有窘色，謂曰：「兄雖在外，吾獨不能為君主邪？」因留舍之。後事洩，國相以下，密就掩捕，儉得脫走，遂並收褒、融送獄。二人未知所坐。融曰：「保納舍藏者，融也，當坐之。」褒曰：「彼來求我，非弟之過，請甘其罪。」吏問其母，母曰：「家事任長，妾當其辜。」一門爭死，郡縣疑不能決，乃上讞之。詔書竟坐褒焉。融由是顯名。（《後漢書・孔融傳》）

故事的起因，是一名叫張儉的名士。

張儉，漢靈帝身邊狗仗人勢、為非作歹的宦官侯覽的死敵，孔融哥哥孔褒的好友，朝廷追殺的欽犯。

張儉逃到孔家的時候，恰巧孔褒外出，十六歲的孔融獨自在家。張儉見他年齡還小，就打算離開。見張儉面有難色，孔融就說：「我哥哥雖然不在家，難道我就不能幫助你嗎？」於是把張儉藏在家中。事情洩露之後，孔融與孔褒雙雙被捕入獄，兄弟二人都拍著胸脯信誓旦旦說是自己幹的，與兄弟無關，自己願意為這件事情承擔後果，要砍頭就砍我吧！郡縣官拿這兄弟倆簡直沒有辦法。當時孔融父親三年前就已去世，於是只好請來他們的母親。這位高貴的母親一上公堂就把責任通通攬在自己身上，說都是自己管教不嚴，才讓兒子犯下了包庇朝廷欽犯的大罪，如果要殺的話，就殺了老身吧。郡縣官無計可施，只得把案件逐級上報，這事一下就傳到了漢靈帝耳邊，靈帝於是親自裁決，朱筆一揮，下詔定了孔褒死罪。

「一門爭死」，靈帝判案，轟動了朝野，也使孔融從一個神童一躍成了以身赴死的堂堂大名士。

如此「公務員」

中國有句話，叫「三歲看老」。從四歲讓梨、十六歲讓生以及「小時了了」這三件並非有意作秀的事情來看，孔融與生俱來的務虛、心高氣傲、勇於犧牲而又生性耿介的書生特質，已經淋漓盡致地顯露出來。

成了名士的孔融，仗著大聖人孔子和做過元帝老師的七世祖孔霸的光環，憑著少時幾件讓天下口耳相傳的「豪言壯舉」，加上蔡文姬父親蔡邕的指教，自然出落成了天下第一明星。由此，舉薦其到州郡做官的人紛至沓來，這對於寒門學子來說，無不是夢寐以求的事情。而此時的孔融根本不為所動。直到有一天，他老師蔡邕的好友楊賜向他揚起橄欖枝，他才去司徒（相當丞相級別）楊賜手下做了一名僚屬，從此步入仕途。

剛開始工作的孔融，一方面對工作兢兢業業，任勞任怨，另一方面，眼睛裡卻容不得一粒沙子，總是看不慣當朝的種種不端，關心他的人包括他的上司楊賜也覺得無力保護他，常常為這個「惹禍包」捏把汗。

不久，他的耿介和虛妄終於讓他知道，天下原來並非書上所說的那麼講理，朋友和上司告誡他時所說的「後果很嚴重」其實離他並不遙遠。

當時有一位炙手可熱的人物叫何進（本書要說到的一個重要人物何晏的爺爺，原本是一個屠夫，因為有個如花似玉的妹妹被選為皇后，遂帶著一身豬騷味，節節攀升。在召董卓進京和計殺董卓的過程中，表現滑稽而悲哀），即將由河南尹升遷為大將軍，楊賜派孔融拿著自己的名片去祝賀何進，孔融到達後並沒有受到禮遇，甚至等了半天也不給通報，於是孔融一怒之下奪回名片撕得粉碎，打道回府。回家後他給楊賜寫了一封信，辭官不幹了。

何進跟他的僚屬們知道這個事後，非常惱火，連夜請來專做人頭生意的殺手，無論開價多少都行，只要能買來孔融的人頭。

這一次孔融沒死成。

不知是孔子後代的光環還是讓梨的名氣救了他，反正就在刺殺還沒結果的時候，有人站出來保了他。那人對何進說，孔融這人名氣太大，假如將軍您要跟這個人結怨，所有的名士都會在情感上向著他離你而去。還不如就此給他禮遇，天下人都會知道您的仁義與寬厚。

西元*185*年，由於何進等人的保舉，孔融當上了朝廷「侍御史」，這是一個朝廷的重要職務，協助御史大夫處理朝廷日常事務。

表面上看，孔融是因禍得福，從楊賜的僚屬一步跳到了堂堂正正的「地市級」領導幹部崗位。殊不知，何進及何進背後的這些操盤手，把他送上的是另一個屠宰平臺。

此時，如果孔融能認真地反省一下，踏踏實實地幹，萬分低調地忍，少說話，多做事，憑他那樣的出身、文化水準、後臺靠山和年輕，說不準到曹操主政時，在曹手下混個「一曹之下，萬人之上」的位置也不是不可能的。那樣才能對得起含辛茹苦、守寡養他的母親，才能對得起顯赫的門庭。然而，孔融卻並不這樣想，他依舊按著自己的性子出牌，絲毫不為家庭和自己的前途利益著想。明知山有虎，偏向虎山行。

這樣的事情不久果然發生了。上任不久，又因為不能忍讓與中丞趙舍不和，實在待不下去，便又以健康為由辭職回家。《後漢書‧孔融傳》記載：與中丞趙舍不同，託病歸家。

他這一辭職回家對他本人倒沒什麼，不用早起，也不用打卡，更不用忍受領導「更年期」般的言行和同事之間的爾虞我詐了。問題是：他還有母親、老婆、孩子，他們的生活怎麼過？就算家裡是貴族，有良田萬頃，不愁吃穿，但一個男人整天待在家裡生悶氣不去上班，總不是好事吧。何況他的情緒會讓家裡人無所適從，戰戰兢兢；作為家裡的頂樑柱、核心，至少會使家裡人覺得這種總做不好事的男人缺乏安全感，家庭的幸福指數會直線下降吧。

百無聊賴地在家擺上酒席，呼朋喚友，邊喝邊聊，雲裡霧裡地談談哲學、文學，嘻嘻哈哈地談談女人，大罵社會，大罵誰誰素質差，誰誰沒人格，接著就是一場大醉，一直睡到第二天傍晚才起床，起來之後又擺上酒菜，重複昨天的故事。說實話，這樣的生活方式和作派，早背叛了他祖先孔子說的那一套清規戒律，還弄得自己的兩個孩子也成了小酒鬼。《世說新語》裡就有這樣一段記載，說一天中午，酒醉的孔融躺在床上，他的兩個孩子就蹲在酒罈邊，偷偷地喝他們父親的酒。一個按照當時的規矩，禱告之後再喝；另一個則沒有那麼多規矩，不管三七二十一舀出來就喝。正好孔融醒來，就對那個沒禱告的孩子說：「你怎麼不禱告？」孩子回答說：「本來就是偷來喝的，還要講什麼禮法呢？」這兩個可憐的孩子哪裡知道，碰上了這樣的父親，不僅僅把他們害成了小酒鬼，更大的「杯具」正等著他哥倆呢。

有後臺，起點高的人就是不一樣。孔融在家待了一段時間後，終於又有人站出來，推薦了他。這一次級別也不低，在朝廷「總理」、「國務卿」級別的司空手下做一名助理，這可是個有實權的差事。這一次的領導知道孔融的德行，怕留不住他，「在職三日，遷虎賁中郎將」。從總理衙門一個主辦文案的官員，上任三天就遷調為「中央警備團團長」，這樣的升遷速度，是何等令人驚訝和妒羨啊。

按說到了這樣的位置上，已經是最高領導身邊的人了，只要好好幹，老老實實，像藏獒一樣忠實，像石獅一樣沉默，那麼等待孔融的絕對是光輝燦爛的前程。

然而，孔融不是這樣。

是乖孩子卻不是個好爸爸

到董卓完全架空漢獻帝劉協，執掌官員廢立的時候，孔融的不著調、不靠譜就更加突出。其實他完全可以像當時一些官員那樣，你指鹿我不一定說是馬，只要保持沉默就得了。「敵人過於強大」，我可以保存實力嘛。

會董卓廢立，融每因對答，輒有匡正之言。以忤卓旨，轉為議郎。（《後漢書・孔融傳》）

因為每次與董卓對話，孔融都流露出叫董卓滾蛋，讓獻帝自己來主政的意思，並時常頂撞、不順從董卓的講話精神，於是又「被」遷調到了「議郎」——毫無實權的參謀位置上。在這個位置上，孔融仍然繼續跟董卓作對。其實，按現在的價值觀念來說，獻帝也好，董卓也好，不管誰來做國家領導人，都是封建統治，民主、民生、民權都不可能得到，更何況讓董卓來管理國家總比獻帝有能力吧。

跟董卓過不去的結果是從「中央警備團團長」，變成了一個不管事的「參謀」，再從一個「參謀」變成了抗敵一線青州北海郡的縣市級幹部。

在北海的六年，可以說是孔融一生中家庭生活最幸福的時光。在工作上，他平定了賊寇，扶持學校，表彰好人好事，改善了百姓生活等等，並且還舉薦了一批青年學子，讓他們去做官。孔融一生樂於推薦學子。他曾經惺惺惜惺惺而舉薦的學子禰衡，由於比他的性格還狂傲，最終也成了孔融死罪的理由之一，這是後話。工作上的成就感，地方百姓的擁戴，加之遠離了朝廷那撥噁心的人，他的心情格外晴朗，由此一家人樂樂融融，煞是幸福。

然而，孔融的耿直與才華讓他既得以沉浸於幸福又暗陷不幸的詛咒。這六年之中，如果孔融多搜刮些民脂民膏，多積攢點財富，在「政治中心」設個觀察時局、跑官要官的「駐京辦」，逢年過節或製造藉口，不失時機地向得勢者送上點「心意」，為今後的日子做一點打算，也許接下來他一家的悲劇也不會發生。

左丞祖者，稱有意謀，勸融有所結納。融知紹、操終圖漢室，不欲與同，故怒而殺之。（《後漢書・孔融傳》）

在曹操、袁紹的勢力開始鼎盛的時候，他的一個副手勸他去拉點關係，而孔融卻一怒之下把他殺掉。

西元196年，是孔融終身難以忘懷的一年。

這一年，流落在外的漢獻帝回到了洛陽。皇宮已經全被燒毀，一粒糧食也沒剩下，朝中官員餓得採摘桑葉充飢，有的餓得靠著城牆就死了過去，有的則被士兵殺死。

這一年，曹操帶兵進入洛陽，把獻帝和朝廷遷到了許昌，曹操做了一人之下萬人之上的「超級司空」，真正實現了挾天子以令諸侯。

這一年，與孔融互稱「孔子顏回」關係的禰衡被江夏太守黃祖斬首。

也是這一年，從春天起，敵人的部隊把孔融的城池圍得水洩不通，一直持續到夏天，戰鬥異常慘烈。

戰士所餘裁數百人，流矢雨集，戈矛內接。融隱几讀書，談笑自若。（《後漢書・孔融傳》）

一向虛妄狂放的孔融卻並不肯正視現實，生怕有損自己處變不驚的大名士形象，更不會到一線去督陣。當兵員只剩下幾百人，攻城的箭鏃像下雨一樣密集而降，守軍與敵軍短兵相接，血肉搏殺的時候，孔融仍故作鎮定，憑案讀書，若無其事地談笑風生。

終於，在一個漆黑的夜晚，隨著城中的一陣喧鬧，敵軍攻進了城內。此時此刻，這個一生不肯正視現實的狂狷書生，才在幾名親兵的掩護下，狠心地丟下了妻子兒女，在茫茫夜色中逃出絕地。可憐他的妻子和兩個兒子，只得用自己的生命為這個不爭氣的丈夫和父親殉難了，母子三人被敵兵俘虜，全部被殺。

你孔融忠於漢室沒罪，但你不顧妻子兒女的身家性命，大敵當前，還做「名士沉穩秀」，白白斷送自己三位親人的性命，能算個東西？

這個時候不知道孔融是否會心痛難過，是否會反省自己過去的一切。

事實證明，這個以智商聞名天下的傻蛋還是沒有醒悟，在往後的日子，繼續荒誕地做他的狂妄大夢。

隻身逃過一劫的孔融，匡扶漢室，維護正統的心結不改，加之自以為是的膨脹、狂狷和耿介，就註定了他此後依然災難重重。或許這些災難原本就是伴隨他的出身、所受的教育以及骨子裡的性格基因而來的，這甚至是不可逃避的。但作為一個男人，至少應該有一點家庭責任感吧，你要殺身成仁，捨生取義沒人可以阻攔，但明明知道自己這樣堅持下去凶多吉少，就不要把別人的生命綁在自己頑固而愚蠢的戰車上！

遺憾的是，落花流水的孔融回到許昌又娶了一位媳婦。這個女人在此後的日子裡，先後為他生了兩個孩子。

乖孩子的最終「杯具」

鑑於孔融的知名度，曹操不得不給孔融安排了新的工作，這一次是負責掌管皇家土木工程的「大匠」（建設部部長），在這個位置上幹了一段時間之後，就提升成了九卿之列的「少府」，負責掌管皇家財產（財政部長）。這也是孔融一生最具實權，地位最高的位置。這時候是曹操的天下，孔融還依著性子出牌，自然是由不得他了。似乎，當年與董卓過不去的情形，又開始在孔融與曹操之間上演。終於有一天，孔融被調到了主管參政議政的「中太大夫」位置上。在那個軍閥混戰、「槍桿子裡面出政權」的封建帝王時代，在那樣的國體政體下，一個「參議」的位子算什麼？

於是乎，孔融更加憋屈了。

又融為九列，不遵朝儀，禿巾微行，唐突宮掖。（《後漢書・孔融傳》）

他開始倚老賣老（其實僅僅比曹操大兩歲），做出一副很不得志的退居二線的老幹部、老顧問的樣子，故意不按規定著裝，不打卡，或去了也是滿身酒氣，對組織紀律嗤之以鼻，對領導和同事的態度極其冷漠、敷衍。

並且，他每天在家大擺筵席，革命小酒天天醉，喝醉之後就瘋瘋癲癲，胡言亂語。或者把一個長相有點像他老師蔡邕的警衛員叫到身邊，跟自己坐在一起，把別人當作自己的老師，胡言亂語一番。在此期間，他常說，只要「坐上客常滿，樽中酒不空，吾無憂矣」，真是頹廢得可以。

更有甚者，在一次喝酒中他還說：「父親對於兒子，有什麼值得誇張的親情呢？只不過是當初性欲衝動的結果。子女對於母親，又有什麼了不起呢？就像把一件東西放在瓦缸中一樣，一旦拿出來就沒有任何關係了。」

父之於子，當有何親？論其本意，實為情欲發耳。子之於母，亦復奚為？譬如寄物缶中，出則離矣。（《後漢書・孔融傳》）

就是今天的「*90*後」也說不出這樣的話來，這與大罵自己父母幾乎沒有區別。

那個時代，百姓和朝廷需要的都是王祥一類的道德模範人物，這樣的人物不僅能做出冬天後母想吃魚的時候用身體去化冰取魚，更能做出在後母生氣要殺他而沒有殺著的時候，把斧頭遞給後母，把頭伸向斧頭讓後母解氣的事情。在當時「以孝治天下」的道德、禮法背景下，這樣的話無疑是犯了大忌。

這時候，年過半百的孔融，第二次婚姻的孩子尚且幾歲，他卻絲毫沒有顧及自己的這些言行會給孩子帶來什麼。

至此，那個讓梨、讓生的孩子，那個出生於制定「忠孝仁愛」規則之家的孩子，那個要立志匡扶正統的孩子，幾乎蛻化為異端魔鬼了。

如果說，你憋屈，你不滿，賣賣老資格，酗酗酒，私下裡胡言亂語，頹廢一下，也就算了，但他卻死死盯住曹操不放，非把平定天下、治理國家的曹老大惹怒不可。

讓曹操忍無可忍的，具體有下面兩件值得一說的事。

> 初，曹操攻屠鄴城，袁氏婦子多見侵略，而操子丕私納袁熙妻甄氏。融乃與操書，稱「武王伐紂，以妲己賜周公」。操不悟，後問出何經典。對曰：「以今度之，想當然耳。」（《後漢書・孔融傳》）

男人愛美女，古往今來，人之本性。在破袁紹的鄴城之前，曹操就聽說袁紹的兒媳甄洛不但非常賢慧而且姿色了得。於是就鐵了心要將這甄氏美女弄到手，鄴城一破，曹操就迫不及待地要召甄洛到身邊來，這時左右就告訴曹操說，甄美女已經被五官中郎將曹丕帶走了。曹操一聽，心裡涼了半截，只得順水推舟地說，今年我大破袁紹為的就是這小子（詳情見本書「曹丕」一文）。

上面這則故事也就是今天我們所說「想當然耳」這個典故的前提。

這本來是一件與孔融無關的事情，但此時的孔融卻坐不住了，於是連夜給曹操寫了一封信，說：「武王伐紂，以妲己賜周公。」曹操看了信後，對「以妲己賜周公」這個聞所未聞的典故百思不得其解，於是就問孔融這個說法的出處，孔融回答說，從而今現在眼目下的情況看，想當然是這樣的。聽了這樣的話，曹操氣得殺人之心頓生。

由於孔融的社會地位，曹操暫時忍下了這口惡氣。不久之後，曹操討伐烏桓，這時候孔融的嘴巴又癢了，又一番對曹操冷諷熱嘲。這次對曹操的嘲諷，進一步堅定了曹操殺他的決心。你不好好在家待著，老子帶兵征戰、吃苦受累你不但沒一句關心問候，天天在京城喝酒會友、奢侈享受不說，反而譏諷有加，怎不讓人心寒？

人的忍耐是有限度的。西元207年，全國大旱，糧食歉收嚴重。為了儲備糧食度過難關，曹操頒佈了《禁酒令》，而此時身為九卿之列的孔融，不但不積極回應支持，反而先後幾次就禁酒事宜給曹操寫了反對禁酒的公開信。

稍通人情世故的人都知道，身為九卿之列的孔融，再怎麼禁酒也禁不了他吧。你只要不在朝堂之上一邊喝酒一邊罵人，誰管你？像他這麼高的智商，只要隨便動一下腦筋就能把喝酒說成為工作喝，為百姓的利益而喝，這既討好又賣乖的事情又有何難？

然孔融就是孔融，他在致曹操的公開信中說：喝酒是最重要的禮樂儀式，你不是提倡以禮治天下嗎？既然禁酒，是不是不要講禮了？夏朝商朝，因為女人而丟了天下，為什麼到現在還不禁止男婚女嫁呢？

這些話，把曹操氣得難以呼吸。

西元208年，當曹操平定了北方，在南方戰場全線大吉，罷免三公，自任丞相的時候；在孔融用虛妄把第一任妻子和孩子送上刑場十二年之後，斬殺孔融的事情就被提到了正式日程。

書奏，下獄棄市。時年五十六。妻、子皆被誅。初，女年七歲，男年九歲，以其幼弱得全，寄它舍。二子方弈棋，融被收而不動。左右曰：「父執而不起，何也？」答曰：「安有巢毀而卵不破乎？」主人有遺肉汁，男渴而飲之。女曰：「今日之禍，豈得久活，何賴知肉味乎？」兄號泣而止。或言於曹操，遂盡殺之。及收至，謂兄曰：「若

死者有知，得見父母，豈非至願？」乃延頸就刑，顏色不變，莫不傷之。（《後漢書‧孔融傳》）

《世說新語》也有類似記載。這兩種記載結合起來，可做如下解釋：

孔融被殺的時候，只有五十六歲，妻子兒女都一併被殺。當時，他兒子九歲，女兒只有七歲。在他們夫妻即將被帶走的時候，兩個孩子顯得無動於衷，若無其事地下自己的棋。有人問：「爸爸媽媽被抓了，你們怎麼站也不站起來一下？」孩子說：「你見過覆巢之下，會有完卵的嗎？」

那時，兩個孩子被託付給了朋友。一天，朋友家不小心灑了肉湯在桌上，兒子因為口渴就趴下去用嘴吮吸起來，妹妹看到這樣就對哥哥說：「父親惹下這麼大的禍，我們還能活多久呀？你還能吃得出肉味嗎？」於是男孩馬上停止了吮吸，號啕大哭。曹操聽說後，下令儘快殺掉。在去刑場的路上，妹妹對哥哥說：「假如真有靈魂的話，我們就能夠在另一個世界見到我們的父母了，那難道不是很好嗎？」於是兄妹倆就刑時長長地伸著脖子，面無驚色等著下刀。

不知道這兩兄妹在另一個世界見到他們十二年前先去一步的，未曾謀面的哥哥，並談起他們的父親，又會有怎樣的感慨。

成語附錄

【成語】**小時了了**
【釋義】指人不能因為少年時聰明而斷定他日後定有作為。
【出處】南朝宋・劉義慶《世說新語・言語》：「小時了了，大未必佳。」

【成語】**推梨讓棗**
【釋義】指對人友愛，總把好處留給別人。
【出處】《後漢書・孔融傳》李賢注：「又南朝梁王泰幼時，祖母集諸孫姪，散棗栗於床，群兒皆競取，泰獨不取。問之，答道：『不取，自當得賜。』」

【成語】**不脛而走**
【釋義】脛：小腿。走：跑。沒有腿也能走。比喻自然達到某種效果。
【出處】漢・孔融《論盛孝章書》：「珠玉無脛而自至者，以人好之也，況賢者之有足乎？」

【成語】**想當然耳**
【釋義】憑主觀推斷，認為事情大概是或應該是這樣。
【出處】《後漢書・孔融傳》：「以今度之，想當然耳。」

【成語】**巢傾卵覆**
【釋義】比喻滅門之禍，無一得免。亦以喻整體被毀，其中的個別也不可能倖存。
【出處】《後漢書・孔融傳》載：孔融被曹操逮捕時，有女七歲，子九歲，兩人正在下棋，安坐不動。左右問父被捕為何不起，回答：「安有巢毀而卵不破乎！」意指父被害，自己也不得倖免。

【成語】**歲月不居**

【釋義】居，停留。指時光流逝，不會停留。

【出處】漢・孔融《論盛孝章書》：「歲月不居，時節如流，五十之年，忽焉已至。」

【成語】**志大才疏**

【釋義】疏：粗疏，薄弱。指人志向大而能力不夠。

【出處】《後漢書・孔融傳》：「融負其高氣，志在靖難，而才疏意廣，迄無成功。」

【成語】**棄短就長**

【釋義】謂捨棄短處而採用長處。

【出處】漢・孔融《肉刑議》：「胡明德之君，遠度深惟，棄短就長，不苟革其政也。」

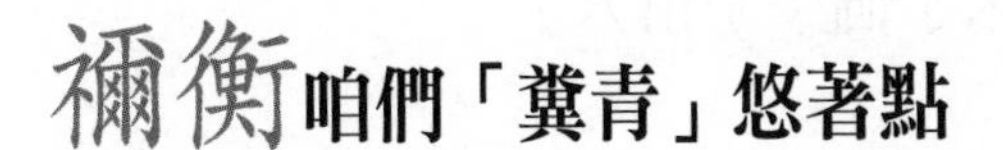

禰衡 咱們「糞青」悠著點

人物簡介

姓名：禰衡，字正平，外號還來不及有人取

家庭出身：史書未錄（以相關史料推斷絕非豪族名門）

籍貫：山東臨邑

生卒：西元173～198年

社會關係：孔融的忘年之交、楊修的好友、黃射（殺禰衡者黃祖的兒子）的偶像

社會身分：詩人、作家，「糞青」，進城務工人員

容貌：未有記載

主要作品：現存《鸚鵡賦》、《弔張衡文》等

雷人言行

◎「大兒孔文舉，小兒楊德祖。餘子碌碌，莫足數也。」

◎滿朝文武的國宴上，脫得精光，赤身裸體大罵最高領袖。

◎領導請客，主賓未開動，搶先吃飽，吃完旁若無人用筷子不停戲玩碗裡粥羹。

相關成語

不可多得 淑質英才 文不加點 忘年之交

作者評價

狂也能狂死人。

狂不是錯，沒教養才是你的錯。

投門拜師，別走錯了門！

許昌來了個「宇宙人」

西元*196*年（建安元年），皇家炫目的儀仗排場、達官貴人華麗的馬車、高頭大馬上兇神惡煞的各色軍人，在一陣又一陣的人喚馬嘶中開進了河南許昌。一夜之間，許昌成了漢獻帝劉協新興的首都。緊接著，四面八方的名士學者、商人、僧侶道士沿著平坦的官道、崎嶇的山路，不捨晝夜紛至沓來。儘管此時的華夏大地遍地狼煙，吶喊聲中，閃著寒光的刀槍斧鉞之下人頭還在不斷落地，但許昌卻顯出了少有的繁華和熱鬧。

禰衡，這個出生在山東臨邑德平鎮小禰家村的青年，千辛萬苦由荊州來到了許昌。初長成人的禰衡，仗著自小穎慧，有著較好的儒學名教修養，在以老莊玄學為時髦的當時，也懂得一些玄學之道，且寫得一手好文章，在他的故鄉贏得了不少讚譽。一則因為逃避戰亂，二者想要振翅一試自己的能力，他離開了故鄉，在荊州打工漂泊了一陣。荊州，畢竟遠離全國政治、文化中心，在那裡禰衡沒有得到自己想要的東西。這一年的秋天，從許昌不斷傳來的消息讓禰衡徹夜難眠，於是，背負簡單的行囊、懷揣斑斕的夢想，年輕的禰衡跋山涉水、一路風雨兼程來到了許昌。

在城郊結合部一間廉租房住下來之後，他上街印了名片，名片最顯眼的位置當然一字不漏地羅列了自己曾經發表過的作品，這些作品是他身價和學識的體現。他要憑自己的學識和才華結交有著蓋世才華且已經取得地位和名望的同類。

接下來的一段時間裡，他想方設法擠進各種各樣的名士達人沙龍。魏晉時期的文化可謂真正的百家齊放，儒釋道三教各自旗風獵獵。漢元帝時期儒家思想被確立為「治國名教」，忠君孝親被皇權中央擬為執政之綱，與此同時，佛教也開始由胡人帶到中原，其影響漸次擴大，而中國傳統的道家思想，在以名教為正統的壓抑下，此時顯得格外活躍。於是乎，達官貴人、學者名士紛紛以豪宅、酒壚、郊野舉辦各種各樣的文化派對，並以此結交朋黨、相互吹捧、擴大影響。

建安初，來遊許下。始達潁川，乃陰懷一刺，既而無所之適，至於刺字漫滅。（《後漢書‧文苑列傳‧禰衡傳》）

在這樣一個前提下，加之許昌新為首都的欣欣向榮，禰衡似乎看到了希望。然而，一圈下來，比之於荊州，禰衡更加失望，在他眼裡，根本就沒有一個能看上眼的，既然看不上眼，名片也就更不想發出去。「既而無所之適，至於刺字漫滅」，意思是說，到最後名片上的字跡在衣兜裡都被磨得模糊了，也沒能發出一張。

是時，許都新建，賢士大夫，四方來集。或問衡曰：「盍從陳長文、司馬伯達乎？」對曰：「吾焉能從屠沽酒耶！」又問：「荀文若、趙稚長云何？」衡曰：「文若可借面弔喪，稚長可使監廚請客。」（《後漢書‧文苑列傳‧禰衡傳》）

壯志難酬的禰衡，心裡鬱悶到了極點。此時有人告訴禰衡，讓他去拜訪曹操的僚屬陳群和司馬朗，禰衡一聽就火了：「我怎麼能跟殺豬賣酒的人在一起呢！」此後又有人讓他去參拜尚書令荀彧（音ㄩˋ）和蕩寇將軍趙稚長，他回答說：「荀某白長了一副好相貌，如果弔喪，可借他的面孔用一下；趙某是酒囊飯袋，只好叫他去監廚請客。」

要知道，此時的陳群雖只是曹操手下僚屬（相當於地司級），但出身名門，才德兼備，呼聲很高。其祖父陳寔（音ㄕˊ）、父親陳紀、叔父陳諶都是漢末鼎鼎大名的名士官僚。到曹丕時代，陳群甚至做到了尚書令、司空等類似國務總理的官職，且封了侯。先後為曹操、曹丕兩代政權執掌者的托孤重臣；司馬朗是司馬懿的同胞兄弟，當時職位雖也只跟陳群一樣，但卻是好學有才，品行端正，深得百姓愛戴的好官；荀彧，從祖父開始，世代名士官僚，被稱為「王佐之才」，是曹操手下的首席謀士和功臣，尤其在曹操統一北方的戰爭中戰功赫赫；至於蕩寇將軍趙稚長，大名叫趙融，字稚長，是當年漢靈帝為削大將軍何進兵權，設立的類似袁世凱小站練兵的軍官培育組織——西園八校尉中的一員，這個組織中有著名的曹操、袁紹等人，在那個戰火紛飛的年代，從蕩寇將軍一職與趙融當年的同事看，想來趙也並非酒囊飯袋。但這些優秀的名士重臣在禰衡看來，是那樣地不足掛齒。

如果此時，他能聽進好心人的話，去參拜以上任何一位，而不是少小出名成年虛妄的敗家子孔融以及耍小聰明被砍腦袋的楊修，或許他的未來會是另一番景象。正所謂，近朱者赤近墨者黑。當然，孔融、楊修也不是墨者，而是狂者。「糞青」一旦跟死不穩重的「老糞青」、「老瘋子」攪在一起，其後果自然會更加嚴重。

瘋子拜見神經病

其時，孔融正從北海慘敗而歸，一妻兩子皆被敵寇擄去屠殺，曹操並沒有怪罪隻身回到許昌的孔融，鑑於許昌新為國都，有大量工程上馬，就讓他負責當時除帶兵衝鋒之外最重要的城市建設工作，坐上了「大匠」——這個相當於今天建設部長的位置上。此時的孔融尚未娶到新的老婆，鰥夫一個，八小時之外，幾乎都在家大搞「酗酒」派對。

禰衡與孔融的初次見面，也非常另類。一天深夜，派對結束，朋友散盡，基本喝高的孔融坐在燈下昏昏欲睡，忽見一少年大搖大擺進來，逕自取酒斟滿酒杯，把杯送到孔融鼻下，一比畫，咕咚一聲，整整一大杯就倒進肚裡，然後打出一個異常響亮而悠長的酒嗝。直到這時，孔融才睜開醉眼，看清禰衡，於是也斟上滿滿一杯，舉起來在禰衡眼前一比畫，也是咕咚一聲就下去了，且喝的速度更快，喝的聲音更加響亮短促。

這一年，孔融四十三歲，禰衡二十三歲，爺兒倆就這樣沒有半句對白，你一杯我一杯，從此成為「忘年之交」。

> 既而與衡更相讚揚。衡謂融曰：「仲尼不死。」融答曰：「顏回復生。」（《後漢書‧孔融傳》）

此後禰衡就成了孔融家的座上客，天天陪著鰥居的孔融「酗酒」。一天夜裡，兩人邊喝邊聊，從《詩經》談到《離騷》，從美女扯到政治，聊到興致最高時，禰衡竟激動地說：「先生，您真是孔夫子未死啊！」聽到禰衡的話，孔融受用至極，大笑著回答道：「你也是顏回復生嘛！」誰也不曾想到，這佯狂之言，後來竟成了孔融三條死罪中的一條。

一生鍾愛推舉後學的孔融，面對比自己還狂的禰衡，甚是滿意，於是鐵下心來要幫禰衡。「造星計畫」的第一步，就是利用自己的影響在家裡不斷舉辦各種派對，而在孔融的來賓中，禰衡也只認為楊修的水準才值得交往。但是孔融不管這些，為達到推出禰衡的目的，他廣泛邀請在京名流，且每次活動開始之前就讓禰衡閃亮登場，隆重推出，一個勁兒猛吹禰衡的才華學識、能力。久而久之，京城上下莫不知道山東來了一位白衣少年禰衡，不僅有棟樑之才，而且「上知天文地理，下知雞毛蒜皮」。僅僅有民間的呼聲還不夠，民間呼聲在當時相當於現今的網路，即使下面天翻地覆，只要上面不說話、不表態，鬧也白鬧，還是上不了檯面，成不了正果。孔融要的就是讓禰衡修成正果，在中央撈個一官半職。

說幹就幹，這位口才和文章都聞名天下的孔子第二十世孫，下筆凝神：

臣聞洪水橫流，帝思俾義，旁求四方，以招賢俊。昔孝武繼統，將弘祖業，疇咨熙載，群士響臻。陛下睿聖，纂承基緒，遭遇厄運，勞謙日昃。惟嶽降神，異人並出。竊見處士平原禰衡，年二十四，字正平，淑質貞亮，英才卓礫。初涉藝文，升堂睹奧，目所一見，輒誦於口，耳所暫聞，不忘於心。性與道合，思若有神。弘羊潛計，安世默識，以衡准之，誠不足怪。忠果正直，志懷霜雪，見善若驚，疾惡如仇，任座抗行，史魚厲節，殆無以過也。鷙鳥累百，不如一鶚。使衡立朝，必有可觀。飛辯騁辭，溢氣坌湧，解疑釋結，臨敵有餘。昔賈誼求試屬國，詭係單于；終軍欲以長纓，牽致勁越。弱冠慷慨，前世美之。近日路粹、嚴象，亦用異才，擢拜台郎，衡宜與為比。如得龍躍天衢，振翼雲漢，揚聲紫微，垂光虹蜺，足以昭近署之多士，增四門之穆穆。鈞天廣樂，必有奇麗之觀；帝室皇居，必蓄非常之寶。若衡等輩，不可多得。激楚、楊阿，至妙之容，台牧者之所貪；飛兔、騕褭（音一ㄠˇㄋ一ㄠˇ，古代駿馬名），絕足奔放，良、樂之所急。臣等區區，敢不以聞。陛下篤慎取士，必須效試。乞令衡以褐衣召見，必無可觀采，臣等受面欺之罪。（《後漢書・禰衡傳》）

在這篇以現代句讀標注過的推薦信中，通篇充斥言過其實的溢美之詞，筆者用*Word*做了一下字數統計，滿打滿算不過*400*多字的文章，其間「忠果正直，志懷霜雪。見善若驚，疾惡若仇」、「飛辯騁辭，溢氣坌湧，解疑釋結，臨敵有餘」、「非常之寶」、「不可多得」等句子竟佔了大半。

在禰衡的大名如雷貫耳之後，曹操又接到孔融這樣的一封推薦信，這個以愛才用才彪炳後世的大英雄再也坐不住了，於是派出手下去請禰衡，差役一去，禰衡不但以病為由給推辭了，還罵罵咧咧，作強烈鄙視狀。鄙視歸鄙視，人才是人才，曹操諳識名士受聘出山的心理，於是一擺手對手下差役說：「繼續請！」手下就這樣在一段日子裡反覆跑禰衡的住處，以一人之下萬人之上的曹操名義請禰衡與曹操相見。去的次數越多，禰衡的狂病發作得越是厲害，最後甚至把差役趕出了家門。

禰衡如此對待曹操的盛情，無非是兩種思想在作祟，無法從中跳出來罷了：一是正統儒家思想，認為天下只能是劉氏天下才算正統，曹操挾持獻帝到許昌，挾天子以令諸侯是大逆不道；另一種是深中了道家隱逸之毒，認為自己是得道高人，不是自己看得順眼的人壓根不願出山相助。

見禰衡如此張狂無禮，曹操的態度也開始發生變化，由最初的理解與寬容到後來暗自生氣。生氣之後的曹操，一道令下，要召禰衡為軍樂隊中擊鼓的鼓手。

對「糞青」來講，一般都有點「二傻」，把他當名士，誠邀共商國是，數次相請，他玩拽；一紙詔令下來，讓他當樂手，他竟然接受了。你既然那麼恨曹操，還來許昌幹什麼？你的目的不就是揚名立萬，實現個人價值嗎？如果看不起曹操，對他恨之入骨，你應該去投靠別的英雄麾下呀。此時的天下正是群雄四起的時期，除曹操佔據許昌、兗（音ㄧㄢˇ）、豫等地之外，袁紹佔據冀、青、并三州，韓遂、馬騰佔據涼州，公孫瓚佔據幽州，公孫度佔據遼東，陶謙、劉備、呂布先後佔據徐州，袁術佔據揚州的淮南部分，劉表佔據荊州，劉璋佔據益州，孫策佔據揚州的江東部分，士燮佔據交州。以你禰衡自以為是的能力，與任何一位軍閥整合資源，難道還愁不能實現雙贏？

禰衡如此張狂憨傻，跟他的老師孔融是有極大關係的。孔融這個敗家子，一生虛妄張狂，斷送了兩任老婆孩子不算，還非搭上個禰衡。在禰衡命運的十字路口，不但不幫他認清形勢、理順思路、更新觀念，還一味慫恿他玩個性。特別是在做軍樂隊鼓手這件事情上，按照禰衡的德行，會出現什麼狀況，你孔融難道還不洞若觀火？這時候你孔融如果讓你的學生腳底抹油一溜了之，不就萬事大吉了。對於孔融白紙黑字說出來的「不可多得」、「非常之寶」，去樂隊當鼓手，你這誇他的老師臉往哪擱，這不是師生二人都掉價了？就算禰衡有下面的打算，想跟曹操硬碰硬鬥一下，那不是雞蛋碰鑽石嗎？

團拜會上的裸體秀

聞衡善擊鼓，乃召為鼓史，因大會賓客，閱試音節。諸史過者，皆令脫其故衣，更著岑牟、單絞之服。次至衡，衡方為《漁陽》參撾，蹀躞（音ㄉㄧㄝˊㄒㄧㄝˋ，小步行走貌）而前，容態有異，聲節悲壯，聽者莫不慷慨。衡進至操前而止，吏呵之曰：「鼓史何不改裝，而輕敢進乎？」衡曰：「諾。」於是先解衵衣，次釋餘服，裸身而立，徐取岑牟、單絞而著之，畢，復參撾而去，顏色不怍。（《後漢書・禰衡傳》）

禰衡進到軍樂團不久，這一年的團拜會到了。百官群臣莫不歡欣鼓舞雀躍而至，曹操親自主持大會。此類會議的議程，除領導講話致辭外，開宴之前照例有文藝節目演出，皇家軍樂隊也得接受與會高官達人的檢閱。輪到軍樂隊上場的時候，只聽春雷般一陣鼓聲，身著鮮豔服飾的鼓隊從斜刺裡敲著威風鼓一溜開到了前場，這其中，有一個人顯得特別顯眼，整齊簇新的佇列裡，他穿一身日常便衣，極不配合地跟在中間，與整個鼓隊有著巨大反差。一時間，所有的目光刷地一下全被他搶了過去。國家大典，生出這等蓄意破壞演出效果的亂子，那還得了？所有人看了臺上那人，又把擔憂驚恐的目光齊刷刷投向曹操，這麼大型的國事活動，惹惱最高領袖，如何是好？

那便衣鼓手卻若無其事，向前跨出一步，凝神靜氣，一雙鼓槌一舉，一支《漁陽》鼓曲宛如煙雨迷霧剎那自天際彌漫開來，便衣鼓手神色哀傷而憤懣，鼓點聲聲透出悲壯，一曲下來，與會人員莫不受其影染，感慨萬端。

便衣鼓手徑直走到前排中央的曹操面前，停了下來，睜著雙眼看著曹操。此時舞臺總監和臺下的安保人員早已按捺不住，大聲呵斥道：「大膽鼓手，為何不換演出服裝？還竟敢靠近領袖？」禰衡應了一聲：「好的。」於是雙腿叉開挺立在曹操面前，先脫外衣，再脫內衣，接下來又將外褲內褲一併脫去，扔出老遠。此時，現場變得一片混亂，臺下的數百王公大臣早已一片譁然，紛紛站立起來，抬起袖子揉完眼睛，重新審視眼前的一切。但見，禰衡赤條條站在曹操面前，一動不動。衛兵、工作人員頓時傻了，不知道該怎麼辦。只見禰衡慢慢蹲下身去，從隨身的包裡拿出鼓手的表演服裝，不慌不忙地穿上。穿戴完畢，整了整衣冠，又是一通鼓曲表演之後，才若無其事地退出表演場。

「哈哈哈哈……本想羞辱一下這小子，沒想到反而被他給羞辱了。哈哈……」一直默不作聲的曹操，終於開口了。與會達人看到這裡懸著的心放了下來，曹操並沒遷怒別人。

在現場從頭到尾親歷這場讓人巨汗表演的孔融自己也覺得禰衡太超過了。演出結束後，待曹操稍稍緩過神來，便藉機靠近曹操，為禰衡打圓場，替他求情。曹操似乎並沒怎麼在意剛才發生的一切。

團拜會一結束，孔融就匆匆趕回，數落了禰衡一頓，也順便說了曹操對禰衡的誠意。看到老師的態度，禰衡答應第二天去給曹操賠罪。於是孔融連夜再次拜見曹操，說禰衡得了狂病，當時無法自已，他請求明天親自來向您謝罪。曹操一聽，非常高興。同樣出身貧下中農，以唯才是舉聞名天下的曹操，此時對禰衡這個進城打工求職的鄉下孩子，還在抱著歸順的最後幻想。當即傳下令去，讓守門人明兒一早起，凡有人拜見，務必認真接待，不得延誤通報。

第二天，曹操一早就坐在迎賓大堂，等候禰衡的到來。從旭日東昇，到日上三竿，始終未有禰衡的消息，曹操不禁在廳堂踱起步來。直到日頭偏西，正當曹操尋思禰衡可能不會來了的時候，有門衛來報，說大門外面有一青年，穿著白色普通單衣、纏著一條半舊頭巾，手拿三尺長的大木棒，坐在地上，用大木棒一邊捶地一面對著門內，點著曹操的名字大罵。

曹操一聽頓時怒火中燒：「禰衡這小子，敬酒不吃吃罰酒，我殺他就像殺一隻麻雀老鼠！」說完之後，又轉念一想，召集親近僚屬商議道：「禰衡這個人一向有些虛名，如果我殺了他，遠近的人會認為我曹操小肚雞腸，俗話說，惹不起，躲得起。大家看看，能不能把他送給劉表？」在場人等早已是一腔憤怒，無不高聲附和。

墳塋和屍體間的告別

不管曹操如何殘忍，如何殺人如麻，從另一面來說，他終究是寫出「對酒當歌，人生幾何？譬如朝露，去日苦多」和「白骨露於野，千里無雞鳴。生民百遺一，念之斷人腸」等千古名篇的詩人作家。在對待作家的態度上，他似乎更願意用詩人作家的方式來處理。

長亭外，古道邊，芳草碧連天。許昌城南，鑼鼓喧天、彩旗招展，一場由國務院總理曹操親自發起的，「歡送青年作家禰衡赴荊州掛職儀式」擺開了。讓曹操沒料到的是，由於自己的日理萬機，不能親赴現場，致使歡送儀式中間又生出令人不快的情節。

數百奉命在許昌城郊歡送禰衡的名士、官僚、達人其實早看不慣禰衡的言行，要不是曹操的命令，誰也不願意來給這位狂士餞行。一到現場，就有人私下傳出話來：「禰衡這小子，向來目中無人，狂傲無禮，實在讓人噁心，一會兒他來了，咱們大家坐的坐，躺的躺，誰都不給他好臉色才行！」話就這樣在人們的心領神會之間悄悄傳了開去。騎在馬上的禰衡，帶著大罵曹操告捷的老子天下第一的情緒，春風得意馬蹄疾，快馬加鞭來到城郊歡送現場。他萬萬沒有料到的是，數百送行人員看到他的到來，竟無一人按照當時送行的禮節起身敬酒、吟誦送別之辭。大家坐的坐、躺的躺，一派若無其事的樣子。帶著罵曹勝利心情的禰衡，本來是要好好享用一番曹操為自己安排的精神大餐的，他甚至在心裡反覆推敲了答謝詞，對著鏡子練習了每一句話所用的表情手勢。看到眼前的一切，禰衡滿腔激情猶如被消防車噴上了泡沫，不但無法燃燒，甚至連呼吸的可能也沒有了。

禰衡畢竟是禰衡，有著非同一般的才情。於是他滾鞍下馬，兩腿長伸，雙手捶地，淚飛傾盆，失聲號哭，哭得在場的人等面面相覷，不知其所以然。這時，有憨厚之輩上前問話：「先生，有什麼事情這麼悲傷呢？快起來吧！」此問正中禰衡下懷，他要的就是有人發問。他迅速抓住這一時機大聲回答說：「坐著的都是墳塋，躺著的都是屍體，我一不小心走了進來，面對這麼大的一片墳塋和屍體，難道能不悲傷嗎？」

一場高規格的讚頌偉大、祝福吉祥的歡送活動，竟在「墳塋」與「屍體」的晦氣中結束，這種晦氣竟在兩年之後成了禰大才子的讖語。

好一隻鸚鵡

禰衡的名字，早在其認識孔融之後就從孔敗家子家的客廳派對上不脛而走，接下來孔融《薦禰衡表》裡「忠果正直，志懷霜雪。見善若驚，疾惡若仇」、「飛辯騁辭，溢氣坌湧，解疑釋結，臨敵有餘」、「非常之寶」、「不可多得」的句子也傳到了荊州。此後，團拜會上裸體秀，大木槌迎門捶地罵曹和歡送會上種種軼聞都傳到荊州。在人們口耳相傳、書信往來、政府文件之間，禰衡顯然一躍成了華夏大地上最當紅的天王級明星。

天王明星禰衡要來荊州工作的消息，一夜之間傳遍了荊州，人們奔相走告，為自己的城市擁有這樣的明星而倍感自豪。以荊州一號人物劉表為首的士大夫粉絲團，用最高待遇歡迎禰衡的到來。中央政府樂隊裡的一名鼓手，終於在荊州找到了自己的感覺，無論文件起草還是大小政事商議，沒有禰衡的參與或表態劉表是絕對不會定下來的。

劉表何許人也？雄踞荊州（今湖南、湖北兩省）的大軍閥，與曹操、袁紹等齊名的實力派人物。一次，禰衡有事外出，恰好有一篇上報中央政府的文件需要起草，等禰衡回來顯然來不及了，無奈之下，劉表只好親自與手下原有的一班子文人，你一言我一語搜腸刮肚地拼湊著文件句子，群策群力一番挑燈夜戰窮盡文墨之後，奏章大功告成。這時禰衡恰好從外面回來，劉表如遇救星又有點得意地請禰衡看看。哪知禰衡瞄了幾行之後，當著熬了個通宵的大夥的面，刷刷刷將文件撕得粉碎，狠狠地將紙屑扔在地上，並踏上幾腳，嘴裡說：「這也叫奏章？太不嚴謹了，臭！臭！臭！」

看到禰衡如此憤慨的樣子，剛才還有些沾沾自喜於自己多少有點文采的劉表頓時失望至極，臉上顯出在下屬面前從未有過的不安。禰衡於是要來筆紙，重新起草，只一會兒就寫好了，劉表拿起一看，無論語言、邏輯還是深度都非常棒。先前沮喪和不安的劉表轉而大喜，從此便更加器重禰衡。

面對劉表這樣一位擁兵百萬，雄踞一方，閱人無數的老大，禰衡照樣惡習不改，更不講方式方法，多次讓劉表感到難堪。劉表對禰衡，也漸漸由撕毀奏章重新起草時的高興，轉而變得難以接受，最終再也無法容忍下去。你小子有才氣有能力，但作派實在令人惱火，你大概沒嘗過給別人當秘書是什麼滋味吧，送你去磨練磨練你就知道鍋是鐵鑄的了。反覆權衡後，劉表一紙介紹信把禰衡送到了江夏太守黃祖那裡。

當時間的年輪順轉一千八百轉之後，在夏季平均氣溫不足攝氏二十四度的西南一隅貴陽，一位以閱讀為生的佯狂混混在翻閱漢末魏晉那段歷史的時候，與禰衡不期而遇。此時，他想起了自己生活在黔東湘西大山深處目不識丁的母親常說的一句話，「猴尖不會解索，人尖不知死活」，用書面普通話翻譯過來的意思是：再伶俐的猴也不知道要解開套在自己脖子上的繩索才會真正獲得自由，智商再高的人也往往不知道自己面臨的死亡。

禰衡，這位來自山東臨邑德平鎮小禰家村的農村青年，這位貌似藐視一切權威、權勢的狂士，似乎就像一隻不知道解開自己脖子上繩索讓人牽著四處耍的猴，即使頭破血流，也捨不得放棄通向功名實現抱負的途徑——充滿險惡的官場。

黃祖，劉表手下的一流虎將，沒多少文化，性情耿介暴躁，曾在漢獻帝初平三年（西元*192*年）對東吳的戰爭中射死過吳國奠基人孫堅（孫權父親），因此在劉表手下，堪稱戰功卓著，也由此成了東吳孫權的死敵。

面對劉表給自己送來的一位才華出眾的文書，黃祖很是高興，於是對禰衡優待有加。

狂妄的禰衡還真是一位先進工作者，真正能上能下，任勞任怨，從大軍區司令員的貼身文書降為一個軍長的秘書，仍然無怨無悔，在替黃祖處理文案方面的工作中，兢兢業業，有條不紊，處理得恰到好處，凸顯出良好的職業素養。在起草文件信函的時候，武夫出身的黃祖時常是茶壺裡煮餃子有貨倒不出，禰衡就按照自己的理解把文章寫了出來，然後讀給黃祖聽，黃祖聽完後，常常激動不已，屢屢拉著禰衡的手說：「先生啊，您真是太了不起啦！簡直就和我心中要說的話一模一樣，您是怎麼知道的呢？」

黃祖的長子叫黃射，已經工作了，與黃祖的官職一樣，在章陵做太守，對禰衡非常崇拜。一次，黃射與禰衡一起外出郊遊，兩人一起見到一塊由大文豪蔡邕所作的碑文。黃射很喜歡碑上的文辭，回到家後，老是遺憾自己沒能當場抄寫下來。禰衡說：「我雖然只看了一遍，現在還能記得，唯獨其中殘缺的兩個字無法看清。」於是，當場默寫下來，黃射不信禰衡會記得這麼清楚，又親自跑了一趟謄抄一遍，回到家中與禰衡默寫的進行比較，竟然一字不差，由是更加佩服禰衡，從此成了禰衡的鑽石級粉絲。

在江夏的日子，禰衡常常在一幫粉絲仰視的目光中侃侃而談，經常說的話題當然是自己在首都如何如何牛逼，如何如何大罵曹操及戲弄其手下一撥蠢貨云云。當有人問及他在京城有何朋友的時候，他總回答：「大兒孔文舉，小兒楊德祖。餘子碌碌，莫足數也。」意思是說，瞧得起的、有水準的男人第一是孔融，第二是楊修，至於別的都是些碌碌無為的傢伙，不想跟他們囉唆。

禰衡在黃祖手下的日子，除了工作之外，幾乎每天都是「週末嘉年華」。一天，黃射宴請賓客，恰好有朋友送一隻鸚鵡給黃射，黃射把鸚鵡捧到禰衡面前說：「希望先生您以這隻鸚鵡為題，作一首辭賦，讓朋友們開心開心吧！」於是，禰衡攬筆而作：

> 惟西域之靈鳥兮，挺自然之奇姿。體全精之妙質兮，合火德之明輝。性辯慧而能言兮，才聰明以識機。故其嬉遊高峻，棲跱幽深。飛不妄集，翔必擇林。紺趾丹嘴，綠衣翠衿。采采麗容，咬咬好音。

……

全文四百餘字，一氣呵成，無一處圈點改動。文中以鸚鵡的奇美，暗示自己志向的高超和才智的出眾，末了以美麗高潔的鸚鵡身陷鳥籠卻時時「想昆山之高岳，思鄧林之扶疏」，暗襯自己耿耿於懷的有志難酬有才無時的憤懣情懷。禰衡擱筆下來，全場掌聲雷動。

應該感謝黃射，他的請求使禰衡的名字不僅僅以狂徒的身分出現在今人面前。

並非美食惹的禍

十月朝黃祖，在艨衝舟上，賓客皆會，作黍臛。既至，先在衡前，衡得便飽食，初不顧左右。既畢，復摶弄以戲。時江夏有張伯云亦在座，調之曰：「禮教云何而食此？」正平不答，弄黍如故。祖曰：「處士不當答之也？」衡謂祖曰：「君子寧聞車前馬屁？」祖呵之衡，熟視祖，罵曰：「死鍛錫公！」祖大怒，令五伯將出，欲杖之，而罵不止，遂令絞殺。黃射來救，無所復及，悽愴流涕曰：「此有異才。曹操及劉荊州不殺，大人奈何殺之？」祖曰：「人罵汝父作鍛錫公，奈何不殺？」（《太平御覽・卷八百三十三・資產部十三・鍛・禰衡傳》）

西元*198*年一個秋高氣爽的日子，黃祖率禰衡、黃射在大型快速戰艦上宴請朋友，一時間江夏地區的達官貴人齊聚艦上。賓主在甲板上，賞雲看水，天水相間，一碧如洗，人人顯得興高采烈，殊不知，接下來的時間，鮮血就在他們腳下的甲板上浸染開來。

席間吃的是一道叫「黍臛（臛ㄨㄛˋ）」的小米肉羹，這是一道過節才有的美食。賓主就座後，服務員將香噴噴的小米肉羹一一呈上。估計是所處位置距離服務員較近的原因，第一個得到肉羹的是禰衡。此時，主人黃祖和嘉賓面前尚未盛上，禰衡根本沒有一點推讓或呈送嘉賓及主人的意思，端起碗目不斜視地就喝開了，弄得眾人面面相覷。禰衡一口氣吃飽之後，桌上的賓主剛剛得到肉羹，一番禮儀之後才開始慢慢品嘗享用。此時的禰衡不知是哪股神經犯了，竟像孩子一樣，用筷子不停地撥弄戲玩碗裡未喝乾淨的湯羹。

席間有一位叫張伯云的江夏達人實在看不下去了，就問禰衡：「禮教有教人這樣吃東西的嗎？」禰衡既不看他，也不回答，依舊撥弄不停。

從禰衡不講禮節獨自先吃到現在為止，見自己請來的嘉賓遭到秘書禰衡如此輕視，黃祖強壓怒火，低聲下氣地對禰衡說：「先生，你怎麼不跟人說話呢？」

禰衡回答說：「君子難道願聞拉車的馬放的屁嗎？」黃祖終於發怒了，就呵斥了禰衡幾句。禰衡一聽，眼睛長時間怒視著黃祖，並罵道：「死老東西，少囉唆！」黃祖忍無可忍，命令士兵拉禰衡下去打，哪知禰衡非但沒有表示認錯求情，反而罵得更凶。黃祖一怒之下，命士兵拉出去砍了。

黃祖手下原來的主簿（秘書）本來就痛恨禰衡，聽到命令按捺不住高興，以最快的速度執行了。鑽石級粉絲黃射當時估計是在另外的船上，得知消息後光著腳來救禰衡，卻只看到了禰衡的屍體和鮮血。黃射聲淚俱下地說：「父親，這樣有才的一個人，曹操和劉表都沒有殺他，你為什麼就一定要這樣呢？」黃祖說：「他罵我死老東西，我沒辦法不殺他！」

禰衡，這個二十五歲的生命就這樣結束了。

不知道他遠在山東鄉下的父母，在那個通信不便的年代，是何時才得到他的死訊的。

成語附錄

【成語】**不可多得**

【釋義】得：得到；獲得。形容非常稀少，很難得到（多指人才或稀有物品）。

【出處】漢·王充《論衡·超奇篇》：「譬珠玉不可多得，以其珍也。」後孔融在《薦禰衡表》中說禰衡是不可多得的人才。

【成語】**淑質英才**

【釋義】淑：善良。英：非凡。善良的品質，非凡的才能。

【出處】字正平，淑質貞亮，英才卓礫。（《後漢書·禰衡傳》）

【成語】**文不加點**

【釋義】點：塗上一點，表示刪去，改動、修改的意思。文章一氣呵成，無須修改。形容文思敏捷，寫作技巧純熟。指做文章水準極高，寫文章一氣呵成，無須修改。

【出處】「文不加點」最早見於蕭統《禰衡〈鸚鵡賦〉序》：「衡因為賦，筆不停輟，文不加點。」

【成語】**忘年之交**

【釋義】忘年：指不拘年歲、輩分年齡不相當的人所結成的深厚友誼。

【出處】《後漢書·禰衡傳》：「衡始弱冠，而融年四十，遂與為交友。」《南史·何遜傳》：「弱冠州舉秀才，南鄉范雲見其對策，大相稱賞，因結忘年交。」

觸袖野花多自舞
避人幽鳥不成啼

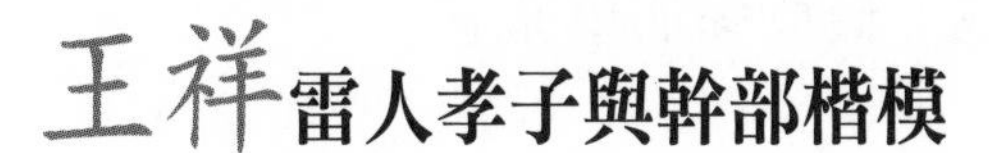

王祥 雷人孝子與幹部楷模

人物簡介

姓名：王祥，字休徵，外號無

家庭出身：門閥之家

籍貫：山東琅琊

生卒：西元185～269年

社會關係：漢朝諫議大夫王吉的後人，青州刺史王仁的孫子。王戎、王羲之的先人。何曾、鄭沖、何晏、阮籍等人的同事

社會身分：可憐蟲、著名孝子、高官

容貌：未有記載

主要作品：無

雷人言行

◎適逢天寒地凍，後母想吃鮮魚湯，用解衣臥冰法捕魚。

◎後母用斧頭想砍死他，未中，王祥怕後母不解氣，主動用頭迎上去。

◎後母讓他看守李子，見風雨打落果實，一邊大哭一邊抱著李樹不讓它搖晃。

◎六十歲才參加革命工作（不錯！比姜太公提早二十年）。

相關成語

臥冰求鯉 凍浦魚驚

作者評價

榜樣是這樣煉成的。

好人好報，「模範」的淚不會白流！

六十歲，終於參加革命

西元*244*年，鼎立三國的紀年分別是：曹魏正始五年、蜀漢延熙七年、孫吳赤烏七年。

這一年，曹魏大將軍曹爽欲立威名於天下，採用鄧颺等人的建議，出兵伐蜀，司馬懿勸阻無效，損失慘重；八月，曹魏毌丘儉大軍步騎萬人攻入高句麗境內；在孫吳，陸遜繼顧雍之後任丞相。

徐州刺史呂虔檄為別駕，祥年垂耳順，固辭不受。覽勸之，為具車牛，祥乃應召，虔委以州事。（《晉書・王祥傳》）

這一年，適年六旬，少小就因「臥冰求鯉」聞名鄉里的孝子——王祥，在家中接到了參加革命工作的通知書。與通知書一起到達的還有當時的徐州刺史呂虔一行。呂虔此行的目的，是專程上門邀請王祥這個六十歲的老頭到自己手下工作的，他給王祥的職位是別駕從侍（相當於現今的省長助理）。

刺史呂虔的到來，使王祥百感交集。一方面，幾十年如一日默默承受後母惡毒刁難，忍辱負重恪盡孝心，終於得到官方高層的認可；另一方面，不知不覺自己已經六十歲了，耳順之年的自己出去還能做些什麼呢？就算掛個虛職，過一把成功男人呼風喚雨的乾癮，難道還要拋開繞膝的兒孫，把老骨頭丟在遠離親人的異鄉？王祥傷心地哭了起來，老淚縱橫。

「老了！現在老了，哪也不去了！」他說。

看著王祥傷心的樣子，弟弟王覽說不出話來。是啊，這麼多年來，哥哥太不容易了，現在政府高層終於知道了他的事蹟，但現在他老了。王覽勸說他，並且默默地為王祥套好牛車，裝備好洗漱用具和出行的一切。

款待呂虔的宴席結束之後，王覽把哥哥拉進房間，一聲不響強行給哥哥換上了呂虔帶來的官服，把他推到了呂虔面前。

至此，魏晉歷史上以六十高齡參加革命工作的紀錄產生了。

徐州刺史呂虔，為中國歷史送上了一名清官、好官和當時為數稀罕的高齡官員。

衙門裡來了個六十歲新參加工作的同事，所有的官員都哭笑不得，而這個同事卻是刺史大人親自辟舉（徵召薦舉）請來的，一個個只得裝出若無其事的樣子與他應付。看他對待工作的樣子，純粹是處理莊稼、牲畜和家長里短的方式，這個樣子讓同僚私下裡常常忍俊不禁，大家免不了為刺史大人捏了把汗。

而這個迂腐的據說是大孝子的鄉下老頭，在緊接下來的日子裡，所做的事情卻差點讓人驚詫得跌破眼鏡。

鄉下老頭王祥的主要工作是協助刺史呂虔處理好地方的社會治安。此時正是三國鼎立、兵荒馬亂，有槍便是草頭王的年代，徐州境內到處都是強盜，打家劫舍，「兩搶一盜」犯罪十分嚴重，老百姓人心惶惶。

> 於時寇盜充斥，祥率勵兵士，頻討破之。州界清靜，政化大行。（《晉書・王祥傳》）

王祥負責治安工作之後，立即投入到走訪百姓、摸底調查的工作中，另一方面，大力整頓政法隊伍，大抓「員警」和「地方武警部隊」的戰鬥力，勉勵士兵好好工作，當好「人民的鋼鐵衛士」。一旦得到大股土匪和黑社會武裝確切的行動計畫，他往往不顧自己的年邁之軀，親自帶領廣大「武警戰士和公安幹警」突襲一線，那些盜匪和黑社會本是一群烏合之眾，此前只不過因與個別腐敗分子內外勾結或主管官員不作為而愈演愈烈，現在遇到王祥治下的政府力量，哪裡抵擋得過？於是乎，王祥屢戰屢勝，徐州境內的治安狀況迅速得到扭轉。他的州郡之內和諧清靜，政令暢通，教化施行。

中國的百姓從來都是容易滿足的，靠他們血汗養活的官員一旦做一點像樣的分內之事，他們就會感激流涕。治安環境的改善，讓王祥治下的百姓喜不自禁，他們自發編出歌謠，感謝這位剛參加革命的老人：「海沂之康，實賴王祥。邦國不空，別駕之功。」

在科舉未開之前的魏晉，非王公大臣子弟者，做官的管道只能有兩種：一種叫察舉，另一種叫徵辟。察舉又叫薦舉，是三公九卿、地方郡國守相等高級官員根據考察，把所謂品德高尚、才幹出眾的平民或下級官吏推薦給朝廷，授予他們官職或提高其官位。

徵召和辟舉合稱徵辟，具體來說是由皇帝直接聘請做官稱為「徵」，由官府聘請任職叫「辟」。前者多是一些德高望重、學識淵博、聞名於世的人，後者則主要是由長官自行聘請的僚屬。

而此時的王祥縱然有超級孝子的聲名，卻也僅僅屬於呂虔辟舉的僚屬，還算不上是朝廷的命官。

在徐州治安工作中的突出表現，使呂虔下定了決心要將王祥從「事業編制」轉為「國家正式公務員」。而這樣的轉正並非容易的事情，需要有過硬的理由。這事，還得挖掘王祥對惡毒後母盡孝的「先進事蹟」。

寫到此處，筆者似乎已經明白，王祥少年時的「剖冰求鯉」到後來為何就變成「臥冰求鯉」的原因了。

在徐州別駕的位置上，六十有餘的鄉下老頭王祥，得到了鹹魚大翻身的機會。鑑於民間口耳相傳的曾經「臥冰求鯉」的孝行和在徐州的政績，他被朝廷正式察舉為秀才。身分由此轉為國家正式公務員，因此也離開了徐州的呂虔，官位節節攀升，幾年之內升遷為主管稅收、財政的大司農。

到高貴鄉公曹髦即位之後，又一次因他在管理國家大事上的策略和勞苦，被封為關內侯，拜為光祿勳，轉任司隸校尉（監督全國官員的監察官）。

三國時期的政權鬥爭，就像夏天的雨，誰也說不清楚。西元255年正月，毌丘儉與曹爽邑人（邑人指同鄉之人）、揚州刺史前將軍文欽舉兵於壽春，討伐司馬師，企圖顛覆現有政權。在司馬師大軍打擊下，毌丘儉兵敗，被誅三族。這場戰爭中，年逾古稀的王祥也走上了平叛的戰鬥前沿。鑑於他在戰爭中不顧年邁，一不怕苦、二不怕死的精神，戰爭結束後，王祥受到了加薪四百石，和受封侯爵的表彰（萬歲亭侯）。

此時的王祥，經過十年官場的磨練，再也不是當初那個只懂得孝順母親和侍弄莊稼家畜的農村老頭，而是一位風度超然，德高望重的高齡高官了。

> 從討毋丘儉，增邑四百戶，遷太常，封萬歲亭侯。天子幸太學，命祥為三老。祥南面几杖，以師道自居。天子北面乞言，祥陳明王聖帝君臣政化之要以訓之，聞者莫不砥礪。（《晉書・王祥傳》）

一次，天子巡幸到太學，忽然想到需要設置一名掌管教化的楷模型官員——三老。於是，聖旨一下，王祥又榮任了「國家三老」（三老也有縣鄉級的）。王祥在南面的几案後，拄著拐杖，以師道自居。天子坐在北面請求他訓話，王祥一發如滔滔江水，把自己理解的儒家君臣父子關係、責任義務等等一一道來，從皇上到百官聽了王祥的一番教誨，莫不感嘆大受裨益。

等到高貴鄉公被殺，朝廷大臣哀悼之時，王祥號哭說：「是老臣沒有做好啊！」他涕淚交流，眾人聽了，大都露出慚愧之色。此後不久，王祥的位置再一次得到提升，到了一人之下萬人之上。此時，這個僅僅以孝道出名的，六十歲才參加革命的農村老頭讓天下青年看到了作為道德模範的個人前景。

「小白菜」的雷人事蹟

一位看護果樹的男孩，一樹盈盈滿枝即將成熟的李子，在日升月落中相互守望。不能讓枝頭的李子少一顆，這絕對是一個天大的難題。男孩滿臉淒迷，神色憂傷。兩年前，母親已經病故，父親的續弦極度惡毒。每天，她拎著他的耳朵說：「卑賤的傢伙，我怎麼一見你就噁心！那李子少了一顆你也別想吃飯，看護不好我就打死你！」

這個可憐的孩子叫王祥。誰也沒想到，他將來會作為男人的萬世標杆而位至朝廷三公（皇帝之下最大的三位官員之一）。

「有丹柰（音ㄋㄞˋ）結實，母命守之，每風雨，祥輒抱樹而泣。」

天空忽然雷雨交加狂風大作，王祥頓時慌亂起來。他跑過去，抱住樹幹，但仍然無濟於事，他無助極了，只得號啕大哭。

這是《晉書・王祥傳》和《世說新語》裡都有的記載。

王祥，字休徵，琅琊郡臨沂人，漢朝諫議大夫王吉的後人。他的祖父叫王仁，做過青州刺史，父親叫王融，曾多次受到政府官員的推薦辟舉，卻始終不願做官。王融早年喪妻，為了生活能夠繼續，他續娶了一位姓朱的女人。哪知朱氏愛心全無，動輒打罵虐待王祥，還常常在王融面前說王祥的壞話，久而久之，王融對王祥也失去了慈愛之心。

雖然父親王融沒有做官，但其家庭氛圍卻深受祖上一脈相傳的儒家文化和禮法浸淫，「孝親事後」的信念自小就在王祥的心裡深深地扎下了根。除了忍受和做得更好，他別無選擇。

母又思黃雀炙，復有黃雀數十飛入其幕，復以供母。（《晉書・王祥傳》）

一次，後母為了刻薄小王祥，有意說自己想吃燒烤黃雀肉，命王祥去抓黃雀，如完不成任務，又會是一頓皮開肉綻的飽打。一個沒有任何捕鳥專業知識的孩子，要完成捕獲供全家消耗一頓的黃雀，談何容易。這不明明就是找藉口打人嗎？王祥找來一張破布張開，學著捕鳥人的樣子坐著等候，眼看一天過去了，卻沒有一隻黃雀飛來，天快黑的時候，王祥知道等著自己的必是後母的一頓痛打，此時他嚇得大哭起來，不知是上蒼還是捕鳥高人的幫助，哭到最後，正待王祥起身要回家的時候，一隻隻黃雀像著了魔似的，紛紛投向他張開的破網。這一次，王祥又一次逃過了後母的刁難。

父親不喜歡他之後，小王祥的日子雪上加霜。父親把家裡打掃牛圈等又髒又累的活交給他當作日常工作。為了更好地表現自己的孝道，王祥只得更加小心翼翼地做好父母交辦的各項任務。雖然父母常常虐待自己，但是父母親一旦有病，他就使出渾身解數，熬湯遞藥、親自嘗試，整夜衣帶不解守在一旁。

王祥一次又一次地逆來順受，小心翼翼孝順父母，讓父親對他的態度有所轉變，這一切，讓後母對他更加恨之入骨。

祥嘗在別床眠，母自往暗斫之；值祥私起，空所得被。既還，知母憾之不已，因跪前請死。（《世說新語・德性十四・王祥事母》）

一次，惡毒的後母竟然趁父親外出之際，要殺掉王祥。恰巧王祥正待翻身起床小解，一斧下去，沒有砍中，卻砍了被子一個大洞。突然翻身要去小解的王祥和後母都被對方嚇呆了，當王祥明白眼前的一切後，做出了一件雷死後人的舉動：

他翻身起床，跪在後母面前，說：「母親大人，我知道您一直恨我，我也沒有辦法。這樣吧，反正爹爹不在家，您老要是不解氣，就殺了我解氣吧。」

說完，誠懇地將頭向後母的斧頭迎去。惡毒的後母終於沒能下手。

雖然後母這次沒能下手，但後來，父親跟後母有了弟弟王覽，王祥的日子就更加不好過了。

母常欲生魚，時天寒冰凍，祥解衣剖冰求之，冰忽自解，雙鯉躍出，持之而歸。（晉干寶《搜神記》卷十一）

天寒地凍的日子，後母為了刁難王祥，說自己想吃鮮魚湯，讓王祥去河裡抓魚。深冬的山東琅琊，寒風刺骨，河面上結著幾尺厚的冰。王祥只得來到河邊砸冰抓魚，直幹到汗水四溢，於是他解開衣衫繼續砸冰，終於為後母抓回了兩條鮮魚。王祥如此孝順惡毒的後母，這事在當時被傳得沸沸揚揚。不知是朝廷宣傳的需要，還是呂虔打造孝行楷模，要包裝王祥這個六十多歲的新幹部的需要，反正在後來民間的轉述與記錄中，就成了「臥冰求鯉」。

「剖」明明是一個帶立刀的字，此時卻變成了「以體溫融化」之意了。

攝氏*36.5*度的人體體溫，要在至少零下幾度的環境中焐化厚厚的冰，估計冰沒化開，人早成僵屍了。可以說，這絕對是一個有著文學硬傷的說法。

但恰恰是這樣的傳說，讓王祥在舉孝廉的過程獲得了「秀才」資格。在科舉未開的魏晉時代，這是最名正言順獲得地位和身分的途徑。

王祥在父親生病和服父喪期間至真至誠的孝舉得到了周圍人的一致欽佩，父親死後，他對後母的孝順不僅沒有減少，反而更加殷勤周到，於是名氣漸漸大了起來。但是，這一切卻更加刺激了惡毒的後母朱氏，她對王祥的忌恨越發加深，甚至想用下毒的方法害死王祥。

祥喪父之後，漸有時譽。朱深疾之，密使鴆祥。覽知之，徑起取酒。祥疑其有毒，爭而不與，朱遽奪反之。自後朱賜祥饌，覽輒先嘗。朱懼覽致斃，遂止。（《晉書・王祥傳》）

後母的這一切，被王祥的異母弟弟王覽看在眼裡，當朱氏將毒酒遞到王祥手裡的時候，王祥不明就裡，正受寵若驚不知如何感謝後母。此時王覽見狀，上前一把奪過酒杯。朱氏大驚，直到此時王祥才發現不對，於是跟弟弟爭搶著要吃那有毒的東西。朱氏看到兄弟倆如此情深，趁兄弟倆不注意，奪下毒酒就走。自此後，朱氏給王祥吃的飯菜，王覽都要搶先嘗試，確信無毒才敢讓哥哥吃。朱氏想毒死王祥的陰謀，終因怕毒死自己的親生兒子而作罷。

王覽小的時候，只要見到王祥被打，就會跑上去抱住王祥大哭。到了少年時代，王覽常常勸母親為善，不要輕易毒打哥哥，在王覽的勸告下，母親對哥哥也有所改變。但還是經常有理無理驅使王祥，王覽一見母親刁難哥哥，也跟著一起去完成母親交代的事情。到王祥、王覽兄弟倆都婚配後，朱氏就把對王祥的虐待轉嫁到了王祥妻子身上，往往到這個時候，王覽就讓自己的妻子跟隨嫂嫂一起去做同樣的事。此時母親雖然很不高興，卻也沒辦法，不得不漸漸收起過去那些狠毒。

漢朝末年，天下大亂。王祥扶攜母親，帶著弟弟王覽，從琅琊出發到廬江躲避戰亂。隱居在當地，侍奉後母長達三十年。後母去世，王祥竭盡所有，把後母的喪事辦得熱熱鬧鬧。居喪期間，他嚴格恪守儒家禮法服喪，按照孝子的定量飲食，直到形容憔悴。為了更好地表達喪母的心情，他每一次站起來都要按照禮法在拐杖的幫助下才能起立。王祥為惡毒後母所做的這一切，對漢末晉初的統治者來說，正是他們千方百計所要尋找的安邦定國的活教材。因為，儒家所宣導的「忠君、孝親」定律，在歷史的變故中，早已被曹魏和司馬家族赤裸裸的廢君篡權弄得只剩下「孝親」這點遮羞布了。為將這塊遮羞布抻拉得更寬，遮得更好，統治者不得不打著燈籠火把四處尋覓「孝親」的標杆、典範。於是乎，王祥雷人的孝親之舉，正好暗合了朝廷政治的需要。在我們偉大的祖國，任何一個人，假如挖空心思或者一不小心幹了一件正好暗合帝王大政需要的事情，那麼，這件事情所帶來的效應，是他到死都想像不出的。王祥這個六十歲的鄉下老頭，能一步踏上顯貴之門，最後位至「三公」，不能說沒有這樣的因素。

向王祥學習

當然，如果將王祥後來在仕途上的成功說成純粹靠先前雷人的孝行換得，那絕對是不公平的。

王祥之所以成為男人的萬世標杆，還因為他的骨氣和勇氣。在孝順父親和後母的過程中，他表現的是唯唯諾諾，但這個六十歲才開始工作的老頭，在官場卻有著讓桀驁不馴的名士們刮目的表現。

西元*264*年，司馬昭脅迫曹魏皇帝曹奐封自己為晉王（也就是逼迫阮籍執筆寫勸進文那件事），晉王正式加冕那天，王祥與荀顗（音一ˇ）受命前往晉王府拜謁司馬昭。在封建帝王時代，大臣讓皇上封自己為王並賜車馬儀仗等「九錫」，本來就有欺君壓上之嫌。對此，除少數幾個見風使舵的傢伙上躥下跳極力擁戴之外，絕大多數大臣都敢怒不敢言，但是為了保命，他們會選擇跟在別人後面三拜九叩，高呼千歲。

> 及武帝為晉王，祥與荀顗往謁，顗謂祥曰：「相王尊重，何侯既已盡敬，今便當拜也。」祥曰：「相國誠為尊貴，然是魏之宰相。吾等魏之三公，公王相去，一階而已，班例大同，安有天子三司而輒拜人者！損魏朝之望，虧晉王之德，君子愛人以禮，吾不為也。」及入，顗遂拜，而祥獨長揖。帝曰：「今日方知君見顧之重矣！」（《晉書・王祥傳》

一路上，荀顗主動與王祥探討一會兒見到昔日的同事——今天的晉王時，該用什麼方式拜見。王祥沉默不語。荀顗就說：「晉王尊貴權重，何曾（當時的第一高官）這樣的公侯對他都已很尊敬，如今我們見到他應當以臣子的禮儀參拜他。」王祥當即說：「晉王的確尊貴，然而卻還是曹魏皇帝下面的一員，你我這些曹魏皇帝下的三公，按照公職跟晉王最多只相差一個級別，哪有天子的三司動不動跪拜別人的？一是折損了曹魏皇帝的威望，再者也會影響晉王的德望。所以，我絕不做這樣的事。」等到晉王府內，荀顗倒頭便拜，而王祥卻只對著司馬昭做了一個長揖。司馬昭見了不由得欽佩地說：「王大人，原來我只是聽說你的修為，今天算是真正見到了！」

一年之後，晉王司馬昭撒手人寰。他的兒子司馬炎像當年曹丕廢掉漢獻帝劉協一樣，廢掉了曹奐，自己坐上了皇帝的位置，改國號為晉。對此，年逾八旬的王祥只能搖頭嘆息。為了拉攏王祥，司馬炎給朝中重臣普遍加官一級，拜王祥為太保，進為公爵。此時，作為標杆男人的王祥再次顯示出了正義、錚然的秉性。接到加官進祿的任命書後，王祥一紙辭職書，「以年老疲耄，累乞遜位」。在「帝不許」的情況下，他乾脆來個「老將不會面」，懶得上朝。任憑司馬炎派出身邊人主動上門諮詢請教，他概不吱聲。在那血雨腥風的時代，王祥此舉當然是令人敬佩的。

此時朝中就有那麼個把人，覺得王祥礙眼，既然年老體衰，不能上班就應該免職，於是向司馬炎提出請求罷免王祥的官職。深知民心力量的司馬炎又一次下詔：「太保王祥德高望重，我希望能依靠他給我穩固好意識形態，他前後多次提出讓位，我都沒有答應，這不是你們可以討論的事情，今後就不要再提了。」於是類似的話題再也沒有人提起，直到王祥終老。

有意思的是，王祥出山做官後，隨著地位的一步步上升，弟弟王覽對哥哥的悌愛也隨之廣為人知。不久，王覽也被招進了公務員隊伍，並且地位也一步步高升，直做到宗正卿（皇帝之下，除三公外，最重要的九個官員，稱九卿，正宗卿屬九卿之列）的位置。此後，「竹林七賢」之一的王戎、名相王導、「東床坦腹」的書法家王羲之、「雪夜訪戴」的王徽之，皆為其後人。

西元*269*年，八十四歲高齡的王祥在滿堂兒孫的哭泣中閉上了眼睛，走完了他傳奇的一生。

臨終前，他一再告誡後人對其喪事從簡，不可張揚，更不可奢侈浪費，家人也嚴格遵照執行了。

讓王祥不曾料到的是，他的忍辱負重、他的雷人孝行和六十歲參與工作的種種機遇，一不小心開創了一個「王與司馬共天下」的「中國第一望族」的豪族門閥。造就了「山陰道上桂花初，王謝風流滿晉書」（語出唐代詩人羊士諤詩）的豪門盛況。

成語附錄

【成語】**臥冰求鯉**

【釋義】臥在冰上以求得鯉魚。指忍苦孝親。

【出處】《搜神記》卷十一：「王祥字休徵，琅琊人。性至孝……母常欲生魚，時天寒冰凍，祥解衣，將剖冰求之。冰忽自解，雙鯉躍出，持之而歸。母又思黃雀炙，復有黃雀數十入其幕，復以供母。鄉里驚嘆，以為孝感所致。」

【成語】**凍浦魚驚**

【釋義】指晉王祥臥冰求鯉事。後因以「凍浦魚驚」為孝親之典。

【出處】《晉書・王祥傳》：「王祥字休徵，琅琊臨沂人……父母有疾，衣不解帶，湯藥必親嘗。母常欲生魚，時天寒冰凍，祥解衣將剖冰求之，冰忽自解，雙鯉躍出，持之而歸。」

曹丕 驢叫皇帝與狗鼠嫌棄的文學領袖

人物簡介

姓名：曹丕，字子桓

家庭出身：曹魏王之家

籍貫：安徽省亳州市

生卒：西元187～226年

社會關係：曹操與武宣卞皇后的兒子，曹植、曹沖的哥哥，名士王粲的好友

社會身分：文學領袖、王世子、丞相、皇帝、彈棋高手

容貌：史書無記載，從其父的醜陋來看，至少不是帥哥

主要作品：《燕歌行》等詩詞文賦二百多篇

雷人言行

◎身為一國元首的繼承人——魏王世子，卻在朋友的葬禮上，帶領大家學驢叫，以此悼念死去的朋友。

◎父親曹操剛一咽氣，就將他身邊的美女盡收自己宮中，納為己用。

相關成語

手不釋卷 人生如寄 迴腸盪氣 如飢似渴 煮豆燃萁 秉燭夜遊 文人相輕
七步成詩 伯仲之間 沉李浮瓜 妙絕時人 酒酣耳熱 不護細行 箕山之志
窮兵黷武 車載斗量 尋章摘句 七步之才 敝帚自珍 本同末異 深自砥礪
車載斗量 見獵心喜 畫餅充飢 稀世之寶 巧奪天工 物是人非 貴遠賤近
審己度人 清塵濁水 過屠門而大嚼

作者評價

有人說你偉大，有人說你狠毒、卑鄙。其實沒什麼兩樣，狠毒、卑鄙本來就是偉大的另一面。

史上最雷人的追悼會

王仲宣好驢鳴。既葬，文帝臨其喪，顧語同遊曰：「王好驢鳴，可各作一聲以送之。」赴客皆一作驢鳴。（《世說新語·傷逝》）

東漢建安二十二年（西元217年），中國文學史上「建安七子」之首、侍中（相當於常務副總理）王粲病逝，適年四十有一。消息傳出，鄴城一片悲戚，尤其當時的文學界，對於巨星隕落，莫不黯然。

一場由朝廷舉辦的、規格空前的追悼活動，在王粲的歸西之地、中原最繁華的大都市——鄴城舉辦開來。中原大地上的達官士子，學者名士紛紛前來弔祭這位英年早逝的文學明星、政治明星。即將發喪的那天早晨，靈堂內外早已侍衛密佈，保安措施陡然提升。原來，剛剛被指定為魏王曹操唯一合法接班人的魏王世子、五官中郎將、副丞相，著名詩人曹丕，要親自來為自己這位親密文友送上最後一程。一通密集的禮炮之後，在嘶啞的哀樂聲中，曹丕風塵僕僕，在一幫官員的簇擁下走進了靈堂。

曹丕一踏進靈堂，所有的聲音都停了下來，偶有幾聲低低的抽泣聲使現場顯得更加安靜肅穆。曹丕在王粲的靈柩前佇立良久，眼圈漸漸潮濕。所有的人都把目光聚集在曹丕的臉上。

曹丕抬起頭用目光環顧一圈在場人等，突然提高聲音說：「各位，仲宣（王粲的字）平日最愛聽驢叫，讓我們都學一聲驢叫，為他送行吧！」於是，他自己帶頭先叫了起來。曹丕的一聲驢叫之後，靈堂裡此起彼伏的驢叫聲不絕於耳，好一陣才停了下來。

在《瘋狂魏晉的牛人》這本書中，筆者本不想把任何一位皇帝寫進去的，究其原因，淺薄而智商低下的筆者認為：人，一旦做了皇帝，不管他於國於民有多大的豐功偉績，從人性的角度看，他們的另一面就會變得面目可憎。對這樣的人，有精神潔癖的筆者，就像在路上遠遠看見一堆便便，只得繞而遠之。

因為曹丕的這一聲驢叫，這位魏國第一帝便拉近了自己與後世文人也包括本文筆者的距離。

在繼往開來的領路人曹丕帶領大家學驢叫的七十年之後，西晉一位叫孫楚的著名詩人，在悼念自己好友——西晉巨富、山西太原王家王濟的追悼會上，也哭著對死者說：你生前喜歡聽我學驢叫，今天我就再為你叫一次吧！

孫詩人此舉，無非是「曹接班人」當年的翻版。

一位優秀的皇帝

曹丕，曹操的第二個兒子。

他順利被立為王世子，接替曹操的爵位、官職，並在接任魏王的當年，就完成了曹操一生嘔心瀝血、夢寐以求的夙願——登上了皇帝的寶座。從這點來講，他首先應該感謝仇敵張繡，因為是張繡的嬸娘幫了他的忙，最終為他消除了一個強有力的競爭對手。

作為曹操的第二個兒子，本來接班的事是怎麼也不會落在他頭上的。曹丕的哥哥叫曹昂，曹昂是曹操與劉氏所生，但劉氏早亡，於是交由正室丁氏養大。曹昂聰明且性情謙和，為曹操所喜愛，二十歲時即舉孝廉。建安二年（西元*197*年）曹昂隨曹操出征張繡，張繡戰敗而降。張繡有位嬸娘（張濟的遺孀）長得非常漂亮，或許是守寡太久，終因一場戰爭才有幸走出深院，見到陌生的男人，也或許是美女愛英雄，一聽到曹操佔領城池的消息，就開始加倍裝扮自己，一反別的女人扮醜保護貞潔的做法。待到曹操親自清點後宮的時候，這位嬸娘的形象在一群驚慌失措、衣衫敷衍的難民婦女中，顯得豔若桃花，灼灼炫目。曹操一見，喜不自禁，按慣例又納入帳中。本已投降的張繡聽到這個消息，怒從心起，以為曹操欺人太甚。一怒之下，他降而復叛，使出突襲，曹操防不勝防，兵敗如山。讓曹操未曾預料的是，不但自己中了箭，長子曹昂、姪兒曹安民、愛將典韋全都死於這場戰亂。

曹昂英年早逝，曹丕自然由老二遞補到了長子的位置，有了這樣的先決條件，再跟弟弟曹植爭奪繼承權，其成功的機率便毋庸置疑了。

曹丕到底長得如何，是帥哥還是青蛙，在喜歡品評人物龍章鳳姿、面白如玉的魏晉時期，這無疑是個大問題。奇怪的是，在現存的史料中，對魏文帝曹丕的長相隻字未提。從遺傳學的角度來講，曹丕的長相估計也有些困難。因為，曹操的矮小、醜陋幾乎是眾所周知的。成語典故「床頭捉刀」，說的就是醜陋的曹操在接見匈奴使者的時候，由於對自己的長相缺乏自信，便命人換上裝束坐在自己的寶座上，而自己卻手拿利斧喬裝成衛士站在一旁。再有，史料在談及曹丕、曹植兄弟的時候，也有一筆帶過，說的是曹植的長相優於曹丕。由此，我們便可推斷出，曹丕絕對不是什麼帥哥，如果把曹丕母親卞氏對基因改良的貢獻考慮進去，估計曹丕不會很醜。

正是這樣一位不醜也不帥的角色，在他死去五十多年後，西晉一位叫陳壽的史家開始了《三國志・魏書》的撰寫。在《三國志・魏書・文帝紀》裡我們幾乎看不到有關魏文帝曹丕一絲半點的缺點，字裡行間通篇充滿了「偉大、光榮、正確」。甚至在講述曹丕篡奪漢朝劉氏天子皇位的過程中，也溫情四溢、陽光明媚。

文中說，漢獻帝感到天下大亂，自己又無力治理，為了百姓幸福，便主動下詔提出遜位，「從前堯帝把帝位禪讓給虞舜，虞舜又把帝位禪讓給禹，上天授予的帝位不是長久不變的，只歸給有德的人」，所以魏王您應該承擔起天下的大任，顯揚您父親的偉績，力挽狂瀾，順應天命云云。並且，他主動派人將符節、玉璽、綬帶等一應皇帝權力象徵通通交給曹丕，命人築高壇讓曹丕登壇禱告就位。

而曹丕這邊也顯得實在沒辦法才接任。接任之後又將河內郡的山陽縣一萬戶田莊送給漢獻帝，封他做山陽公，在山陽縣內使用漢朝的曆法，按天子的禮儀舉行祭祀，今後給曹丕上書不自稱臣，曹丕在京城舉辦大型祭祀，必須要送祭肉給漢獻帝；把漢獻帝的四個兒子封為列侯，把漢朝封的諸侯王改為崇德侯，列侯改為關中侯等等。

漢獻帝的遜位和曹丕的篡權，在當時乃至後世，無疑是秉承儒家忠君思想的國人唾罵的口實。但如果換一個視角說話，曹丕的這一行為可以說是一種冒天下之大不韙而順應潮流的壯舉。從這一點上講，曹丕比他老子曹操挾天子以令諸侯要光明得多。

實話說，曹丕在位雖然只有短短幾年（西元220～226年），卻實實在在地做了幾件有意義的大事。

曹丕做的第一件大事，是重視文教，推廣儒學文化。西元221年，他下令人口達十萬的郡國每年察舉孝廉一人，這讓那些出身非門閥氏族的子弟有了進入政府的機會。同年又重修孔廟，封孔子後人為宗聖侯。西元224年恢復太學，設立春秋谷梁博士。《春秋谷梁》本是《春秋》的一個版本，然長期以來未能受到應有的重視，曹丕設立該科的博士，對傳承這一歷史文化無疑有著不可估量的作用。

第二件大事是修復洛陽故宮，營建洛陽、許昌、長安、譙郡、鄴城五處都城。

第三是採取戰略防守，恢復生產，與民休息。

第四是發展屯田制，施行穀帛易市，穩定社會秩序。魏國國庫得到充實，累積巨萬，基本解決了戰爭造成的通貨膨脹問題。

第五是創立了選官用官的九品中正制。這一幹部任用機制是對漢代選官制度的改革，對曹操用人制度的弘揚和規範。在科舉制度施行之前，這肯定是最科學合理的選拔用人制度。這一制度直至隋唐科舉施行才被廢止。

第六是鞏固中央集權，限制了後黨權力，削奪了藩王權力，建立防輔制度。強化中書省，發展校事官制度（對官員的紀檢監察機制）。

透過以上這些列舉，可以想像，在三國鼎立、狼煙四起的時代，曹才子能夠有如此的作為，實屬不易。

帝王之家與女人

曹丕的父親曹操是中國歷史上典型的英雄人物，雖然長相醜陋，卻應了那句「英雄愛美女」的話。曹操一生雖然東征西伐、戎馬倥偬，有一點卻不含糊，那就是無論打到哪裡，只要有漂亮的女子，無論已婚未婚，生育與否，只要漂亮好看，通通採拾起來，納入帳中。

從《三國志・魏書・后妃傳》的記載中，我們知道曹操最早有丁夫人、劉夫人、卞夫人（後來拜為王后）。另從《武文世王公傳》中，知道還有環夫人、杜夫人、秦夫人、尹夫人、王昭儀、孫姬、李姬、周姬、劉姬、宋姬、趙姬。這些人所以能載入史冊，是因為她們（丁夫人除外）給曹操生了兒子，因為要記錄兒子的出處，所以史冊上才有了這些女人的名字。這些有記錄的女人，一共給曹操生了二十五個兒子。沒生兒子的女人，當然沒有記錄，但這些女人的數量到底有多少，至今仍是個未知數。史料上有蛛絲馬跡的倒是不少，譬如說，上一章節講到曹操痛失長子曹昂的那次，就是因為將張繡的嬸娘收入了帳中，致使張繡反叛。還譬如說玄學領袖何晏的母親。因為何晏爺爺大將軍何進被殺，何晏父親早逝，曹操又把何晏母親召進了後宮，而何晏也自小就成了曹操的養子。「何氏之廬」的典故就是這樣來的。《三國志·蜀書·關羽傳》裡記載，呂布部下秦宜祿之妻長得非常漂亮，被關羽暗戀。曹操和劉備圍呂布於下邳時，關羽曾幾次對曹操說：希望城破之後，能把這個女人賜給自己。曹操爽快地答應了。但城破之後，曹操發現「這個女人不尋常」，又把她納為己有。如此算來，曹操的女人，真是無法統計。

曹丕似乎也承襲了他老子的風流。他的一生，有記載的女人就有文昭甄皇后、文德郭皇后、任妃嬪、李貴人、陰貴人、柴貴人、潘淑媛、朱淑媛、仇昭儀、徐姬、蘇姬、張姬、宋姬、劉氏、漢獻帝女，此外還有《拾遺記》、《太平廣記》、《豔異編》等書提及的如薛靈芸、莫瓊樹、陳尚衣、段巧笑等，共計二十人之多。

在這些女人中，有一個女人差點讓這個帝王之家的三個男人亂了套。

> 魏甄后惠而有色，先為袁熙妻，甚獲寵。曹公之屠鄴也，令疾召甄，左右白：「五官中郎已將去。」公曰：「今年破賊正為奴。」（《世說新語·惑溺第三十五》）

魏甄后就是甄洛，也叫甄宓，中山無極（今河北省定元縣）人，上蔡令甄逸的女兒。甄洛長大後，袁紹聽說她有才貌，就將她娶為次子袁熙的妻子，婚後袁熙北上幽州帶兵，留下甄洛在鄴都（今河南省臨漳縣）侍奉婆母，因為賢慧又漂亮，深得袁氏一家的寵愛。曹操攻破鄴城的時候，吩咐手下趕快召甄洛來見。在此，曹操再一次想把這位甄美女納入帳中。而左右卻告訴曹操說：「五官中郎將曹丕大人已經將她帶走了。」於是曹操只得順坡下驢，說道：「今年打這一仗，就是為了我這個傻兒啊！」

《三國志》對這件事，寫得就比較簡單：

> 建安中，袁紹為中子熙納之。熙出為幽州，後留養姑。及冀州平，文帝納后於鄴，有寵，生明帝及東鄉公主。

關於曹丕與甄洛的見面，史書如下描述：

> 熙出在幽州，后留侍姑。及鄴城破，紹妻及后共坐皇堂上。文帝入紹舍，見紹妻及后，後怖，以頭伏姑膝上，紹妻兩手自搏。文帝謂曰：「劉夫人云何如此？令新婦舉頭！」姑乃捧后令仰，文帝就視，見其顏色非凡，稱嘆之。太祖聞其意，遂為迎取。（《魏略》）

> 太祖下鄴，文帝先入袁尚府，有婦人被髮垢面，垂涕立紹妻劉後，文帝問之，劉答「是熙妻」，顧攬髮髻，以巾拭面，姿貌絕倫。既過，劉謂后「不憂死矣」！遂見納，有寵。（《世說新語》）

以上兩段記載加在一起，我們可以這樣理解：

當曹丕一馬當先趕往袁紹府上的時候，偌大一個袁府，只有一老一少的婆媳兩人抖抖瑟瑟，那年輕的女子披頭散髮嚇得直哭。曹丕於是對老婦人說：「劉夫人，這女子是誰？」老的那位戰戰兢兢地回答說：「是袁熙的妻子。」曹丕接著說：「為什麼要這樣呢？讓她抬起頭來吧。」於是劉夫人為兒媳梳理了一下頭髮，用手巾幫她擦了擦臉上的淚，然後將她的臉捧仰起來。甄洛的臉剛一抬起，曹丕的眼睛裡就放射出驚詫的神色，他沒想到，傳說中的甄洛，竟是如此的絕色美貌，不知不覺嘆出聲來。此時的婆婆劉夫人，竟悄悄在兒媳耳邊說：「閨女，現在我們不用擔心會被殺死了。」看來，在生命和尊嚴面前，尊敬的袁紹夫人的確有點讓人失望。

甄洛來到曹家，憑著賢慧和美貌，仍然受到曹氏一家的寵愛。

一次，曹家宴請百官，曹丕讓夫人甄氏出來與客人相見，座上客人都拜伏在地，獨獨只有一位叫劉楨的官員對著甄氏直目平視。這件事讓曹操知道了，把劉楨逮捕下獄，判罰做苦工。由此可見，相比曹丕，曹操對兒媳的美貌是何等地敏感。

甄洛在曹家生了一男一女，男孩就是後來的魏明帝曹叡，女孩就是東鄉公主。再後來，這家人就不知發生了什麼，到曹丕做了魏文帝不久，甄洛就被莫名賜死，代之而起的是郭皇后。

令人不解的是，甄洛死後，曹丕將甄洛使用過的一個盤金鑲玉枕頭賜給了曹植。如此處置其人其物，相信讀者在感到血腥殘暴的同時，還不難聞出一股咬牙切齒的醋味來。這也給後人留下了無盡的猜想和口實。

據說曹植睹物思人，不免觸懷傷情。回自己駐地經過洛水時，夜宿舟中，恍惚之間，遙見甄洛凌波御風而來，並說「我本有心相託」等語，曹植一驚而醒，於是寫下了《感甄賦》：

翩若驚鴻，婉若游龍，容曜秋菊，華茂春松，彷彿兮若輕雲之蔽月，飄颻兮若流風之回雪。延頸秀項，皓質呈露，芳澤無加，鉛華弗御。雲髻峨峨，修眉聯娟，丹唇外朗，皓齒內鮮，明眸善睞，靨輔承權，瑰姿豔逸，儀靜體閒，柔情綽態，媚於語言……

後來，曹丕與甄洛的兒子曹叡繼位，是為魏明帝。明帝覺得這首賦，洩露了母親的私情，於是，便將此賦改名為《洛神賦》。此賦至今仍為人們傳唱，究其原因，不僅僅是藝術上的緣故吧。

史上最牛的作協秘書長

秋風蕭瑟天氣涼，草木搖落露為霜。群燕辭歸雁南翔。念君客遊多思腸，慊慊思歸戀故鄉，君何淹留寄他方？賤妾煢煢守空房，憂來思君不敢忘，不覺淚下沾衣裳。援琴鳴弦發清商，短歌微吟不能長。明月皎皎照我床，星漢西流夜未央。牽牛織女遙相望，爾獨何辜限河梁？

這是本文主人翁曹丕的傑作，名叫《燕歌行》，此為其中之二。

全詩表現了一位婦女在不眠的秋夜懷念丈夫的情態，既未脫離當時民歌的風格，又有自己的創造。此詩運用了七言詩的長處，音節和諧舒緩，描摹細緻生動，感情纏綿動人，語言清新流麗，取得了多種效果的統一，讀來讓人擊節讚嘆，被文學界公認為我國早期七言詩走向成熟的標誌。

在我們偉大的祖國，幾千年以來，幾乎所有的封建帝王，且無論他們是透過什麼手段獲得天下，一旦登上皇位寶座，也無關他們文化高低、是否讀書習文、是否識字，都必定要將文學這個「女神」抓來「做」了。這當中，劉邦算不嚴重的，大權在握，衣錦回鄉的時候，也來了一首「大風起兮雲飛揚」；而清朝的乾隆皇帝，寫詩就像拉稀一樣，一生寫下了四萬多首，到最後一首都沒能流傳開來，十足的文章如尿崩，誰與我爭鋒？

本文的主人翁曹丕，與他的父親曹操在這方面卻是個異類。他們與文學「女神」的關係，可算是超高品質的戀愛。他們在總角年少之時，誠心誠意地敬重她、護著她、揣摩她，一直到地位天下獨尊的成年乃至生命最後，都始終伴隨著這位女神，以至為後世留下了不少膾炙人口的佳作。

一千多年後紅色領袖毛澤東在《沁園春・雪》中大罵秦皇漢武、唐宗宋祖、成吉思汗的時候，也不敢將曹丕兩爺子罵進去，究其原因，就是因為曹操、曹丕父子的文學功夫了得。

在中華文學史上，「建安文學」、「建安風骨」絕對是無人可以繞過的一道坎。

漢獻帝建安時期，無論是詩歌、辭賦、文章都獲得了極大的進步，尤其是詩歌，實現了中國文學史上第一次文人詩的創作高潮，使漢樂府詩完全成熟，五言詩體得以發展，七言詩體從此開創。打破了當時盛行的駢體文格式，採用通脫的文體作文。情詞並茂，具有慷慨悲涼的藝術風格，真實地反映了漢末的社會現實以及文人們的思想情操。在北方，不僅出現了一個文學繁榮的局面，而且使一代文風得以轉變。

建安文學，如果沒有「三曹」（曹操、曹丕、曹植）的宣導，就不可能有以「建安七子」（孔融、陳琳、王粲、徐幹、阮瑀、應瑒、劉楨）為核心的文學風潮。在這裡面，以曹丕的身分和地位來擔當作協常務副主席兼秘書長一職，對文學的影響自不必言說。下面一些記載很能說明曹丕在文學活動中的組織作用：

建安十九年四月初夏的一天，曹丕被文昌殿前的槐樹激發了創作衝動，立即召集曹植、王粲等文朋詩友，展開了一場「槐樹命題作文大賽」，今天曹丕、曹植、王粲等人的同題詩作仍然流傳。

迷迭香，是曹丕院子裡的一種香料植物。曹丕曾在召集組織的一次文學活動中，以此為題，再次舉辦了一場「『迷迭香杯』文學大賽」。曹植、王粲、陳琳、應瑒等建安才子們通通以此作賦，自然佳作迭出。

曹丕作為太子對文學的愛好和重視，直接推動了建安文人集團文學創作的繁盛與活躍。此外，他的文學批評名篇《典論·論文》，提出「文以氣為主」的見解，將「文章」視為「經國之大業，不朽之盛事」，都對後世影響深遠。另外，「建安七子」之名始由他提出，各子的文集也是由他下令搜集的。你說他的文學造詣牛不牛。

狗鼠都嫌棄的領袖死了

曹丕以王世子身分參加王粲追悼會並帶領大家學驢叫的那年，他剛三十歲。此後的三年中，他靠著父親打下的根基，一路從王世子做到了魏王、丞相，並在西元*220*年逼下了漢獻帝，堂堂正正將國號改成了魏國，做起了魏國的首任皇帝。

在爭奪曹操的繼承權和皇權上，曹丕自然是付出了不少努力，尤其是他與弟弟曹植、曹彰之間的鬥爭可謂你生我死、驚心動魄。

《世說新語》裡有這樣一則記載：魏文帝曹丕猜忌他的弟弟任城王曹彰勇猛剛強。趁在卞太后的房裡一起下圍棋、吃棗的機會，曹丕先把毒藥放進棗子的果肉裡，自己挑那些沒放毒的吃；曹彰沒有察覺，就把有毒、沒毒的混著吃了。發現中毒後，卞太后要找水來解救他，可曹丕事先命令手下人把裝水的瓶罐都打碎了，卞太后匆忙間光著腳趕到井邊，卻沒有東西打水，不一會兒曹彰就死了。此後不久，曹丕又把黑手伸向曹植，卞太后看出來後，就對曹丕說：「你已經害死了我的任城王曹彰，不能再害我的東阿王曹植了！」

曹植，曹丕同母的兄弟，皆曹操與卞氏所生，曾封為陳王，死後諡（皇帝、貴族、大臣、傑出官員或其他有地位的人死後所加的帶有褒貶意義的稱號）為「思」，也被後世稱作陳思王。在建安文人中，他的作品留存最多，對當時及後代的影響最大，評價也最高。

曹植天資聰穎，才思敏捷，早年即有「繡虎」雅號。在曹操接班人的鬥爭中，曹植可以說是典型的「羊肉沒吃著，倒惹一身騷」。他一度受到曹操的信任，差點被立為太子。但最後還是敗在了曹丕手下。曹操指定曹丕為繼承人後，找藉口將曹植的良師益友楊修殺害；此後曹植日子一天不如一天，曹丕即位後，又將一貫支持曹植的丁氏兄弟殺害，此時曹植的日子就更加難過了，封地一改再改，雖然身為王侯，基本處於軟禁狀態，行動一點也得不到自由。

曹丕死後，明帝曹叡即位，曹植的處境有所改變，他曾一度煥發希望，上表請求自試，但是卻始終得不到重任，幾年之後終在憂鬱中死去。

人們耳熟能詳的成語「七步成詩」講的就是曹丕、曹植兄弟倆的殊死鬥爭。

文帝嘗令東阿王七步中作詩，不成者行大法。應聲便為詩曰：「煮豆持作羹，漉菽以為汁。萁在釜下燃，豆在釜中泣；本自同根生，相

煎何太急？」帝深有慚色。（《世說新語・文學第四》）

這裡說的就是曹丕找藉口要殺死曹植，要求曹植在走完七步之內的時間裡作出一首詩來，否則的話，就要動用死刑。在這個集文學領袖與帝王權勢於一體的家庭中，我們不得不驚訝地看到，文學成了直接殺人的藉口。讓曹丕沒想到的是，曹植在生死時速之間，不但吟出了詩歌，還在詩中對兄弟兩人的境遇做了絕妙的比喻，對曹丕殘害自己兄弟的暴行，進行了責問和感嘆。曹丕一聽，頓時面露慚愧之色。

登上皇位的曹丕，在皇帝的位置上只幹了七年，就一命嗚呼了。

據《三國志・魏書》記載，黃初三年（西元222年），正月初一，魏國上空驚現日食。

此時，曹丕似乎隱約感覺到了末路已經不遠，他的內心反覆糾結。這一年，他寫下了《終制》——對自己後事做了詳細的安排：

昔堯葬谷林，通樹之，禹葬會稽，農不易畝，故葬於山林，則合乎山林。封樹之制，非上古也，吾無取焉。壽陵因山為體，無為封樹，無立寢殿，造園邑，通神道。夫葬也者，藏也，欲人之不得見也……

曹丕在文中說，自己的陵墓要像堯舜一樣，儘量不要佔農民耕地，要葬在山林裡，不要大肆建陵園、鋪設神道，不要以銅器鐵器陪葬，太過鋪張可能會被人挖掘，國家不可能不改朝換代，只有低調地處理埋葬我這件事情，屍體才不至於被侮辱，如果哪位大臣和兒子不按照我說的辦，我在九泉之下也不會賜福他。這份詔書一式三份，分別存放在尚書省、秘書省、三公府，方便今後對照辦理。

這份交代後事的文件寫完後的第四年，也就是黃初七年（西元226年），還是正月，曹丕巡視許昌，剛一到達，許昌南城門就無辜坍塌下來。一種不祥之兆再次在曹丕心裡湧起，他當即就放棄了進城的念頭，回到家裡一病不起。這年五月，曹丕病情陡然加重，於是召來大將軍曹真、鎮軍大將軍陳群、征東大將軍曹休、撫軍大將軍司馬懿，向他們交代了輔佐曹叡登基執政事宜，並遣散了後宮淑媛、昭儀以下的嬪妃。兩天之後，曹丕走完了自己四十歲的一生。

《世說新語》記載，曹丕病重期間他與母親卞太后還發生了一件不愉快的事。

> 及帝病困，卞后出看疾；太后入戶，見直侍並是昔日所愛幸者。太后問：「何時來邪？」云：「正伏魄時過。」因不復前而嘆曰：「狗鼠不食汝餘，死故應爾！」至山陵，亦竟不臨。

這一段翻譯過來，是這樣說的：魏文帝曹丕病重期間，卞太后前去探望。太后一進內室，看見值班的、侍奉的都是從前曹操所寵愛的美女。太后就問她們：「你們是什麼時候到這裡來的？」美女們說：「是曹丞相斷氣的時候就被文帝要過來的。」卞太后一聽，當即停下探視的腳步，長嘆一聲：「你這樣做，豬狗和老鼠都會嫌棄你。你父親留下的女人你也要，看來你真的該死啊！」卞太后憤而轉身離去。幾天之後，曹丕真的死了，卞太后從頭至尾都沒去哭弔。

想不到，一個帝王的辭世，竟會以這種尷尬的事件結束。這在中國歷史上實在不多。

成語附錄

【成語】**手不釋卷**

【釋義】釋：放開。卷：書本。書本不離手。形容勤奮好學。

【出處】三國・魏・曹丕《典論・自敘》：「上雅好詩書文籍，雖在軍旅，手不釋卷。」

【成語】**人生如寄**

【釋義】寄：寓居，暫住。指人的生命短促，就像暫時寄居在人世間一樣。

【出處】三國・魏・曹丕《善哉行》：「人生如寄，多憂何為。」

【成語】**盪氣迴腸**

【釋義】回：迴轉。盪：動搖。使肝腸迴旋，使心氣激盪。形容文章、樂曲十分婉轉動人。

【出處】三國・魏・曹丕《大牆上蒿行》：「女娥長歌，聲協宮商，感心動耳，蕩氣迴腸。」

【成語】**如飢似渴**

【釋義】形容要求很迫切，好像餓了急著要吃飯，渴了急著要喝水一樣。

【出處】三國・魏・曹植《責躬》：「遲奉聖顏，如渴如飢。」

【成語】**煮豆燃萁**

【釋義】燃：燒。萁：豆莖，音其ㄑㄧˊ。

【出處】南朝・宋・劉義慶《世說新語・文學》：「文帝嘗令東阿王七步作詩，不成者行大法。應聲便為詩曰：『煮豆持作羹，漉菽以為汁，萁在釜下燃，豆在釜中泣，本自同根生，相煎何太急？』帝深有慚色。」

【成語】**秉燭夜遊**

【釋義】秉：執持。舊時比喻及時行樂。

【出處】三國・魏・曹丕《與吳質書》：「少壯真當努力，年一過往，何可攀援？古人思秉燭夜遊，良有以也。」

【成語】**文人相輕**

【釋義】指文人之間互相看不起。

【出處】三國・魏・曹丕《典論・論文》：「文人相輕，自古而然。」

【成語】**七步成詩**

【釋義】稱人才思敏捷。

【出處】南朝・宋・劉義慶《世說新語・文學》：「文帝嘗令東阿王七步中作詩，不成者行大法；應聲便為詩曰：『煮豆持作羹，漉菽以為汁；萁在釜下燃，豆在釜中泣；本自同根生，相煎何太急？』帝深有慚色。」

【成語】**伯仲之間**

【釋義】伯仲：兄弟排行的次第，伯是老大，仲是老二。間：中間。比喻差不多，難分優劣。

【出處】三國・魏・曹丕《典論・論文》：「傅毅之於班固，伯仲之間耳。」

【成語】**沉李浮瓜**

【釋義】吃在冷水裡浸過的瓜果。形容暑天消夏的生活。

【出處】三國・魏・曹丕《與朝歌令吳質書》：「浮甘瓜於清泉，沉朱李於寒水。」

【成語】**妙絕時人**

【釋義】指作品的好，不是當時的人所能比。

【出處】三國・魏・曹丕《與吳質書》：「其五言詩之善者，妙絕時人。」

【成語】**酒酣耳熱**

【釋義】酒酣：酒喝得很痛快。形容喝酒喝得正高興的時候。

【出處】三國・魏・曹丕《與吳質書》：「每至觴酌流行，絲竹並奏，酒酣耳熱，仰而賦詩，當此之時，忽然不自知樂也。」

【成語】**不護細行**

【釋義】指不注意小節。

【出處】三國・魏・曹丕《與吳質書》：「觀古今文人，類不護細行，鮮能以名節自立。」

【成語】**箕山之志**

【釋義】舊時用以稱譽不願在亂世做官的人。同「箕山之節」。

【出處】三國・魏・曹丕《與吳質書》：「偉長獨懷文抱質，恬淡寡欲，有箕山之志，可謂彬彬君子者也。」

【成語】**窮兵黷武**

【釋義】黷：隨便，任意。窮：竭盡。形容極其好戰。

【出處】三國・魏・曹丕《車駕臨江還詔三公》：「三世為將，道家所忌；窮兵黷武，古有所戒。」

【成語】**車載斗量**

【釋義】形容數量很多，多用來表示不足為奇。

【出處】《三國志・吳書・孫權傳》：「遣都尉趙咨使魏。」裴松之注引《吳書》：「吳使與文帝曹丕曰：『如臣之比，車載斗量，不可勝數。』」

【成語】**尋章摘句**

【釋義】尋：找。章：篇章。摘：摘錄。舊時讀書人從書本中搜尋摘抄片斷語句，在寫作時套用。指寫作時堆砌現成詞句，缺乏創造性。

【出處】《三國志・吳書・孫權傳》：「遣都尉趙咨使魏。」裴松之注引《吳書》：「吳使與文帝曹丕曰：『雖有餘閒，博覽書傳歷史，藉採奇異，不效諸生尋章摘句而已。』」

【成語】**七步之才**

【釋義】指敏捷的文采。

【出處】南朝・宋・劉義慶《世說新語・文學》：「文帝嘗令東阿王七步中作詩，不成者行大法；應聲便為詩曰：『煮豆持作羹，漉菽以為汁；萁在釜下燃，豆在釜中泣；本自同根生，相煎何太急？』帝深有慚色。」

【成語】**敝帚自珍**

【釋義】敝：破的，壞的。珍：愛惜。把自己家裡的破掃帚當成寶貝。比喻東西雖然不好，自己卻很珍惜。

【出處】三國・魏・曹丕《典論・論文》：「里語曰：『家有敝帚，享之千金。』此不自見之患也。」

【成語】**本同末異**

【釋義】本：本源。末：末流。比喻事物同一本源，而派生出來的末流則有所不同。

【出處】三國・魏・曹丕《典論・論文》：「夫文，本同而末異。」

【成語】**深自砥礪**

【釋義】砥礪：磨刀石，引申為磨礪，磨練。自己刻苦地磨練。形容自己努力磨練自己，以期大有所為。

【出處】《三國志・魏書・賈詡傳》：「文帝使人問詡（音詡ㄒㄩˇ）自固之術，詡曰：『願將軍恢崇德度，躬素士之業，朝夕孜孜，不違子道，如此而已。』文帝從之，深自砥礪。」

【成語】**見獵心喜**

【釋義】獵：打獵。看到打獵心裡就高興。比喻看見別人在做的事正是自己過去所喜好的，不由得心動，也想試一試。

【出處】三國・魏・曹丕《典論・自序》：「和風扇物，弓燥手柔，草淺獸肥，見獵心喜。」

【成語】**畫餅充飢**

【釋義】畫個餅來解除飢餓。比喻用空想來安慰自己。

【出處】《三國志・魏書・盧毓傳》：「選舉莫取有名，名如畫地作餅，不可啖也。」

【成語】**稀世之寶**

【釋義】稀世：世所稀有。世上稀有的珍寶。

【出處】三國・魏・曹丕《與鍾繇書》：「猥以蒙鄙之姿，得睹稀世之寶。」

【成語】**巧奪天工**

【釋義】奪：勝過。人工的精巧勝過天然。形容技藝十分巧妙。

【出處】曹丕稱讚他搶來的夫人甄氏盤頭髮的技巧巧奪天工。

【成語】**物是人非**

【釋義】東西還是原來的東西，可是人已不是原來的人了。多用於表達時過境遷，因而懷念故人。

【出處】三國・魏・曹丕《與朝歌令吳質書》：「節同時異，物是人非，我勞如何！」

【成語】**貴遠賤近**

【釋義】重視相距遠者，輕視相隔近者。猶言厚古薄今。

【出處】三國・魏・曹丕《典論・論文》：「楊班儔也，常人貴遠賤近，向聲背實，又患瘖於自見。」

【成語】**審己度人**

【釋義】審：審查。度：估量。先審查自己，再估量別人。

【出處】三國・魏・曹丕《典論・論文》：「孟君子審己度人，故能免於斯累而作論文。」

【成語】**清塵濁水**

【釋義】清塵：喻他人。濁水：喻自己。比喻相隔很遠，會面沒有希望。

【出處】三國・魏・曹植《七哀詩》：「君若清路塵，妾若濁水泥，浮沉各異勢，會合何時諧？」

【成語】**過屠門而大嚼**

【釋義】屠門：肉店。比喻心裡想而得不到手，只好用不切實際的辦法來安慰自己。

【出處】漢・桓譚《新論》：「人聞長安樂，則出門而向西笑；知肉味美，則對屠門而大嚼。」三國・魏・曹丕《與吳質書》：「過屠門而大嚼，雖不得肉，貴且快意。」

何晏 毒蟲、宗師、娘娘腔與高幹子弟

人物簡介

姓名：何晏，字平叔，外號假子。

家庭出身：權貴名門

籍貫：河南南陽

生卒：西元190～249年

社會關係：大將軍何進的孫子，曹操的養子、女婿，曹丕、曹叡討厭的人，曹爽的兒時童伴

社會身分：玄學宗師、國學大家、藥鬼、高幹子弟、官員

容貌：美姿儀而色白

主要作品：今存《論語集解》、《無名記》、《無為論》、《景福殿賦》等

雷人言行

◎「夏侯玄、司馬師是能成事的人，但能成大事的人，卻不是他倆，這個人我看不見他的臉，但現在聽到他在說話。」

◎不僅開創了魏晉玄學，還開創了服用「偉哥型搖頭丸」——五石散先河，惹得天下名士競相效仿直至唐代。

◎喜著女人服裝招搖過市，面霜、粉餅不離手，且顧影自憐，自戀得惹人惱火。

相關成語

傅粉何郎　魂不守舍　勢合形離　老生常談

作者評價

活得驚天動地，死得古怪離奇。

高幹子弟的自述

「咱是堂堂正正的皇親國戚，頂尖鑽石級高幹子弟，打小在魏王宮中長大，知道嗎？

你們不是喜歡裝有文化嗎？好了，從《周易》到《道德經》，再到《論語》，我讀了個爛熟於心，出了它好幾十卷書，我著作等身啊，敢在我面前嘰嘰歪歪談文化？

你們不是喜歡另類嗎？是我帶頭吃的『五石散』，吃完之後，精神百倍，『她好我也好』。那東西，你就是有萬貫家產，也想不到會玩這個咯！

大家不都喜歡帥男人嗎？我本來就長得又帥又白，還『男士面霜』不離手，連那些比較帥的男人也羨慕死我了。

你們不是喜歡玩有地位又漂亮的女人嗎？我除了經常當新郎，還把天下第一的曹操的女兒——金鄉公主搞到手了，不管她再怎麼金貴，只要我一回家，她就像一匹發情的小母馬，到處追著我走，你們能做到嗎？

你們不是喜歡標榜自己穿著多有個性嗎？我穿大紅大紫有女性傾向的袍服，讓全城人都掉眼珠！

你們不是喜歡位子、銀子這兩樣東西嗎？這不，咱前一段還是吏部尚書（中組部部長）呢，封了侯爵，銀子嘛，隨便劃拉，富可敵國。

怎麼樣？我夠本吧我！」

對不起，這不是何晏的原話，為了能更好地表述何晏離奇而狂怪的一生，根據史料記載，筆者類比何晏自戀的性格，總結了這樣一段話。

要瞭解魏晉，不瞭解何晏肯定不行。可以說，無論曹丕時代、曹叡時代還是曹爽輔政的正始年代，引領時尚生活的明星排行榜上，排名第一的明星絕對是何晏。何晏，曹魏時代著名高幹子弟，時尚生活潮流的引領者。

怪異的「拖油瓶」

據《三國志・魏書・何晏傳》記載，何晏的歷史是這樣的：

他的爺爺叫何進，原本是一殺豬匠，何進有個天仙似的妹妹，一不小心被漢靈帝選進宮去，竟做了漢靈帝的皇后，有著這樣的裙帶關係，何進也就扔掉殺豬刀正兒八經做起官來，並且噌噌幾下就爬上了大將軍的寶座。漢朝重門第，即使何進有著大將軍的頭銜，但私下裡大家還是嫌他有股豬騷味，予以鄙視。在中國歷史上，何進最能讓人記住的一件事就是《三國演義》結尾詩裡說的「何進無謀中貴亂，涼州董卓居朝堂」。一個屠夫能玩什麼政治？本來是想請董卓來翦除宦患，卻不但送了性命還引狼入室，攪亂了天下。

何晏小的時候父親就死了，風流英雄曹操把何晏母親娶了回去，做了若干妻妾中的一個，何晏作為一「拖油瓶」由此也住進了魏王後宮，從此成了曹操的養子。從小失去父親的何晏，不但長相乖巧且明慧若神。

看著眼前巍峨的魏王宮殿、威嚴的衛兵、交頭接耳的下人以及曹操與其他女人所生的一大群陌生的孩子，何晏無所適從，戰戰兢兢，他從沒在這麼大的宅子裡跟這麼多陌生人相處過。在他出生的時候，貴為國舅的爺爺已經身首異處幾年。初入魏宮的日子他時常想起自己的父親和父親在世時家裡的境況。

晏小時，武帝雅奇之，欲以為子。每挾將遊觀，命與諸子長幼相次。晏微覺，於是，坐則專席，止則獨立。或問其故，答曰：「禮，

異族不相貫坐位。」（《何晏別傳》）

他不甘心母親與自己眼前的際遇，他想改變這種寄人籬下的狀況。特別是在與曹操一家出遊的時候，彆扭的感覺更加強烈，不管是遊覽還是坐下休息，養父曹操都讓所有的孩子按長幼順序依次而坐，何晏從來就不願意進入那些孩子的秩序裡邊，跟大家離得遠遠的，於是有人問他為什麼不跟大夥一塊，何晏回答說：「異族一般不依次挨坐一起的，這是禮儀和尊嚴。」

何晏七歲，明慧若神，魏武奇愛之，以晏在宮內，因欲以為子。晏乃畫地令方，自處其中。人問其故，答曰：「何氏之廬也。」魏武知之，即遣還外。（《世說新語》）

除此之外，他還在魏宮中，用筆劃出一塊區域，一個人待在裡面，也不允許別人進去，別人問他：「你這是幹什麼呢？」何晏說：「這就是我何家的房子，我只住自己家。」曹操聽到這個事情後，對這孩子的智商和做法很是驚訝。於是深得曹操喜愛，把他視為己出，並因此特別尊重他。這就是「何氏之廬」的來歷。

閱讀兵書是曹操每天的必修課，到何晏七八歲的時候，曹操讀兵書有不解的地方就試著去問何晏，何晏每一次對曹操提出的疑問無不解釋得頭頭是道，清清楚楚。於是何晏聰慧聲譽傳遍了魏宮。

然而，有神童之稱的小何晏也並不是什麼好鳥，從小就顯出對美色的嗜好，像賈寶玉一樣，常常藉機混跡於曹操的一群女兒中間，討好她們，糾纏她們。曹丕、曹植對他這一點很是不滿。小時的何晏在服飾及穿戴上與成年後喜著女性傾向的服裝大相逕庭，也許是想快點長大吧，他特別喜歡仿照曹丕的模樣打扮，讓曹丕總覺得有一個小小的影子跟著自己，因此特別討厭他。每每用「假子」稱呼何晏。「假子」者，照本意來講，有兩層意思，一是妻的前夫之子或夫的前妻之子，二是指養子、義子。曹丕口中的假子，估計還有更多別的意思吧。

在魏宮的日子，何晏除時不時到姐姐妹妹的閨房中耍耍嬌，胡鬧胡鬧之外幾乎沒自己的男孩圈子，唯一與他友好的，是那個經常進宮來玩的叫曹爽的孩子。曹爽是曹操的族孫，按輩分理應叫何晏叔叔，那是一個顯得憨厚的、在魏宮人面前帶著幾分自卑的孩子，只有他願意跟何晏玩。

在這樣的環境裡，何晏一天天長大。

恰恰是這個曹爽，使後來的何晏從單純的高幹子弟、花花公子、學者成了大權在握的人，並最終送命。

色鬼的自戀和婚姻

何平叔美姿儀，面至白。魏明帝疑其傅粉，正夏月，與熱湯餅。既啖，大汗出，以朱衣自拭，色轉皎然。（《世說新語‧容止》）

何晏的自戀似乎已到了極點，明明皮膚已經很白了，卻還要面霜、粉餅不離手，弄得魏明帝曹叡也不知道他的皮膚到底是搽粉變白的，還是自然就有這麼白。一天，曹叡再也忍不住了，於是，召這個整天不務正業的傢伙進殿，當場賜一碗皇家精製麵條給他，何晏當即就將那碗熱騰騰的麵條吃了下去，時值炎熱盛夏，加上那碗熱湯麵下去，還沒吃上幾口，頃刻之間大汗淋漓。於是何晏抬起女性化的朱紅袖袍擦起汗來，這不擦不要緊，一擦反而是皮膚更加光潔白亮。在場所有人，沒有一個不嘆服的。這就是「敷粉何郎」典故的來由。

關於何晏的出生年份一直是個謎，史學界至今仍爭論不休，但不管怎麼爭執，有一點是可以肯定的，那就是何晏出生年份大致是西元*189*～*195*年之間，這中間相差僅僅六年。到西元220年（黃初元年）曹操去世為止，何晏的年齡至少已經二十有五，卻並未有一官半職。

這其中，應該有兩個方面的原因，一是宮廷鬥爭、爭權奪勢的慘烈，就連曹丕、曹植親兄弟也上演了「煮豆燃豆萁」的殘酷，更何況你何晏一個「假子」，怕是連愛他的曹操也顧不過來照顧他了；二是從儒家正統的角度來看，成年之後的何晏名聲實在太爛，好色且不說，還常常做出一些離經叛道的事情來。

晏性自喜，動靜粉白不去手，行步顧影。（《三國志・魏書・何晏傳》注引《魏略》）

譬如說，他非常自戀，走起路來一步三擺顧影自憐，一副裝腔作勢的樣子，說起話來也拿腔拿調，可以想像，這副跟芒果台某位明明是內地土生土長的，卻操一口港臺腔娘娘腔的那位「不男不女」的「中年小夥子」主持人一個款式的樣，如何能拿得上以玩深沉為職業的官員的台盤呢？

到明帝曹叡當政後，也說何晏務虛浮華，對他大加抑制，僅僅給了一點只拿工資不管事的閒官做做。

直到西元240年（正始元年），曹芳繼位，曹爽輔政的時候，何晏才在幼年好友曹爽的提攜下，堂堂正正做起朝官來。

從進入魏宮開始，將近五十年的時間裡，寄人籬下，極度敏感和要強的何晏，為抵抗壓抑，想出了各種各樣的方法。這五十年歸納起來，他實際上只做了三件大事：一是泡妞，陶醉在女人的香唇與羅裳之間；二是清談，讀書寫書、交友聊天，成了玄學開宗大師；三是發現了「五石散」的神奇妙用，並進行改進，繼而免費做了「五石散」形象代言人，並將之在名士隱士士大夫中間推廣開來。

雖然在個人命運和前途上曹操沒有給予何晏什麼，但卻在另一面給了他補償，將自己的掌上明珠金鄉公主許配給了他。對於何晏來講，以自己何進孫子、曹操養子的身分，女人他是不缺的，缺的只是更高的個人地位和更加閃亮的光環，金鄉公主與他的婚姻，讓他徹頭徹尾從寄人籬下的「假子」變成了舉國青年恭敬和眼紅的駙馬爺。

然而，對一個幼年寄人籬下時就說出「異族不相貫坐」與畫地為「何氏之廬」的要強男人來說，即便是貴為千金公主的玉體的束縛力也遠遠不夠，他需要的是男人的尊嚴和地位，而不僅僅是駙馬的名頭。他有的是文化和能力，卻得不到曹操、曹丕的重用，這樣的壓抑白晝黑夜間在何晏的胸中灼燒。他無處療傷，一個偶然的機會，他似乎找到了療傷的最後方法。他自己也沒想到的是，這種東西會害了那麼多的人，一代一代的名士達人競相效仿，直到唐朝才漸漸消弭。

面對何晏的折騰，最受不了的就是一個人，這個人就是他老婆金鄉公主。忍無可忍的金鄉公主只得回到母親那裡，對母親訴苦說：「何晏簡直太作怪了，而且越來越嚴重，這樣下去真不知道該怎麼辦好！」母親笑著對她說：「你不要嫉妒他嘛！」

藥鬼和「偉哥型搖頭丸」

上一章節所講的害人的東西，是神醫張仲景在東漢末年研製出來治療傷寒的「五石散」。

所謂「五石」乃石鐘乳、石硫黃、白石英、紫石英和赤石脂，「五石散」就是這五種礦石磨成粉末調製成的散劑。據筆者查到的中國中醫研究院中醫藥資訊研究所的《中國中藥資料》表明，「五石」中有三種礦石的功效有著壯陽、溫肺腎，主治陽痿等症的效果。

一次偶然的機會，何晏發現了「五石散」能夠達到「她好我也好」的妙用，此後又屢試不爽，於是一發不可收，一邊服用，一邊對「五石散」做一些改進，從而使這種散劑不僅能夠實現「她好我也好」，而且還能實現「非唯治病，亦覺神明開朗」——有一種類似搖頭丸的功用。服藥後，人體忽而發冷忽而發熱，肉體暫時陷入一種莫名的苦痛中，然而精神卻可以進入一種恍惚忘我的境界。世俗的煩擾、內心的迷惘都可以被忘懷，剩下的是一種超凡脫俗的感覺。在這樣的時刻，什麼都不放在眼裡，什麼都不配約束自己，只有自我意識的膨脹，任意所之。簡而言之，這類似於醉酒，也許在生理上的反應和醉酒有所不同，但同樣是精神恍惚的神奇效果。

在那個各種文化思潮大爆炸的時期，在嗜血成性的軍閥橫行年代，在那個名士達人只求愉悅一生的季節裡，一旦遇上這種「搖頭丸加偉哥」的神仙之藥，人們豈有不熱愛之理。加上當時科技的條件，開採「五石」的難度之大，「五石散」自然價格不菲，能吃上這樣的東西似乎就成了身分的象徵，再加上又有何晏這個「皮膚又白，個子又高，學習成績又好，家庭出身又紅」的高幹子弟做形象代言人，達官貴人、名人隱士當然趨之若鶩了。一時間，高檔夜場、高端會所、奢侈品商店等凡有錢人去的地方，通通以能否提供「五石散」為標準，就像時下的酒店不能提供「大龍蝦燕鮑翅」不算高檔一樣。當然，假如名人士大夫一旦喜歡上了這東西，那就是真正流行的奢侈品了。

於是在何晏的帶動下，王弼吃上了，夏侯玄吃上了，阮籍吃上了，嵇康吃上了，王戎吃了，皇甫謐吃了……高貴門閥的家庭成員都吃上了。史料記載，說王戎有一次吃了藥後去上朝，因為「藥發」竟然摔進了茅坑，朝廷之上見他從茅坑裡被拉上來的那副樣子，全場笑翻。

這種藥吃下去詳情是什麼樣子，魯迅先生在《魏晉風度及文章與藥及酒之關係》中這樣說：

先吃下去的時候，倒不怎樣的，後來藥的效驗既顯，名曰「散發」。倘若沒有「散發」，就有弊而無利。因此吃了之後不能休息，非走路不可，因走路才能「散發」，所以走路名曰「行散」。比方我們看六朝人的詩，有云：「至城東行散」，就是此意。後來作詩的人不知其故，以為「行散」即步行之意，所以不服藥也以「行散」二字入詩，這是很笑話的。

走了之後，全身發燒，發燒之後又發冷。普通發冷宜多穿衣，吃熱的東西。但吃藥後的發冷剛剛要相反：衣少，冷食，以冷水澆身。倘穿衣多而食熱物，那就非死不可。因此五食散一名寒食散。只有一樣不必冷吃的，就是酒。

吃了散之後，衣服要脫掉，用冷水澆身；吃冷東西；飲熱酒。這樣看起來，五石散吃的人多，穿厚衣的人就少；比方在廣東提倡，一年以後，穿西裝的人就沒有了。因為皮肉發燒之故，不能穿窄衣。為預防皮膚被衣服擦傷，就非穿寬大的衣服不可。現在有許多人以為晉人輕裘緩帶、寬衣，在當時是人們高逸的表現，其實不知他們是吃藥的緣故。一班名人都吃藥，穿的衣都寬大，於是不吃藥的也跟著名人，把衣服寬大起來了！

還有，吃藥之後，因皮膚易於磨破，穿鞋也不方便，故不穿鞋襪而穿屐。所以我們看晉人的畫像和那時的文章，見他衣服寬大，不鞋而屐，以為他一定是很舒服，很飄逸的了，其實他心裡都是很苦的。

更因皮膚易破，不能穿新的而宜於穿舊的，衣服便不能常洗。因不洗，便多虱。所以在文章上，蝨子的地位很高，「捫虱而談」，當時竟傳為美事。

當時名醫皇甫謐服用「五石散」後，感覺胸腹燥熱、煩悶咳逆，以至冬日亦想「裸袒食冰，晝夜不得寐，對食垂涕」，幾欲操刀自刺。他還說：「許多人發散失誤，死於非命。我的族弟，痛苦得舌頭都陷入喉嚨之中；東海人王良夫，癰深深陷入後背；隴西辛昌緒，脊肉完全潰爛；蜀郡的趙公烈，中表親戚裡有六人因此而死。這都是服用寒食散造成的，我雖然還活著，但也是苟延殘喘，貽人笑柄。」

有人估算五石散流行的數百年裡，毒死了近百萬人，雖然資料沒有考證，但可以肯定的是，吃五石散吃出毛病的人實在是不少。這算是何晏給華夏民族做出的「偉大貢獻」吧。

玄學宗師和清談

實事求是地說，何晏之於「五石散」主觀上並沒有想用它來貽害社會，或許最初完全出於排遣鬱悶，但是，由於他特殊的身分以及在學界的地位，使得「五石散」擴散開來，並最終成為那個時代及至此後很長一段時期危害社會的毒藥。

現在的人一談到「高幹子弟」四個字似乎裡面就暗含了「紈絝子弟」、「不學無術」、「仗勢欺人」、「為非作歹」等等。如果從這個角度來講，何晏當是一個特例。他的「自戀」、「女人傾向」、「好色」應該說完全是個人的事情，史書裡並沒有他搶奪民女之類的記載。他骨子裡應該還是一個不甘平庸，一心想成為名士的不俗之人。

向左、向右還是向前、向後？這個寄人籬下的畸才，夙夜難寐。一面是血雨腥風、嗜血成性，城頭變換大王旗，稍有不慎就血流一片；一邊是統治者宣導的儒家理念被他們自身的猙獰消解，無數的學者名士無路可逃。

黑暗中，藉著文字的燭照，何晏匍匐在那些書簡之間，與老聃、莊周、孔仲尼對話，向先賢問路，一路觸摸、一路張望、一路跋涉。他先後寫出了《論語集解敘》、《無為論》、《老子雜論》、《周易講疏》十三卷、《周易私記》二十卷等等著作，提出了「天地萬物，皆以無為為本」的思想，在王弼等人的共同努力下，中國歷史上一門偉大的哲學——玄學誕生了。

當然，以何晏特有的高幹子弟的身分，他要做的事情絕非一個人獨立前行，他有著許許多多的粉絲，夏侯玄、鄧颺、丁謐、畢軌、李勝以及年幼的王弼等人也參加了進來，他們時常湧入何晏華麗的駙馬豪宅，在寬大的客廳裡，手拿驅蠅的麈尾，漫不經心地捫著腋下捉出來的蝨子，談論著儒家經典、道家自然、玄奧《易經》和剛剛進入中原的佛家理論，說一些玄之又玄的玄學話題，以講究修辭技巧的談說論辯方式，探討人生、社會、宇宙的問題，多麼高尚的精神聚餐呀！於是一種新型的學者名士之間的文化生活方式——「清談」也產生了。

讓人奇怪的是，這種有別於此前「清議」的玄奧清談活動發展到後來，竟比「五石散」的普及率還高，估計是無需成本的緣故吧。

據《世說新語》記載，到後來一些都市裡的婦女兒童也參加了進來，連謝安這樣的名士也親自走到市巷井院中去傾聽那些婦孺的清談。

> 何晏為吏部尚書，有位望；時談客盈坐。王弼未弱冠，往見之。晏聞弼名，因條向者勝理語弼曰：「此理僕以為極，可得復難不？」弼便作難。一坐人便以為屈。於是弼自為客主數番，皆一坐所不及。（《世說新語‧文學》）

在推廣玄學的清談過程中，最具才氣的要數當時年齡最小的王弼。何晏擔任吏部尚書（相當於中組部部長）時，前來家中清談的人常常是高朋滿座，還不滿二十歲，也不認識何晏的王弼也去參加了。想那樣的情景應該跟今天咱們聽大師的講座差不多吧。但何晏卻知道王弼的名聲。王弼去的時候，已經進行到一半了，前半截沒聽著，於是何晏就把先前得出來的一些精妙理論對王弼一一道來，並說：「這些理論我認為已經達到最高境界了，你覺得還可以反駁嗎？」初次見面的王弼也不管三七二十一，當場就提出質疑，在場的人都認為沒有道理，於是，王弼就打亂了原來主持人發問，變回答主持人發問的模式，一個人自問自答起來，如此反覆多次，滿場清談人士沒有一個不佩服的。

正是這次清談，何晏看中了王弼，王弼成了何晏手下最年輕最具才華的幹部。但對於王弼來說，這次清談真是「焉知禍福」，最終導致了著作等身的青年才俊王弼二十四歲就慘遭殺害。

歸期

西元239年，曾經三易國號執政十二年的曹丕的繼承人曹叡駕崩，臨終托孤於曹爽、司馬懿二人。曹爽，曹操族孫，何晏幼時唯一的玩伴。這個幼時以憨厚著稱的曹氏宗族後代，在此緊要關頭，搖身一變，成了曹魏政權裡大權在握的托孤之臣。

人一闊，心就變。成了輔政之臣的曹爽立即變得自信起來，大有曹魏天下不容外人染指的氣概。於是，他一方面打擊、壓制、削弱司馬家族的勢力，另一方面積極扶植心腹，培植自己的黨羽。此時此刻，他想起了數十年如一日徘徊在官場周邊，那個「皮膚又白，個子又高，學習成績又好，家庭出身又紅」卻在政治上鬱鬱不得志，不得不以尋花問柳、談玄論道和帶頭吸毒尋找感覺的姑父——何晏。從何晏這邊來講，眼看自己的兒時童伴曹爽成了一人之下萬人之上的權臣，他也來了精神，於是，也一番奉承，弄得曹爽不辨東西，一夜之間，將姑父何晏提到了吏部尚書（中組部部長）的位置上，主管幹部選拔任用。

何晏本來就是崇尚虛華的一介文人，加之早已形成的「無為」世界觀，於是乎，一不小心，就將談玄論道的清談當成了發現人才、管理幹部的重點工作了。而普天之下想撈個一官半職的學子名士或是官場人士聽說學界領袖何晏先生當了主管幹部的吏部尚書，也蜂擁而至，何尚書家簡直成了熱鬧空前的學術會所。夏侯玄、鄧颺、丁謐、畢軌、李勝以及年幼的王弼等等都成了他家的座上客。李國文先生在他的《中國文人的非正常死亡・何平叔之死》中這樣描述：

更有一群聲氣相投的諸如鄧颺、丁謐、畢軌、李勝之流，相鼓吹，共煽惑，滿嘴空話，信口雌黃，虛無縹緲，大言不慚。這些人，視放蕩為通達，以信守為頑固，能苟安為高尚，性剛正為欺世；腳踏實地為庸俗，荒誕浮誇為超脫，循規蹈矩為無能，淫佚腐朽為飄逸。於是，社會上產生出一批所謂的名士，或過度飲酒，終月不醒，或裝癡作狂，全無心肝，或赤身裸體，滿街橫臥，或長嘯狂歌，凡人不理……

在這樣的氛圍中，何先生自己也飄飄然起來。

晏嘗曰：「唯深也，故能通天下之志，夏侯泰初是也；唯幾也，故能成天下之務，司馬子元是也；惟神也，不疾而速，不行而至，吾聞其語，未見其人。」蓋欲以神況諸己也。（《三國志・魏書・何晏傳》注引《魏氏春秋》）

在一次清談中何晏竟說：「夏侯玄、司馬師是能成事的人，但能成大事的人，卻不是他倆，這個人我看不見他的臉，但現在能聽到他說話。」

顯然，他把自己當成了能力遠遠超過夏侯玄、司馬師的天下第一的能人了。而事實證明，他最終死在了司馬父子手下。

被眼前浮華遮蔽了的何晏，縱然是哲學界的一代宗師，縱然對孔孟老莊有那麼深的研究，也免不了犯下中國官員在監管失控背景下所犯的錯誤：對那些投其所好的、走捷徑的，以及身邊親朋好友等無不給予提拔。而對那些真正踏實工作、默默無聞，僅僅是不會陪他吸毒、喝酒、聊天、打麻將，壓抑著自己哄他高興的人，卻一不小心就給忽視了。

在這一黨子「軍師」的努力下，何晏從一個學界領袖漸漸陷入了腐敗的深潭，他的手下也打著他的旗號貪污國家財產，私自罷免別人的官職，為非作歹、腐化墮落之事層出不窮。

司馬氏集團對日漸衰微的曹魏政權其實早就虎視眈眈，而此時曹爽一方面採用明升暗降的手法，升司馬懿為太傅，使其脫離軍權，從而達到架空司馬氏集團的目的；另一方面曹爽變得更加張狂，而他所依賴的何晏、夏侯玄、丁謐等卻整天大談「無為」，不理政事，從而使憨厚無謀的曹爽的軟肋有意無意暴露給了對手。

西元249年，曹爽陪同曹芳前去魏明帝曹叡墓地祭掃，等他們返回京城洛陽的時候，已經物是人非了。假裝生病在家的司馬懿，在兒子司馬師、司馬昭的配合下，趁此機會假傳郭太后詔書，關閉了洛陽城門，一面派兵佔領了城中武器庫，一面進宮在郭太后面前啟奏早已搜羅好的曹爽罪行，並請求治曹爽的罪。此時的郭太后，縱然再怎麼明白這是一場陰謀也無回天之力了，只得眼睜睜看著司馬氏父子以自己的名義將曹魏政權盡收掌中。這就是歷史上著名的「高平陵事件」。

處理了曹爽之後，厄運緊接下來就降臨到何晏等人的頭上了。司馬懿的智謀與狠毒在處置何晏這件事情上簡直達到了一個極致。

> 初，宣王使晏與治爽等獄。晏窮治黨與，冀以獲宥。宣王曰：「凡有八族。」晏疏丁、鄧等七姓。宣王曰：「未也。」晏窮急，乃曰：「豈謂晏乎？」宣王曰：「是也。」乃收晏。（《三國志·魏書·何晏傳》注引《魏氏春秋》）

史書記載，何晏的死簡直像一則冷笑話。這段史實用現代表述方式意譯過來應該是這樣的：

司馬懿先是成立了一個類似叫「清除曹爽餘毒專案組」的組織，並任命何晏為專案組組長。眼看大勢已去的何晏為了活命，立即更新思想、轉化觀念，在思想上、行動上與司馬懿父子高度保持一致，夜以繼日、任勞任怨地抓捕、提審昔日戰友，爭取以自己的實際行動和工作業績向司馬氏父子表達自己的忠心和合作誠意。一段時間之後，累瘦了一圈的何晏屁顛屁顛地將專案組所有卷宗和作戰總結，恭恭敬敬呈送到了司馬懿面前。司馬懿聽完彙報之後，問：「他們是幾人幫啊？」何晏回答說：「七人幫。」司馬懿的腦袋即刻搖得像撥浪鼓一樣：「不對！不對！」何晏猜來猜去老說不準數字。見此，司馬懿伸出右手做出八字形的手勢。何晏頓時睜圓了眼球：「八人幫？那還有誰呀？」司馬懿微笑著說：「你猜猜吧。」猜來猜去，不管說誰的名字司馬懿都是搖頭。何晏不敢相信地看著司馬懿說：「難道還有我？」司馬懿一拍几案高叫一聲：「答對了！加十分！」

這位幼小寄人籬下的神童、毒品發明推廣者、花花公子、古代「偽娘」、學界領袖、高幹子弟和「中組部長」就這樣被打入死囚，並累及三族。他帶走的還有一位著名青年學者——王弼，王弼這一年剛滿二十四歲。

那一天，洛陽郊外下著毛毛細雨。

成語附錄

【成語】**傅粉何郎**

【釋義】傅粉：敷粉，抹粉。何郎：何晏，字平叔，曹操養子。原指何晏面白，如同搽了粉一般。後泛指美男子。

【出處】南朝・宋・劉義慶《世說新語・容止》：「何平叔美姿儀，面至白，魏明帝疑其傅粉。」

【成語】**魂不守舍**

【釋義】靈魂離開了軀殼。指人之將死。也形容精神恍惚。

【出處】《三國志・魏書・管輅（音ㄌㄨˋ）傳》裴松之注引《輅別傳》：「何之視侯，則魂不守宅，血不華色，精爽煙浮，容若槁木，謂之鬼幽。」

【成語】**勢合形離**

【釋義】勢：形狀。形：形體。形體各自獨立，結構完整不分。含貶義。

【出處】三國・魏・何晏《景福殿賦》：「桁梧復迭，勢合形離。」

【成語】**老生常談**

【釋義】老書生經常說的話。比喻人們聽慣了的沒有新鮮意思的話。

【出處】《三國志・魏書・管輅傳》：「此老生之常談。」吏部尚書何晏、侍中尚書鄧颺把管輅召來替他們占卜，管輅說不吉利，鄧颺就說了此話。沒多久兩人果然被殺。

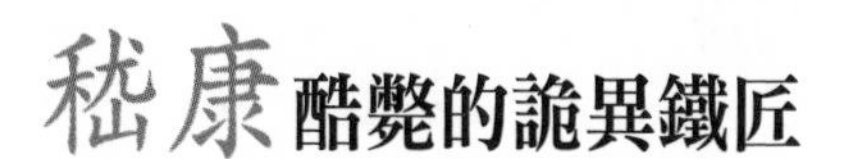

嵇康 酷斃的詭異鐵匠

人物簡介

姓名：嵇康，字叔夜，外號嵇中散

家庭出身：官宦之家

籍貫：安徽宿州

生卒：西元223～262年

社會關係：曹操孫女婿，嵇喜的弟弟，「竹林七賢」之一，呂安等人的超級偶像

社會身分：學界領袖、作家、養生健身專家、閒職官員

容貌：風度非凡，為一世之標。酷斃你的眼球！

主要作品：著名琴曲「嵇氏四弄」——《長清》、《短清》、《長側》、《短側》，與東漢的「蔡氏五弄」合稱「九弄」

雷人言行

◎臨刑，悠然彈奏一曲《廣陵散》，長嘆：「原來捨不得教別人，現在要失傳了！」

◎身為中散大夫（皇帝的謀臣），卻成天待在鄉下打鐵為樂。

相關成語

長林豐草　濁酒一杯　鳴弦揆日　抗心希古　無馨無臭　心閒手敏　金蘭之契

目送手揮　鶴立雞群　赴湯蹈火　一行作吏　興高采烈　視丹如綠　事與願違

竊語私議　龍驤虎步　堆案盈几　才長識寡　半信半疑　龍章鳳姿　呂安題鳳

千里命駕　廣陵絕響　黃公酒壚　渾金璞玉　玉山將崩

作者評價

木秀於林，風必摧之；愛恨分明，不一定要表達出來，應看看值不值。

酷斃了的帥哥

MM（「美女」的網路用語）追*GG*（「帥哥」的網路用語），美女泡凱子，並非西風東漸的結果，更並非網路時代的今天才有。一千多年前的魏晉時代，中國的美女們其實已經玩爛了。

翻開有關魏晉的歷史，那些林林總總的美男形象俯拾皆是，他們光芒四射，讓人眼花繚亂。隨便八卦一下，孔融、王戎、鍾會、何晏、潘岳、衛玠、裴楷、王夷甫、王羲之、周伯仁、慕容翰、慕容沖、慕容超……多不勝數。

「貌比潘安」這個典故不是空穴來風，潘安的名字也叫潘岳，是那時著名的美男。史料記載，潘安一旦駕車出門都會受到老婦少婦、美女醜女的圍追，為了對潘安示好，女人們往往將手裡的水果向他乘坐的車投去。以致潘安上一趟街回來，鮮花水果滿載而歸。這確實讓那些沒有女人追捧的男人眼紅眼熱。這不，以一本《三都賦》使洛陽紙貴的左思就是這樣，他也模仿潘安的裝束打扮，拿著彈弓駕著馬車穿城而過，沒想到醜陋的左思卻惹惱了女人們，磚頭石塊、爛鞋破巾雨點般向他砸來。美女們公開宣稱：「長得醜不是你的錯，出來嚇人肯定是你的錯！」

遭到美女圍攻更慘的，要數衛玠，不然不會有「看殺衛玠」的故事。衛玠的舅舅王濟「俊爽有風姿」，是那時有名的帥男，但是衛玠一旦出現在王濟左右，王濟就有如「珠玉在側，覺我形穢」。衛玠光臨南京的消息一出，全城女性傾城而動，萬人空巷，一浪高過一浪的人潮湧向天王明星衛玠，現場保安束手無策，秩序極度混亂。握手、強吻、擁抱讓衛玠應接不暇。這一場推搡、擁擠，使衛玠一病不起，最終為他的粉絲們獻出了寶貴生命。

總的來說，那時的美男大致可分兩類，一類是何晏、潘安、衛玠等具有中性或柔性之美的帥哥，另一類當然是充滿陽剛和雄性美的酷哥，如嵇康、鍾會、王戎等人。在後一類帥男中，嵇康無疑是首屈一指的人物，用現在的話來說，酷到了讓天下美女瞪爆眼球的程度。

《世說新語》、《晉書》、《文選・五君詠》、《嵇康別傳》等史料中，有關嵇康長相風度「酷斃了」的史料，竟有六、七條之多，這在惜墨如金的古漢語典籍中實屬罕見。

《嵇康別傳》中說嵇康「偉容色」，意思是說，相貌氣質非常偉岸大氣。

《世說新語・容止》裡說，但凡見過嵇康的人，都會發出「嵇康的氣質實在是瀟灑端正，爽朗清高！」的感嘆。

還有的人說：「嵇康的風度就像松樹下的清風，瀟灑而清麗，高遠而綿長。」

嵇康的好友山濤卻說：「嵇叔夜就像山崖上的孤松，傲然獨立；他醉酒時高大的樣子，就像玉山將要崩潰。」

> 美詞氣，有風儀，而土木形骸，不自藻飾，人以為龍章鳳姿，天質自然。（《晉書・嵇康傳》）

這句話翻譯過來可以這樣表述：嵇康有華美的文采和優雅的風度，但不在意修飾自己，不對自己進行多餘地打扮，顯露出非常自然質樸和冷峻的美感。發於自然，這種並無絲毫做作的氣質風範，具體是什麼樣子，筆者的言語實在難以形容。

酷哥嵇康實在是太酷了，僅僅形象和風度所產生的影響也縈繞了很多年，否則不會有記載說，嵇康死後，有人對王戎說：「嵇康的兒子嵇延祖（嵇紹）真是卓然超拔，隨便往哪裡一站，就如鶴立雞群啊！」嵇康的好友，「竹林七賢」之一的王戎聽到這話就說：「是嗎？你還沒見過他父親呢。」由此可以看出，嵇康的長相和風度了。

更有甚者，《晉書·嵇康傳》記載，一次嵇康上山去踏青、採藥，一時得意而忘記了回家。天快黑的時候，一位砍柴的樵夫忽然撞見嵇康，嵇康的長相氣度頓時驚呆了他。對站在面前的嵇康，樵夫倒頭便拜，磕頭如搗蒜，口中念念有詞，萬分驚恐和虔誠。由此看來，那樵夫把嵇康當成了神仙。

說了這麼多，嵇康到底長什麼樣呢？書上記載，嵇康身高「七尺八寸，風姿特秀。」「七尺八寸」，相關資料表明漢代的1尺相當於今天23.3公分，晉代的1尺相當於今天24.5公分，由此算來，嵇康的身高應該在181.74～191.1公分之間。這樣的身高放在今天，跟吃了基因改造和生長激素超標食物長大的「80後」相比也屬高個。這麼高的個子，加之嵇康一向沉默寡言，喜怒哀樂不善表露的性格和不修邊幅的習慣（王戎曾說：「我和嵇康相處二十年，也沒見過他有喜怒的表情。」），我們便可以這樣勾畫嵇康的模樣了：高個、稜廓分明的五官、堅硬的鬍鬚、略顯黑的皮膚和沉默而有些冷峻的神情。顯然，這個模樣是當下T臺上超級陽剛男模才有的形象了。

當然，僅有外表是不夠的，一副空空的皮囊往往經不住人們對美的品評和欣賞。

作為男人，學識和才華才是氣質風度的最終底蘊。從這一點來講，嵇康有著和自己天下第一酷哥匹配的東東。他是頂級音樂家、著名作家、詩人、書法家、畫家，此外還是魏晉玄學的代表和養生健身專家。他是著作等身，學問超群，且是天下第一的古琴彈奏、作曲和音樂理論高手。

他在音樂領域裡的傑出貢獻，除我們熟知的《廣陵散》外，還有《風入松》和被稱為「嵇氏四弄」的《長清》、《短清》、《長側》、《短側》四曲。「嵇氏四弄」與蔡邕創作的「蔡氏五弄」合稱「九弄」，是我國古代音樂史上最優美的琴曲。隋煬帝時代曾把彈奏「九弄」指定為科舉取士的必考科目。嵇康還以「合於天地」的音樂主張撰寫了《琴賦》、《聲無哀樂論》等理論，這些理論至今仍使無數大師擊節讚嘆。

嵇康在文學領域的造詣是當時阮籍、何晏等高手都十分佩服的，至今仍有詩歌五十餘首、文章十餘卷存世。

嵇康擅長書法，工於草書，他的書法作品「精光照人，氣格凌雲」，在唐代張彥遠編撰的《法書要錄》裡，被評為天下草書第二。

嵇康還有很高的繪畫水準，同樣是張彥遠所編的《歷代名畫記》登載了嵇康《巢由洗耳圖》和《獅子擊象圖》，只可惜現在都已失散。

此外，嵇康的養身術和理論也非常了得，他的《養生論》甚至成了東晉玄學家的清談課題。

不要迷戀哥，哥哥我只是個鐵匠

如此酷斃的形象和淵博的學識，嵇康的周圍自然聚集了一撥非凡之人，可以說天下名士，對嵇康無不趨之若鶩，以至於在嵇康居住的山陽竹林成了「越名教而任自然」的「竹林七賢」聚集之地，成了魏晉文化的「延安」，受到萬世敬仰。隨之，也就有了著名的鍾會窗下投書，有了呂巽、呂安兄弟等人的追慕。

> 年十四，詣洛陽，遊太學，遇嵇康於學寫石經，徘徊視之，不能去，而請問姓名。康曰：「年少何以問邪？」曰：「觀君風器非常，所以問耳。」康異而告之。後乃亡到山陽，求康不得而還。又將遠學，母禁之，至遂陽狂，走三五里，輒追得之。年十六，遊鄴尋康，復與康相遇，隨康還山陽，改名浚，字允元。（《晉書・文苑傳・趙至》）

這其中有一位嵇康的「鐵絲」（鐵桿粉絲簡稱）叫趙至，有一次在太學見到了去那裡搞一個講座的嵇康，一見之後便為之傾倒。在聽了嵇康的一番清談之後，他竟然發狂，此後輾轉跟隨，見不到嵇康就發瘋自殘。嵇康知道後，實在不忍，趙至最後終於如願以償得以跟隨嵇康左右。

嵇康，如此完美的帥哥，他從哪裡來？又是如何修煉而成？

史書記載，嵇康是「譙國銍（音ㄓˋ）人」，也就是今天的安徽宿州人，這個地名，看過《三國演義》的人就知道，曹操的老家也在那裡，嵇康跟曹操很顯然是老鄉關係。嵇康的祖上原本姓奚，因為躲避仇家的追殺，才遷徙到這裡的。銍縣有一座山叫嵇山，嵇康的先人把家安在了嵇山旁邊，於是就用嵇山的「嵇」字來作為自己的氏。

跟阮籍一樣，他的父親也曾在曹操手下做官，在嵇康尚小的時候，父親就撒手人寰。從此嵇康只得跟母親與哥哥相依為命，艱苦度日。嵇康還是個小嬰兒的時候，就顯出不一般的才華，在他的周圍簡直沒有人能夠跟他溝通。靠著聰慧的天賦和勤奮自學，他在老莊哲學、文學、音樂、書法、美術、養生等等領域都達到了相當的高度。

嵇康有個哥哥，叫嵇喜，成年後在朝廷做了不小的官。這位哥哥雖然也很有才，但骨子裡卻只崇尚儒家名教正統，總是規規矩矩，從未顯露出一絲另類和雷人之處，由是被嵇康的那撥朋友很是瞧不起。有兩件事，他是受了嵇康朋友或粉絲很不公平的擠兌的。

> 籍又能為青白眼，見禮俗之士，以白眼對之。及嵇喜來弔，籍作白眼，喜不懌（音一ˋ，不懌即不悅之意）而退。喜弟康聞之，乃齎酒挾琴造焉，籍大悅，乃見青眼。由是禮法之士疾之若仇，而帝每保護之。（《晉書・阮籍傳》）

一是阮籍母親去世，嵇喜聽說後，主動上門去拜祭阮籍母親，而阮籍一見嵇喜的到來，不但不禮貌接待，反而兩腿長伸坐在地上（這叫箕坐，在古代是很失禮的），用自己的特異功能「白眼」對付他：

> 嵇康與呂安善，每一相思，千里命駕。安後來，值康不在，喜出

戶延之，不入，題門上作「鳳」字而去。喜不覺，猶以為欣故作。「鳳」，凡鳥也。（《世說新語・簡傲》）

另一次，是嵇康的粉絲呂安來訪，正好嵇康不在，於是厚道的嵇喜就熱情地出來接待。而呂安見不到自己的偶像，轉身就走，臨離開，還在大門上大大寫下一個「鳳」字。厚道的嵇喜並沒覺得有什麼不好，反而有些高興，鳳畢竟是古代傳說的神鳥嘛。等到嵇康回來才明白，原來自己的粉絲在罵哥哥是「凡鳥」。

看來，那時候那些自命不凡的名士甚至高級名士的粉絲有點像今天的某些小資或「品味白領」，你不刻意製造點另類和詭異，就會被他們鄙視，會被他們說一個字：「俗！」

當然，嵇康絕對不俗，他根本用不著要去製造一點另類或詭異來博得別人青睞和追捧。他有父母給的健壯高大的身軀、剛毅分明的面部輪廓，有自然高雅的風度和天下第一的才藝。於是，曹魏皇家的長樂公主就看中了他，一夜之間嵇康成了天下第一權貴的女婿，成了皇親國戚，又由此而成了中央政府的中散大夫（專事朝政評論，參政議政，相當於今天司級幹部待遇）。這一點對今天踏出大學校門的朋友來說，絕對是羨慕得掉眼珠的事情。

做了中散大夫的嵇康，幾乎沒上什麼班，而是照舊在家裡讀書、彈琴、煉丹、吸毒（吃五石散）。過了一段時間，他竟然跑到洛陽郊區蓋一草房，在房前的大柳樹下打起鐵來。一個堂堂的司級幹部，不好好上班，跑到鄉下去打鐵，這放在今天，絕對是讓人驚詫得半死的消息。

關於嵇康打鐵的事情，如果分析一下原因，我們不難得出其中的奧妙。

一是此時的曹魏天下，經過司馬懿父子幾人的精心謀劃，共同努力，曹操時代的千里長堤，早已被司馬氏父子螻蟻架空吃空，曹操當年對劉家天下的挾持再次上演，而被挾持的對象卻已經變成了曹家後人。身為曹魏的女婿，曹家的老鄉，曹操舊部的後代，嵇康打鐵不能不說是在向司馬氏作無聲抗議；再者，鑽研養身術的嵇康，其實也吃著五石散，五石散藥效一旦發作，不拚命運動「發散」就會死人。這是不是也算嵇康去當鐵匠的緣由之一呢？筆者當然不能妄言。

沒有人預料到，從嵇康改行不做官員做鐵匠的那天起，他的厄運也就漸漸到來了。

一不怕苦、二不怕你

要說嵇康，不得不提到一個人，這個人叫鍾會。

嵇康與鍾會的結怨，可以算得上我們這個國度，高級知識分子與政府高官交往中矛盾衝突的典型案例。

一心要出人頭地的青年官員，在起步當初，為了標榜自己的才華，為今後在仕途上有所突破，往往需要借助學界領袖的光芒；而學界領袖對這種並非真正要獻身學術的青年，往往一開始就發現了他們的用心所在，從而不予理睬，甚至加以鄙視。自卑的青年往往會認為，因為自己地位不高還沒出息，才遭受如此簡慢。於是乎，一咬牙，一腔憤懣的青年，不擇手段地爬了上去。一旦取得一定社會地位，他會躊躇滿志，心理膨脹，演出錦衣回訪，以現在的身分地位來拜見昔日心中的偶像明星。其實此時，學術在他們心中根本就不算個東西，他們要達到的目的就是讓當年輕視自己的人內心不安，甚至向自己低頭，當然，如果此時當年的偶像能知時務、明事理，隱晦表現出歉疚，低下曾經高昂的頭顱，一副討好的模樣，那是最好不過的了。以自己此時的身分，和這樣的人交往交往，一者可以拾回曾經得不到的東西，為自己臉上再抹一層金色；再則，也顯得自己重視學術、重視知識分子。

鍾會（225～264），字士季，潁川長社（今河南長葛東）人。三國時魏國謀士、將領，曹魏大臣鍾繇的兒子。自幼才華橫溢，上至皇帝、下至群臣都對他非常賞識。在征討毌丘儉、諸葛誕其間，屢出奇謀，當時被大家比作西漢謀士張良，他曾為司馬昭獻策阻止了曹髦的奪權企圖，所以成了司馬氏的親信。

關於鍾會，《世說新語》裡有一個他小時候的故事是這樣說的：

鍾會父親鍾繇的幾個兒子都很不錯，上進成才。大兒子鍾毓很厲害，年紀輕輕就做到散騎常侍的官。可是最厲害的還是小兒子鍾會。鍾會很小的時候就非常聰明，當時著名的大臣蔣濟到鍾繇家作客，一眼見到鍾會，就驚訝萬分，瞪著大大的眼睛看了鍾會好半天，之後對鍾繇說：「這個孩子可不是一般的人啊，你看看他的眼睛就知道，一點兒也不怯場，這是個膽大如斗的奇才。」後來鍾繇帶著鍾毓、鍾會哥倆去見皇帝曹丕，鍾毓頭一次上殿見到曹丕，嚇得全身是汗，鍾會卻好像沒事一樣，非常從容。曹丕問：「鍾毓啊，你怎麼會出那麼多汗呢？」鍾毓回答說：「皇上天威，我才戰戰兢兢，汗如雨下。」曹丕看到若無其事的鍾會，又問：「鍾會，你怎麼不出汗呢？」鍾會看了一眼皇上和哥哥，回說：「皇上天威，使我戰戰兢兢，汗都不敢出。」曹丕聽了哥倆的回答，哈哈大笑，相對鍾毓的忠厚，不由得對聰明的鍾會更加喜歡一些。

他這一切，被竊國大盜司馬昭的夫人看在眼裡，她曾斷言「鍾會見利忘義，好為事端，寵過必亂，不可大任」。

景元四年（西元263年），鍾會獨力支持司馬昭的伐蜀計畫，從而發動伐蜀之戰。滅蜀後，他大力結交西蜀名士，打擊鄧艾等人，打算自立政權，但由於手下官兵不支持他的行動而發動兵變，最終與蜀漢降將姜維一道死於兵亂之中。司馬昭夫人的話竟然全盤應驗。

透過刻苦自學，邁入二十五歲之後的嵇康逐漸成為學界領袖，而此時的鍾會卻只是中書侍郎（相當於國務院辦事員）的職務，鑽頭覓縫想升官發財的他，其實也非不學無術之輩，只是他類似於「學以致用」的主張一開始就遭到嵇康等人的鄙視。

《四本論》是已失散的魏晉南北朝時期的識人用人的哲學名著，該書針對曹魏政權中後期，統治集團內部引起廣泛關注並爭論不休的有關官吏選拔中才能與品質的問題進行深入探究，這一著作對中國古代乃至今天的社會都有著積極的意義。這本書的作者就是鍾會。作為該書的作者，鍾會很想讓自己的思想在學界引起反響，從而對自己的升官發財有所幫助。一本著作的成功，在今天看來也不外乎兩個管道，一是名家的叫好，二是政府高層的推波助瀾。於是，按捺不住的鍾會想起了嵇康——這個天下名士和太學生無不景仰的學界領袖。一想起嵇康平時對自己沒好臉色，鍾會自然就會緊張起來，反反覆覆糾結幾天之後，鍾會終於鼓起勇氣，帶著自己的新書向嵇康家出發了。距離嵇康家越近，他的心裡越是沒底，越是恐慌。圍著嵇康的居所繞了幾圈之後，他把書從一扇開著的窗戶裡扔了進去，沒命地跑了。由此可見，這個貌似好學上進、勤於思考的青年幹部，在嵇康這個冷峻的學界領袖面前是多麼地自卑和心虛。這事，最終成了鍾會的一塊心病。

人生往往充滿許多變數，更何況在「城頭變幻大王旗」的魏晉時代。

幾年之後，當嵇康在鄉村柳樹下帶著向秀打鐵的時候，鍾會已經成了司馬昭手下可以翻雲覆雨的謀臣了。

鍾士季精有才理，先不識嵇康，鍾要於時賢俊之士，俱往尋康。康方大樹下鍛。向子期為佐鼓排。康楊槌不輟，傍若無人，移時不交一言。鍾起去。康曰：「何所聞而來？何所見而去？」鍾曰：「聞所聞而來，見所見而去。」（《世說新語・簡傲》）

一個萬里無雲的日子，當第一縷朝陽灑在首都洛陽靜謐街巷之中時，當朝權貴新秀鍾會府第前，已經人歡馬嘶，華麗的馬車和大群隨行已經做好了出發的準備。躊躇滿志的鍾會一身嶄新的便裝，登車攬轡，大手一揮，長長的隊伍浩浩蕩蕩便向著嵇康打鐵的鄉下去了。

中午時分，大隊人馬終於抵達了傳說中嵇康打鐵的村莊。

蟬聲中，火辣辣的太陽照著大地。遠遠地，但見一棵大柳樹周圍挖了一條蜿蜒的水渠，柳樹的樹蔭下，一位高個漢子肌肉隆起，高高舉起的鐵錘一下一下砸向通紅的鐵餅。於是，「叮叮噹當」悅耳的聲音和著焰火般的鐵水星花就從他剛毅優雅的神情與舉手投足間流淌出來。他的旁邊，一位漢子兩腿長長地伸著席地而坐，悠閒地拉著風箱，那泛著藍光的爐火也在他伸拉之間一盈一縮地跳躍著。

鍾會把手一抬，車馬隨從立即停了下來。四周靜悄悄的，陽光如無數花針自天上傾瀉下來。鍾會走上車頭，抬手遮額，就這樣遠遠看著柳樹下的兩個人。兩位打鐵的漢子其實早已看見了華麗的馬車和龐雜的佇列，但此時，他們像什麼也沒見到一樣，依舊舞動手裡的鐵錘、拉動風箱，陽光從樹蔭的縫隙間投下來，灑在他們雄健裸露的肌體上。時間彷彿凝固。

嵇康終於看清了鍾會，但他卻沒絲毫反應，依舊鍛打、淬火、加溫，偶爾跟坐著拉風箱的向秀說上一句，就是不答理遠道而來的鍾會。鍾會就這樣良久地看著他們。在低頭沉默一陣之後，鍾會再次把手一揮，正欲轉身進車。此時，柳樹下的嵇康說話了，他大聲地對著鍾會說：「聽到了什麼消息才來的啊？又看到了什麼而離去呢？」怒火正旺的鍾會聽了這話，立刻回答道：「我聽到了所聽到的而來，看到了所看到的而去！」說罷，鍾會轉身回車，大隊人馬消失在一陣煙塵中。

官迷，哥要和你絕交

山濤，「竹林七賢」之一，嵇康的鐵哥們。

他出生在今河南武陟境內的一個窮苦人家，可以說，山濤正是因為結識了嵇康、阮籍走入竹林獲得了名士資格，才一步步走進官場，最後做上了吏部尚書位置的。他的一生，在魏晉時代是貧苦出身的人士藉由個人奮鬥獲得成功的稀缺範例。在「竹林七賢」中，山濤年齡最大，入仕也最晚，但卻是最為成功的一個。

可以說，「竹林七賢」中，山濤、向秀兩人是最沒故事的人。山濤沒故事不是因為他不偉大，而是因為他的言行最為中規中矩，無任何雷人事蹟，唯一讓人覺得有點意思的是他有一個很通達、老練的妻子；而向秀的沒故事就是真正沒故事了，在「七賢」之中向秀排名最後，一是影響不大，二是史料中有關他的記載不但少，且很平淡。能讓人記住的僅兩次出現，一次是鍾會來訪時給嵇康拉風箱，一次是嵇康被殺後他對司馬昭說妥協的話。

山濤進入「竹林七賢」，可以說是有心為之，他有著自己的人生目標，以他的貧窮和卑微，他必須借助「竹林七賢」中嵇康、阮籍的聲名才能踏上通向仕林的道路。史料記載，山濤當年一名不文的時候與嵇康、阮籍的交往，是得到妻子支持的。山濤和嵇康、阮籍一見面，就情投意合。山濤的妻子覺得丈夫和這兩個人的交往非比尋常，就問他怎麼回事，山公說：「眼下可以作為我的朋友的，只有這兩人了。」妻子說：「從前僖負羈的妻子也曾親自觀察過狐偃、趙衰，我也想看看他們，可以嗎？」有一天，二人來了，妻子勸山濤留他們過夜，給他們準備了酒肉。晚上，她透過牆洞去觀察這兩個人，竟流連忘返，直到天亮。山公過來問道：「你覺得這二人怎麼樣？」妻子說：「你的才智情趣比他們差得太遠了，只能以你的見識氣度和他們交朋友。」山公說：「他們也是這樣認為。」

這段故事中，山濤夫婦的工於心計和交朋友的目的似乎有所顯現。

曹奐景元二年（西元*261*年），司馬昭晉公爵獲九錫，廣絡天下人才，遷調時任吏部郎（相當中組部某部門負責人）的山濤為散騎侍郎（皇帝身邊辦事人員）。不知是司馬昭授意還是山濤想幫嵇康的忙，總之，山濤向司馬昭舉薦了嵇康接替自己的職位。其實，這已經是山濤第二次舉薦嵇康了，第一次是在西元*259*年，當嵇康從向秀等口裡知道這個消息後，當即毫不猶豫地拒絕了。而這一次，山濤推薦自己接替的是國家一等實權部委的實權位置，比之嵇康本來的毫無實質意義和前途、班都可以不坐的閒職——中散大夫不知要實惠多少倍。

但是嵇康這一次卻發怒了。幾番思量之後，他提筆給山濤寫了一封千古流傳的絕交書，全書加現代句讀長達一千八百字，這在當時，算是天下第一長信了。現翻譯個別段落如下。

山濤敬啟：

……

近來聽說你升官了，我感到十分憂慮，恐怕你不好意思獨自做官，要拉我充當助手。正像廚師羞於一個人做菜，要拉祭師來幫忙一樣，這等於讓我手執屠刀，也沾上一身血腥味，所以向你陳說一下我不願意這樣做的道理。

……

倘使你糾纏住我不放，不過是想為朝廷物色人，使我為世所用罷了。你早知道我放任散漫，不通事理，我也以為自己各方面都不及如今在朝的賢能之士。不要以為世俗的人都喜歡榮華富貴，而我恰恰能夠拋棄它，並以此感到高興；這最接近我的本性，可以這樣說。假使是一個有高才大度，又無所不通的人，而又能不求仕進，那才是可貴的。像我這樣經常生病，想遠離世事以求保全自己餘年的人，正好缺少上面所說的那種高尚品質，你怎麼能看到宦官就稱讚他是守貞節的人呢？倘使急於要我跟你一同去做官，想把我招去，經常在一起歡聚，一旦來逼迫我，我一定會發瘋的。若不是有深仇大恨，我想是不會到此地步的。

山野裡的人以太陽曬背為最愉快的事，以芹菜為最美的食物，因此想把它獻給君主，雖然出於一片至誠，但卻太不切合實際了。希望你不要像他們那樣。我的意思就是上面所說的，寫這封信既是為了向你把事情說清楚，並且也是向你提出斷絕友誼。

嵇康 謹啟

此信一出，立即在名士中、官場間流傳開來，以從未有過的速度登上了當時的閱讀排行榜首位。

信中，「這等於讓我手執屠刀，也沾上一身血腥味」、「你怎麼能看到宦官就稱讚他是守貞節的人呢？」、「若不是有深仇大恨，我想是不會到此地步的」等喜怒笑罵俯拾皆是，而寫信人恰恰是曹家的姑爺兼老鄉、兼舊屬後人的嵇康，這不能不讓司馬昭覺出其中有「王顧左右而言他」的意味。這些話，對山濤來說，可能還能夠理解、承受，但對司馬氏家族來說，猶如無形的利劍投槍，疼得司馬昭咬牙切齒。

畜生！哥更要跟你絕交

在鄉間打鐵的酷哥嵇康，本意是要遠離俗世是非，卻不想被捲入一場爛污。

曹魏時代的鎮北將軍、益州牧呂昭有兩個兒子，一個叫呂巽，一個叫呂安。這兄弟倆都是嵇康的鐵桿粉絲，與嵇康的關係還不錯。史料記載，嵇康與這哥倆住的地方相隔天南地北，但「每一相思，千里命駕」，時不時嵇康還去呂家與呂安澆澆菜地什麼的。這哥倆先前的關係也不錯，兩人都對嵇康敬佩有加，一旦見到嵇康，上至天文地理、下至雞毛蒜皮，國事家事，通通一股腦要對嵇康說。

然而，後來在他兄弟倆之間發生的事情卻讓人難以啟齒。

事情出就出在後來呂安娶了一個非常漂亮的老婆，第一次見到弟媳的時候，呂巽就按捺不住禽獸之心，對弟媳的美貌垂涎三尺。一個偶然的機會，呂安外出訪友未歸，哥哥呂巽竟趁家宴之際，設法將呂安的老婆灌醉，然後趁弟媳無力反抗將她姦污。

回到家中的呂安，怒羞難當。當即找到哥哥要為妻子討回公道，於是，一陣抓扯、怒罵之後，呂安一紙訴狀，要將呂巽告上法庭。由此，呂氏一家污水橫流、天翻地覆。憤怒不過的呂安此時想到了偶像嵇康，他要讓這個天下第一明星，來為自己評評理，為自己出口惡氣。於是，他連夜修書一封，把哥哥這個畜生的獸行告訴了嵇康。嵇康收到信後，頓時勃然大怒，但作為呂家的偶像、好友，他又不得不冷靜下來，立即起程，馬不停蹄趕赴呂家進行勸解、調停。由於嵇康在粉絲們心中的地位，在他的勸說下，呂安答應了嵇康的要求，不將此事擴大，低調處理；另一方面，呂巽也認了錯，並且以全家除呂安外的父子六人的名義發誓，答應永遠不再傷害呂安。

按說，這事到這裡就該結束了。

然而，這件事所留下的陰影，卻揮之不去，甚至越演越烈。兄弟妯娌間的隔閡在此後的生活中越來越大，呂氏全家長幼都進一步捲入了這個齷齪事件中。做賊心虛的呂巽再也坐不住了，他網羅罪名，說呂安不孝，一紙訴狀將呂安告上了法庭。在那個以孝治天下的時代，這個罪名一旦成立，比今天的顛覆國家安全罪甚至還重，絕對頭等大罪，罪不可赦。名士阮籍喪母期間喝酒吃肉，就有士大夫當庭提出應該殺頭，幸有司馬昭為他開脫才未成立。阮咸喪母期間幸了鮮卑美女是因無人告發。其他有不孝之嫌的名士也因高層開脫或民不告，官才不追究，作為一介凡夫，不孝的下場絕對很慘。呂安不孝的罪名經呂巽串通官府，竟然成立，因而坐牢。

得知這個消息的嵇康，憤怒到了極點。立即手書一封，標題叫《與呂長悌絕交書》，全書三百字，字字含憤。

康白：昔與足下年時相比，以故數面相親，足下篤意，遂成大好，由是許足下以至交，雖出處殊途，而歡愛不衰也。及中間少知阿都，志力開悟。每喜足下家復有此弟。而阿都去年向吾有言：誠忿足下，意欲發舉。吾深抑之，亦自恃每謂足下不足迫之，故從吾言。間令足下因其順親，蓋惜足下門戶，欲令彼此無恙也。又足下許吾終不擊都，以子父交為誓，吾乃慨然感足下，重言慰解都，都遂釋然，不復興意。

足下陰自阻疑，密表擊都，先首服誣都，此為都故，信吾，又無言。何意足下包藏禍心邪？都之含忍足下，實由吾言。今都獲罪，吾為負之。吾之負都，由足下之負吾也。悵然失圖，復何言哉！若此，無心復與足下交矣。古之君子，絕交不出醜言。從此別矣！臨書恨恨。嵇康白。

這封信應該這樣翻譯：

與你相識後，見你還算誠實，就答應你做我的朋友，並因此認識了阿都（呂安小名），我為你有這樣一個出色的弟弟而由衷高興。

去年阿都對我說，他對你很氣憤，打算控告你，我勸阻了他，我這是為了你們呂家著想。後來你又以你們父子六人的名義起誓，答應我永遠不再傷害阿都。我相信了你，再次勸慰阿都，阿都也就放棄了告你的想法。沒想到你包藏禍心，暗遞訴狀於官府，誣告阿都。

阿都原諒了你，是聽了我的話，現在阿都獲罪，是我對不起他，而這又是因為你對不起我。

我沒來得及救阿都，我無話可說，事已至此，我也沒有心思再和你做朋友了，從此別矣，臨書恨恨。寫信人：嵇康。

發出信後，義憤填膺的嵇康親自前往洛陽，為呂安辯護。「為不孝辯護，就是對當下的法理不滿，對法理的不滿也就是對朝廷不滿」，由是，嵇康也被抓了起來投入大牢。

哥走了，只可惜這曲子

一代學界領袖、天下第一酷哥、第一才藝明星、第一養生專家嵇康入獄的消息震驚了洛陽朝野。

康之下獄，太學生數千人請之。於時豪俊皆隨康入獄，悉解喻，一時散遣。康竟與安同誅。（《世說新語》注引王隱《晉書》）

這句話翻譯過來應該這樣理解：在得到嵇康入獄消息的當天，首都各大學師生集體罷課，數千人湧向街頭，遊行隊伍高呼口號穿城而過，去到司馬氏的「白宮」草坪上，為嵇康請願，強烈要求釋放嵇康；與此同時，在京的名士、學者、達人也紛紛湧向監獄，要求陪同嵇康一起坐牢。最後，在司馬氏強大的政治和武力威脅下，被一一解散、遣送回家。

此時，那個嵇康曾經結怨的鍾會終於逮到了機會，對司馬昭說：「嵇康，是條盤踞著的龍，你不能讓他騰起來。你如果擔心天下會失去的話，嵇康就是一個最大的隱患。上次毌丘（讀作慣ㄍㄨㄢˋ秋ㄑㄧㄡ，為中國一複姓）儉謀反，要不是山濤阻止了他，嵇康和他手下那些追隨者肯定是要動手幫助他的。以前齊國姜太公殺華士，魯國孔丘殺少正卯。正因為他們擾亂破壞了當時的秩序與教化，所以這兩位聖賢把他們給剷除了。嵇康和呂安言論放蕩，誹謗社會公德和國家政策，這是作為帝王的你不應該寬容的。應該乘這個機會把嵇康等剷除，才能使國家風俗淳正，長治久安。」

在這段話裡，鍾會使用了兩個讓司馬昭膽寒的關鍵字：臥龍、毌丘儉。臥龍，睡著的龍，引申為蟄伏的英雄。鍾會是把嵇康和諸葛亮、劉備等同了，意思是這樣的人遲早要造反。毌丘儉則是正元二年從淮南起兵反對司馬師的將領。

司馬昭親切聽完鍾會的話，便立即下令，把嵇康、呂安一起殺掉。

嵇康即將在東市被處刑，數千個太學生再次集體湧向刑場，請求讓嵇康做他們的老師，轉奏民意的快馬回來傳達最高指示：「不行！」

> 康臨刑東市，太學生三千人請以為師，弗許。康顧視日影，索琴彈之，曰：「昔袁孝尼嘗從吾學《廣陵散》，吾每靳固之，《廣陵散》於今絕矣！」時年四十，海內之士，莫不痛之。（《晉書．嵇康傳》）

刑場上靜悄悄的，只偶爾傳出低低的抽泣聲和人們抬腕揩淚時的窸窣聲。嵇康抬頭看了一下太陽的影子，要來古琴，在萬人矚目下開始彈奏。

曲終，把琴一推，對著台下黑壓壓的送行人說：「以前袁孝尼（名准，三國魏人）曾跟從我學習《廣陵散》，我老是嚴守秘密不教他，真可惜呀，《廣陵散》這個曲子從今以後再也沒人會彈了！」

嵇康引頸就義。這一年嵇康四十歲。

入獄後，嵇康曾寫給兒子嵇紹一封遺書，他說：「有山濤伯伯在，你不會成為孤兒的。」

> 嵇紹入洛，或謂王戎曰：「昨於稠人中始見嵇紹，昂昂然若野鶴之在雞群。」（《世說新語．容止》）

*N*年後，在山濤的推舉下，嵇紹做到了侍中的位置（皇帝身邊重要謀臣）。一次，嵇康的另一位朋友、「竹林七賢」之一的王戎手下一位官員對王戎說：「嵇康的兒子嵇紹真是太帥了，隨便往哪裡一站，那簡直就是鶴立雞群呀！」王戎回答說：「是嗎？那是因為你沒見過他父親吧。」

成語附錄

【成語】**長林豐草**

【釋義】幽深的樹林，茂盛的野草。指禽獸棲止的山林草野，舊常喻隱居之地。

【出處】三國・魏・嵇康《與山巨源絕交書》：「赴蹈湯火，雖飾以金鑣，饗以嘉餚，逾思長林而志在豐草也。」

【成語】**濁酒一杯**

【釋義】濁：渾濁。指酒質差而且有限，聊以自娛或排遣。

【出處】三國・魏・嵇康《與山巨源絕交書》：「濁酒一杯，彈琴一曲，志願畢矣。」

【成語】**鳴弦揆日**

【釋義】稱讚嵇康的恬靜寡欲，坦蕩無私。

【出處】《晉書・嵇康傳》：「康將刑東市，太學生三千人請以為師，弗許。視日影，索琴彈之。」後以「鳴弦揆日」稱讚嵇康的恬靜寡欲，坦蕩無私。《後漢書・逸民傳論》：「若伊人者，志陵青雲之上，身晦泥污之下，心名且猶不顯，況怨累之為哉！與夫委體淵沙，鳴弦揆日者，不其遠乎！」李賢注：「鳴弦揆日，謂嵇康臨刑顧日景而彈琴也。論者以事蹟相明，故引康為喻。」

【成語】**抗心希古**

【釋義】抗：通「亢」，高尚。抗心：使志向高尚。希：期望。使自己志節高尚，以古代的賢人為榜樣。

【出處】三國・魏・嵇康《幽憤》：「抗心希古，任其所尚。」

【成語】**無馨無臭**

【釋義】馨：香。沒有香味，也沒有臭味。比喻沒有名聲，不被人知道。

【出處】三國・魏・嵇康《幽憤》：「庶勗（音ㄒㄩˋ，勉勵之意）將來，無馨無臭。」

【成語】**心閒手敏**

【釋義】閒：熟悉。敏：靈敏。形容技藝熟練了，心裡閒靜，手法靈敏。

【出處】三國·魏·嵇康《琴賦》：「於是器冷弦調，心閒手敏。」

【成語】**金蘭之契**

【釋義】金：比喻堅。蘭：比喻香。契：投合。指交情投合的朋友。

【出處】南朝·宋·劉義慶《世說新語·賢媛》：「山公與嵇、阮一面，契若金蘭。」

【成語】**目送手揮**

【釋義】手眼並用，怎麼想就怎麼用。也比喻語言文字的意義雙關，意在言外。

【出處】三國·魏·嵇康《贈兄弟才公穆入軍》詩：「目送歸鴻，手揮五弦，俯仰自得，遊心太玄。」

【成語】**鶴立雞群**

【釋義】指像鶴站立在雞群中。引指人的儀表和才能出眾。

【出處】晉·戴逵《竹林七賢論》：「嵇紹入洛，或謂王戎曰：『昨於稠人中始見嵇紹，昂昂然若野鶴之在雞群。』」南朝·宋·劉義慶《世說新語·容止》：「有人語王戎曰：『嵇延祖卓卓如野鶴之在雞群。』」此成語指的是嵇康的兒子嵇紹。

【成語】**赴湯蹈火**

【釋義】赴：奔向。湯：開水。蹈：踩。奔向沸水，踩著烈火。比喻不畏艱險，奮不顧身。

【出處】出自三國·魏·嵇康《與山巨源絕交書》：「此猶禽鹿，少見馴育，則服從教制；長而見羈，則狂顧頓纓，赴蹈湯火。」

【成語】**一行作吏**

【釋義】指一旦做了官，人就會變。貶義。

【出處】三國·魏·嵇康《與山巨源絕交書》中有：「遊山澤，觀魚鳥，心甚樂之。一行作吏，此事便廢。」

【成語】**興高采烈**

【釋義】興致高；精神飽滿。采：神采，精神。烈：熱烈。原指文章旨趣很高，文辭犀利。現指興致高，情緒熱烈。

【出處】南朝·梁·劉勰《文心雕龍》：「叔夜俊俠；興高而采烈。」叔夜，指嵇康。

【成語】**視丹如綠**

【釋義】丹：紅。把紅的看成綠的。形容因過分憂愁而目視昏花。

【出處】三國·魏·郭遐叔《贈嵇叔夜》詩：「心之憂矣，視丹如綠。」

【成語】**事與願違**

【釋義】事情的發展與願望相反。指事情沒能按照預想的方向發展。

【出處】三國·魏·嵇康《幽憤》詩：「事與願違，遘茲淹留。」

【成語】**竊語私議**

【釋義】私：私下。背地裡小聲議論。衍生成語：竊竊私語。

【出處】三國·魏·嵇康《家誡》：「若見竊語私議，便舍起，勿使忌人也。」

【成語】**龍驤虎步**

【釋義】龍，古代稱駿馬為「龍」。驤，馬昂首的樣子。龍驤虎步，像駿馬高昂著頭，像老虎邁著雄健的步伐。形容氣概威武雄壯。

【出處】三國·魏·嵇康《卜疑》：「將如毛公藺生之龍驤虎步，慕為壯士乎？」《三國志·魏書·陳琳傳》：「今將軍總皇威，握兵要，龍驤虎步，高下在心；以此行事，無異於鼓洪爐以燎毛髮。」

【成語】**堆案盈几**

【釋義】堆：堆積。案：案頭。公文、書信、圖書等堆積滿案頭。原指等待處理的文件大量積壓。後也指書籍或文字材料非常多。

【出處】三國·魏·嵇康《與山巨源絕交書》：「素不便書，又不喜作書，而人間多事，堆案盈几；不相酬答，則犯教傷義，欲自勉強，則不能久。」

【成語】**才長識寡**

【釋義】指人善於治學，不善治身。

【出處】原為「才多識寡」。南朝‧宋‧劉義慶《世說新語‧棲逸》中有：「嵇康遊於汲郡山中，遇道士孫登，遂與之遊。康臨去，登曰：『君才則高矣，保身之道不足。』」

【成語】**半信半疑**

【釋義】指對人對事不能肯定。

【出處】原為「半信半不信」。三國‧魏‧嵇康《答釋難宅無吉凶攝生論》中有：「苟卜筮所以成相，虎可卜而地可擇，何為半信半不信耶？」後見宋‧朱熹《朱子語類》：「若他們聽過了，半信半疑，若存若亡，安得不惰？」

【成語】**龍章鳳姿**

【釋義】章：文采。蛟龍的文采，鳳凰的姿容。比喻風采出眾。

【出處】南朝‧宋‧劉義慶《世說新語‧容止》劉孝標注：「康長七尺八寸，偉容色，土木形骸，不加飾厲，而龍章鳳姿，天質自然。」

【成語】**呂安題鳳**

【釋義】比喻造訪不遇。

【出處】南朝‧宋‧劉義慶《世說新語‧簡傲》：「嵇康與呂安善，每一相思，千里命駕。安後來，值康不在，喜出戶延之，不入。題門上作『鳳』字而去。」

【成語】**千里命駕**

【釋義】命駕：命令車夫駕車。指路遠的好友造訪。多形容友情深厚。

【出處】《晉書‧嵇康傳》：「東平呂安服康高致，每一相思，輒千里命駕，康友而善之。」

【成語】**廣陵絕響**

【釋義】廣陵：指琴曲《廣陵散》。絕響：失傳的樂曲。比喻失傳的學問、技藝。

【出處】《晉書・嵇康傳》記載，嵇康善於彈奏《廣陵散》，沒有傳授給人。他被司馬昭所害，臨行時要求把琴拿來，又彈了一遍，說：「《廣陵散》於今絕矣！」

【成語】**黃公酒壚**

【釋義】壚：酒肆放置酒罈的土臺子，借指酒店，酒館。又見到了黃公開的那個酒館。比喻人見景物，而哀傷舊友，或作為傷逝憶舊之辭。

【出處】南朝・宋・劉義慶《世說新語・傷逝》：「王浚沖為尚書令，著公服，乘軺車，經黃公酒壚下過。顧謂後車客：『吾昔與稽叔夜、阮嗣宗共酣飲於此壚……今日視雖近，邈若山河。』」

【成語】**渾金璞玉**

【釋義】比喻天然美質，未加修飾。多用來形容人的品質淳樸善良。

【出處】南朝・宋・劉義慶《世說新語・賞譽》：「王戎目山巨源如璞玉渾金，人皆欽其寶，莫知名其器。」

【成語】**玉山將崩**

【釋義】玉山：比喻品德儀容美好的人。也形容酒醉後東倒西歪的樣子。

【出處】南朝・宋・劉義慶《世說新語・容止》：「嵇叔夜之為人也，岩岩若孤松之獨立；其醉也，傀俄（音ㄍㄨㄟ ㄜˊ，傾頹貌）若玉山之將崩。」

阮籍 瘋狂時代的另類謎語

人物簡介

姓名：阮籍，字嗣宗，外號阮步兵

家庭出身：官僚名士之家

籍貫：河南開封

生卒：西元210～263年

社會關係：建安七子之一阮瑀的兒子。嵇康、山濤、劉伶等人的好友，司馬昭父子三人器重的下屬

社會身分：官員、隱士、「竹林七賢」之首

容貌：俊美奇偉，容貌瑰傑

主要作品：《詠懷詩》八十餘篇、《達莊論》、《大人先生傳》、《勸進表》……

雷人言行

◎「時代沒有英雄，使垃圾小人僥倖成功！」

◎創造了大醉六十天不省人事的醉酒紀錄。

◎隔壁酒吧一美女賣酒，每次去都喝得爛醉，然後湊近老闆娘倒頭便睡。

相關成語

得意忘形 青眼相加 廣武之嘆 丹青不渝 虱處褌中 蹉跎歲月 禽獸不如

作者評價

超級滑頭是這樣煉成的；

一半是海水，一半是火焰。

他是阮籍

> 阮籍常率意獨駕，不由徑路，車跡所窮，輒痛哭而反。（《魏氏春秋》。《晉書・阮籍傳》亦載其事，文字略同。）

天色將晚，一輛孤獨的牛車，吱吱咕咕，在天穹下，向著荒郊野外越走越遠。牛車走走停停，時而官道，時而小路。沒有方向，沒有目標，直到窮途末路，牛車停了下來，老牛抬頭張望眼前黛黑的群山。

此時，車篷裡突然傳出號啕之聲，如黃河瞬間決口，一洩難收。哭聲在空寂的山谷撞擊，旋轉、迴盪。哭聲直弄得江河含悲，群山垂淚。

天黑了，哭聲漸漸喑啞。車裡探出一人，掉轉牛車，像來時一樣晃晃悠悠向回城的方向搖去。這個人叫阮籍。

他生活在周瑜被氣死，劉備借得荊州的西元210年與蜀漢劉禪投降曹魏政權的西元263年之間。

可以說，沒有阮籍，魏晉的多彩、另類和瘋狂將黯然失色。史料記載有關阮籍的雷人事蹟，的確太多：

> 阮公臨家婦有美色，當壚酤酒。阮與王安豐常從婦飲酒，阮醉，便眠其婦側。夫始殊疑之，伺察，終無他意。（《世說新語・任誕》）

阮籍的隔壁有一酒吧，酒吧裡有一絕色少婦當壚賣酒。從見到美婦那天開始，阮籍就來勁了，此後常常有意無意邀約王安豐等一幫朋友去那裡「飆」酒，一「飆」一個醉。一旦喝醉，就歪歪斜斜走到美婦身邊，也不說話，靠著美婦倒下就睡。美婦的老公在一邊每每咬牙切齒（暗暗抓起板凳、斧頭等兇器）。然而，鑑於阮籍的身分和消費，他便冷靜下來，透過很長一段時間的觀察，卻發現阮籍並沒出軌舉動。

兵家女有才色，未嫁而死。籍不識其父兄，徑往哭之，盡哀而還。（《晉書・阮籍傳》）

兵家有位非常漂亮且很有才華的未婚美女，阮籍沒機會認識。有一天，傳來美女病死的消息，阮籍一聽，顧不得與這家人毫不相識，徑直跑到姑娘靈堂，倒頭大哭，美女的親朋好友卻無一人認得，無不感到驚詫。哭夠了的阮籍從地上起來，整肅衣冠，旁若無人而去。

阮籍的嫂嫂應該也有一定姿色的，如果僅僅因為親情，阮籍也不會這般殷勤。這位嫂嫂剛跟哥哥結婚的時候，要去娘家「回門」，於是阮籍出來，殷勤相送，並與之親切話別。在那個即使是親人之間也得「長幼有序，男女有別」的年代，阮籍這種行為惹得眾人議論紛紛。阮籍一聽，不但沒有愧色，反而大發雷霆：「這些禮法難道也是為我這樣的人設的？」

以上三則故事，都是與美色有關的。如果僅僅因為這些，到今天為止，可能知道阮籍大名的人就會少很多。史料記載的有關阮籍的瘋狂和雷人事蹟，在一篇小文中實在無法一一道來。這裡再選一段阮籍喪母期間的故事，讀者必定會對阮籍這個人有進一步的瞭解。

性至孝，母終，正與人圍棋，對者求止，籍留與決賭。既而飲酒二斗，舉聲一號，吐血數升。及將葬，食一蒸肫，飲二斗酒，然後臨訣，直言窮矣，舉聲一號，因又吐血數升，毀瘠骨立，殆致滅性。裴楷往弔之，籍散髮箕踞，醉而直視，楷弔唁畢便去。或問楷：「凡弔者，主哭，客乃為禮。籍既不哭，君何為哭？」楷曰：「阮籍既方外之士，故不崇禮典。我俗中之士，故以軌儀自居。」時人嘆為兩得。籍又能為青白眼，見禮俗之士，以白眼對之。及嵇喜來弔，籍作白眼，喜不懌而退。喜弟康聞之，乃齎酒挾琴造焉，籍大悅，乃見青

眼。(《晉書・阮籍傳》)

阮籍很小的時候父親就去世了，母親含辛茹苦地守寡將他養大。父親的好友曹丕見他孤兒寡母，曾經還為阮籍母子寫過一首《寡婦詩》。

母親去世的那天，阮籍正跟朋友下棋。聽到有人來叫，與他對弈的朋友當時就要求停棋，阮籍好像若無其事，還一個勁兒地催促對方下完殘局，對家欲罷不能。直到下完那局棋，他才站起來，繼而叫人拿酒，一仰頭咕咚咕咚連喝兩斗（相當一斤半到兩斤五十三度茅臺）。然後，他用盡全身之力嘯叫一聲，吐血數升，倒在地上。

靈堂搭起來了，法事做開了，親朋好友紛至沓來。這其中，有「玉人」之稱的貴族子弟兼名士的裴楷前來拜祭阮母。阮籍不但不按當時的規矩跪地迎接，反而披頭散髮，肆無忌憚地伸長雙腿坐在地上，一雙直勾勾的醉眼茫然瞪著熙熙攘攘的來賓。

裴楷見阮籍如此失態無禮，也沒說什麼，禮節性地哭泣著祭祀完畢就走人。旁人對裴楷說：一般來說，凡去人家拜祭亡人的，主人必須一邊迎接一邊哭泣，客人才會禮節性地跟著哭泣拜祭。你的朋友阮籍自己喪母都不哭，你為什麼還要哭？裴楷說：阮籍是另類的人，所以不用講禮儀。而我卻是一個俗人，所以還必須按照俗人規矩來行事。

靈堂裡人來人往，阮籍就這樣瞪著直勾勾的眼睛坐著。這時同在曹操手下為官的父親的同事嵇昭的大兒子嵇喜，也聞訊趕來拜祭阮母，嵇喜雖亦為官家子弟，卻沒有名士的才氣和另類，這在阮籍看來，根本就是一俗人，對於俗人，阮籍更是不屑一顧的。如果說前面的裴楷前來拜祭阮母未能受到禮遇，那麼嵇喜的遭遇絕對會讓你想揍人。嵇喜進去的時候，阮籍依舊披頭散髮，雙腳長長地伸著靠牆坐在地上，鼓著死魚般的醉眼。看到嵇喜一到，阮籍就氣不打一處來，也不顧自己重孝在身，立即使出自己「青白眼」的特異功能——雙目一翻，黑眸不知所終，全然眼白對著嵇喜，表現出強烈的鄙視。阮籍的這一招在熟悉他的人中，是出了名的。見到這種情況，嵇喜只得匆匆拜完，難過地離開了。嵇喜的弟弟嵇康聽到哥哥的遭遇後，立刻拿著心愛的古琴、帶上一罈好酒，前去阮籍母親的靈堂。阮籍一見帶著琴拎著酒的嵇康，立即來了精神，於是又使出了特異功能，雙眼一翻，黑黝黝的眸子睜得大大的，欣喜之情頃刻表露無遺。

母親出殯的那天，阮籍命人蒸了一隻小肥豬，就著噴香的烤乳豬，又一氣喝了兩斗酒，然後跟母親遺體訣別，卻只說了一句：「完了！」大號一聲，他再一次口吐鮮血，昏厥過去，很久才醒來。

母親下葬之後，阮籍並沒如《禮記》要求的那樣——守孝三年，清心寡欲，齋戒酒肉，定量半飽飲食。

一次，適逢晉文王司馬昭大宴群臣，聽到司馬昭宴請，阮籍歡天喜地而去，席間毫無顧忌，大快朵頤。在座的司隸校尉何曾實在看不下去了，就對司馬昭說：「您正在宣導以孝治國，而阮籍卻在母喪期間出席您的宴會，毫無顧忌地喝酒吃肉，這樣的人，應該按照法律規定把他流放到偏遠的地方，以正風俗教化。」

司馬昭想了想說：「嗣宗如此悲傷消沉，你不能分擔他的憂愁，為什麼還這樣說呢？況且服喪期間有病的話，是可以喝酒吃肉的，這也是符合喪禮的呀！」聽到別人的議論，阮籍面不改色，依舊痛快地喝酒吃肉，神色自若。

這就是阮籍。

特異功能

千百年來，人們津津樂道阮籍那些另類、瘋狂的故事。他創造的不僅僅是一個又一個的離奇故事，更是一代又一代心懷灑脫之士的嚮往。他的「特異功能」，他與女人，他與酒，他另類的孝道，他的性格、好惡等等，莫不被人們反覆提起。他在出仕和隱士的兩棲路上，以及宦海沉浮的背後，有著太多不為人知的秘密，引得人們至今為之喋喋不休。

他的父親叫阮瑀。阮瑀早年師從大文學家蔡邕，與孔融乃一門師兄弟。學成後的阮瑀在他的時代也是一顆明亮之星，與孔融、曹丕等人被後世譽為建安七子。才華昭然的阮瑀在入仕的做法上，與當時的名士無異，朝廷累招不應，及至曹操做了丞相，幾次招他做官，阮瑀還是不應，曹操一怒之下使出霹靂手段，阮瑀於是就範。但這一次，曹操只給了阮瑀一個樂隊琴師的職位。作為琴師的阮瑀，目睹了曹操的英武神明之後開始改變了從前的看法，於是，在一次曹操大宴群雄的宴會上，阮瑀撫琴高歌：「士為知己者死，女為悅己者容……」一曲歌罷，曹操欣喜無比，從此將阮瑀升為自己的屬官。阮瑀一家從而走上了一條富貴之道。

阮籍出生在這樣的家庭按說有享不完的福，但事實不是這樣。三歲的時候，父親阮瑀就跨鶴西去，留下孤兒寡母淒苦度日，在那個兵荒馬亂的年代，阮籍母子的日子可想而知，以至於曹丕在他的《寡婦詩》裡聲淚俱下地說：「寡婦啊，你抱著吃奶的孩子，聽著黑夜裡大風敲門的聲音，想著荒郊墳地裡的丈夫啊……」阮籍成年後的性格和另類，除了政治時事的紛繁，想來跟幼小時代的經歷是有關的。

阮籍的另類，首先表現在他獨有的「特異功能」上，歸納起來有如下幾項：

第一，酒量了得。動輒酗酒兩斗，比起唐代斗酒詩百篇的李白，他的酒量起碼相當李白的兩倍。這樣的酒量，這麼好的肝臟，不是一般人所能具備的，定義為「特異功能」應不為過。他曾創下大醉六十日，昏睡不醒的紀錄。當然，大醉六十日是有原因的，暫且留在下文細說。

第二是會「青白眼」。就是上文介紹的阮母去世時分別對待嵇喜與嵇康的那種擠眉弄眼的鬼表情。阮籍死去一千九百年之後，魯迅先生這樣說：「阮年輕時，對於訪他的人有加以青眼和白眼的分別。白眼大概是全然看不見眸子的，恐怕要練習很久才能夠。青眼我會裝，白眼我卻裝不好。」魯老先生都裝不來的樣子，絕對稱得上特異功能了。

第三是可以緘口到整天一字不吐。

> 籍嘗隨叔父至東郡，兗州刺史王昶請與相見，終日不開一言，自以不能測。（《晉書‧阮籍傳》）

最著名的是那次跟叔叔去兗州刺史王昶家，王昶是特意想見見他，任憑叔叔跟王昶怎麼說，阮籍愣是沒有開口，這也不是一般人能做到的。

> 晉文王稱阮嗣宗至慎，每與之言，言皆玄遠，未嘗臧否人物。（《世說新語》）

及至後來跟司馬昭父子共事的時候，他被問得沒辦法了才回答一句，且往往「說得也是」雲裡霧裡，從不涉及具體的人事，連司馬昭都對他這一點欽佩有加，說他簡直太謹慎了。

除特異功能外，阮籍還有著比一般名士強得太多的才藝，他對老莊哲學有著深入的研究，在當時盛行的「清談」聚會上，總讓人刮目；他文采絕佳，所寫的《詠懷詩》八十餘篇，為當時所有的人推崇，並被後世譽為「正始之音」的代表作；他在音樂方面的造詣也非同一般，彈得一手好琴，早年就寫出了《樂論》，據說他的音樂水準與以一曲《廣陵散》驚天下的嵇康不分上下。更重要的是，他還會當時只有孫登這樣的神仙才會的「嘯」。

所謂「嘯隱山林」，「嘯」應該是那時隱士的獨特才藝。一次，蘇門山裡來了一位真人，樵夫們都在議論這件事。阮籍也去觀看，見這個人盤腿坐在岩石旁邊，阮籍就爬上山湊過去，雙腿伸直坐在他對面。阮籍說起古代的事情，上至黃帝、炎帝的清靜無為之道，下到夏、商、周三代聖君的仁政，並拿這些事情向他請教，這個人只是昂著頭不予理睬。阮籍又談起儒家的入世學說以及道家的棲神導氣的方法，以此來觀察他，這個人還是和剛才一樣，凝神不動。阮籍無奈，於是只得對著他長嘯一聲。好半天，這個人才說：「再來一聲。」阮籍再次長嘯一聲。那人也沒什麼動靜，阮籍沒了興致就下山了，走到半山腰，忽然聽到上面傳來悠長的聲音，像是幾個樂隊的演奏在山谷中迴響，回頭一看，正是剛才那個人在長嘯。這就是蘇門山遇孫登之嘯。由此看來，那時的隱士或高人，已經把「嘯」作為區分省悟老莊道法深淺的標誌了。關於「嘯」，在有關阮籍的史料中還多次提到，如在古戰場說「時無英雄，使豎子成名」之嘯、喪母之嘯等等。至今，阮籍老家——河南開封尉氏縣，還有阮籍嘯台遺址。到底阮籍的「嘯」是怎麼一回事，史家及音樂界人士至今仍爭執不下。筆者認為，阮籍與孫登等人的「嘯」是由心底而起，調動全身共鳴器官，徒口發出的一種驚天地泣鬼神的號叫。這種號叫不是每個人都會的，它是魏晉時代名士的獨特絕技，即使在那個時代，能「嘯」之士，也為數不多。

「誰解過中味？」

具備特異功能和非凡才藝的阮籍，有讓人刮目的名士資本，於是乎，按照當時入仕的慣例，照例就有人上門招聘。然而，阮籍的官運卻來得很晚，直到三十三歲（西元242年）那年，入仕的機會才開始眷顧他。

向他揚起橄欖枝的人叫蔣濟。蔣濟，曹魏重臣，先後為曹操、曹丕、曹叡、曹芳手下重臣，算得上四朝元老，地位曾一度為一人之下萬人之上的太尉（相當於國務院總理）。如此炙手可熱的人物向阮籍發出邀請，按說應該歡天喜地而去。但阮籍卻沒有這樣。他連夜寫了一封致蔣濟的書信——《奏記詣太尉蔣濟》。

信的大意是，您的英明天下無雙，您在您的位置上，是天下所有的英豪所翹首企盼的事情。從您坐上這把交椅開始，就廣納賢才，人人都自以為可以在您手下謀得一官半職，聘書一下，就向您奔來。您也非常優待他們。昔日夏商時代也曾經有您這樣的英明領導優待賢才的，那都是因為那些被優待的人的確有才，可惜我不但沒有那些賢才的能力，而且缺點比他們中的任何人都多，所以非常害怕接受您的挑選，因為我沒有一樣值得稱道。所以我還是在家鄉耕地，種田納稅比較適合。況且我身體不好，腿腳長期有疾，連走路也困難。您這次招我為官，絕對是我不能勝任的。所以希望您能收回您不小心賜予的大恩，以使招錄公務員這樣的事情更加公平公正。

初，濟恐籍不至，得記欣然。遣卒迎之，而籍已去，濟大怒。於是鄉親共喻之，乃就吏。後謝病歸。（《晉書・阮籍傳》）

發出聘書之後，蔣濟一直擔心阮籍不理睬自己，心裡忐忑。讀罷書信的蔣濟，不禁大喜過望，想必是當下名士應聘之時自謙的假意推辭，於是派人火速趕往阮籍家去接阮籍。手下人趕到阮籍家的時候，早已人去樓空。聽到這個消息的蔣濟感到前所未有地沒面子，不禁雷霆大發。其實阮籍此舉也不過是試探一下蔣濟，看看他是不是真把自己當人才，像劉備對待諸葛亮那樣三顧茅廬，方能顯出自己百倍身價，以便入仕之後有著好過的日子。蔣濟發怒的消息傳出，阮籍的鄉親再也坐不住了，紛紛找到阮籍，動之以情曉之以理。在這種情況下，阮籍迫不得已走馬上任。能讓太尉發怒，鄉鄰共勸，才去做官，阮籍要的就是這種效果。

讓阮籍沒想到的是，太尉蔣濟並沒有把自己當人才委以重任，而是把他當一般的僚屬聽用。好不容易挨到三十多歲才走上仕途的阮籍，那個曾經高聲感嘆「時無英雄，使豎子成名」的阮籍徹底失望了。幹了幾個月，他便以健康為由，辭去職務。蔣濟也沒挽留。

沒有緋聞的演藝界明星，會受到大眾冷落。同理，阮籍所在的魏晉時代沒有雷人言行和讓人巨汗的運作同樣也會冷冷清清。阮籍辭去太尉蔣濟的僚屬一事，立即成了朝野上下茶餘飯後的談資，仕人名士佩服者有之，惋惜者有之。而這一切，只有一個後果——大大增加了阮大先生的知名度和經驗值。

第一次辭職所帶來的知名度與經驗值的提高，效果是立竿見影的。阮籍辭職不到三個月，朝廷的徵召再次到來。這一次的職務已不是某達人的僚屬了，而是堂堂正正、負一方面之責的國家中高級幹部——尚書郎（相當於國務院某部司局級）。史書未能記載阮籍到底所屬哪個司、哪個曹，反正只要進了中央機關任何一個部，司局級幹部可以說都是實權在握的，一些省部級的封疆大吏給你「彙報工作」，進點小「貢」也是常有的事。接到徵召的阮籍與朋友不免大喜過望。

然而，事實並非所想。做了尚書郎的阮籍剛開始還意氣風發，誓「為人民服務」到底。一段時間之後，阮籍漸漸覺出自己雖為一司之長，卻四面受到掣肘。身為上級的尚書並不想把工作搞好，而是想方設法昧著良心討好最高領袖，以求與最高領袖走得更近，得到更多實惠，至少也要保證不出紕漏，保住烏紗。由此，上級便常常將阮籍那些頗有創意和真抓實幹的工作計畫一拖再拖，或者乾脆一筆勾銷，這大大打擊了阮籍的工作積極性。此外，各司的同僚也是詭詐一堂，生怕阮籍幹好了把自己比下去，於是乎，搗鬼、作梗時時處處有之，更有甚者，「功夫全在詩外」，不踏踏實實工作，將所有精力放在取悅領導上，小到為領導安排稀奇古怪的美食飯局、鑽頭覓縫把麻將輸給領導，大到為領導送上才色俱佳的美女，甚至不惜犧牲自己的老婆，或者想方設法投其所好，對外大搞貪污索賄，對內節衣縮食攢集銀子，從而達到滿足上司一切需求，實現自己的升官發財夢。

又是短短幾個月，阮籍終於又一次遞上了辭職信。

不管阮籍此舉是有意還是無意，總之，從中央機關司局級崗位辭職的阮籍，一下飆到了明星排行榜的首位。面對突如其來的竄紅，阮籍暗暗告誡自己：低調，一定要低調！

於是，阮籍走進竹林，做起了真正意義的閒雲野鶴，與嵇康、劉伶、山濤等整日隱居山林，或談玄論道，或瘋狂飆酒，或在山水間做徒步驢友，或結交美女等等。這真可謂「死了都要爽」。

他們這一聚、一爽，一不小心在中華文化史上留下了璀璨的一頁——「竹林七賢」由此而來。

一面是卑微、拮据的物質生活，一面是精神上的肆無忌憚。爭酒喝的兄弟，關係之好遠遠超過今天大學生活中「睡在我上鋪的兄弟」。史料記載的「七賢」之間的對話，至今仍是現代酒肉朋友之間的親暱表示。喝酒中間其中一人晚來，就有人故作鄙視狀對後來者說：「一介俗物也來敗興。」來者也不示弱：「老公狗，你也在這裡！」

阮籍原本就出身官宦之家，從根子上就是一耐不住寂寞的人。如果一隱到底，絕對就沒有後話了，但他不，他欲望中的矛盾註定了他就是隱士與官員之間的兩棲角色。

隱士日子過了大約四年，阮籍終於耐不住了，他有意無意間的招風惹火又一次讓他走進了官場。

「滑頭」是怎樣煉成的

及曹爽輔政，召為參軍。籍因以疾辭，屏於田里。歲餘而爽誅，時人服其遠識。（《晉書·阮籍傳》）

這一次看中他的是大將軍曹爽。曹爽乃曹操的姪孫，此時曹魏政權已從文帝曹丕傳過明帝曹叡傳到了齊王曹芳手中，曹爽是明帝曹叡最倚重的宗室成員，齊王曹芳登基後的輔佐大臣，曹操親手培植的、此時已是四朝元老的司馬懿也避讓三分的人物。

懷揣曹爽「參軍」的聘書，阮籍再一次出山，理療復發已久的官癮去了。在曹爽營裡，阮籍幹著核心參謀的活兒，參與曹爽機密謀劃和大政方針的制定。幾個月下來，阮籍漸漸發現一些問題。一天晚上，從熟睡中猛然驚醒的阮籍，揉著惺忪的眼睛，睡意全消，他意識到距離殺頭的日子已經不遠了。

在阮籍做閒雲野鶴的這四年裡，曹魏政權內部已經發生了一系列變化，父親阮瑀曾經誓「為知己者死」的曹魏政權已逐漸傾向了司馬家族。老奸巨猾的司馬懿在武夫曹爽的張狂和打壓下早已按捺不住，迫於時機，只得處處示弱。這無疑是一個異常危險的信號。政權更迭下血的教訓，阮籍知道得太多太多。

活著才是硬道理。

少年時就顯露出的謹慎自保的特性此時起了作用。阮籍於是連夜磨墨，一氣寫好辭職信。信中絲毫未流露出對曹魏政權的擔憂，相反卻對曹爽的英明神武大拍馬屁，最後當然是提出腳病復發，辭職養病。讀完阮籍辭職信的曹爽，不禁飄飄然起來，高興地同意了阮籍的辭呈。阮籍的此次辭職，再一次讓滿朝文武和親朋好友大惑不解，阮籍對此未作任何解釋。

第二年，除阮籍外，誰也不曾預料的事情終於發生了。

阮籍辭職的第二年（西元*249*年），曹芳前往謁拜明帝曹叡墳墓，曹爽跟隨。司馬懿矯稱奉郭太后詔，關閉洛陽城門，擁兵佔據兵器庫，派人到郭太后處奏曹爽的罪惡，並請求罷免曹爽兵權。同時又派人告訴曹爽，太后說了，僅僅是免去他的官職而已，來人並指洛水發誓。曹爽於是信以為真，於是隻身一人送曹芳回城。曹芳一進殿，司馬懿就將早已備好的曹爽謀反的罪證拿出來，威逼曹芳就範。於是抄斬曹爽滿門，屠三族。右將軍夏侯霸等逃向蜀漢。

這就是魏晉史上著名的「高平陵事件」。至此，代表曹魏政權的曹芳就被牢牢掌控在了司馬家族的掌心。

直到這時，當年驚詫於阮籍辭職的眾人才恍然大悟阮籍辭職的原因。

這一切，對道家自然法則爛熟於心的阮籍看來或許是自然而然的，他父子兩代享受恩澤的曹魏政權原本就該如此，以自己的能力和地位，再怎麼折騰也無濟於事。以至於在洞悉到曹魏岌岌可危的時候，他才選擇默不作聲地離開；或許在他看來，在選擇報效曹魏與保全自己生命之間，後者更加重要。至於恩怨愛憎，與生命相比只能讓它見鬼去吧。

回到竹林中酗酒嘯隱的阮籍或許早就知道，不久的一天，扳倒曹爽，獨控政權的司馬家族又會找上他的，他們需要有名望的學者和文學藝術家來為司馬家族的血腥統治裝點門面。至於如何能在嗜血成性的軍閥鼻息下存活下去，以自己的智商，絲毫不是個問題。所以，阮籍並沒像當時的孫登一樣徹底隱身山林，徹頭徹尾地做一位四方雲遊、超凡脫俗的神仙，而是依舊在位於首都不遠的山陽竹林中張揚地過著所謂的隱士生活。

果然，就在同年，太傅司馬懿的聘書就送達了竹林之中，太傅府「從事中郎」的幕僚職位（相當於國務院總理的重要助手）再一次等著阮籍。

阮籍進入司馬懿麾下的第二年（西元*250*年），有了他這個大名士裝點門面的司馬懿終於對名士學者大開殺戒，何晏等學者名士遭到斬首。第三年，司馬懿病死，其子司馬師接替了父親的兵權，阮籍也由此轉為司馬師的助手。又是三年之後（西元*254*年），阮籍迎來了他一生中職位最高的時期。這一年，名士夏侯玄、李豐等被司馬師以謀反罪處死，傀儡曹芳被廢，另立傀儡曹髦繼位。史料記，在司馬師論功行賞之時，阮籍得到了連升三級的加官晉爵，「軍銜」上，封上了可以世襲的侯爵，職務上，一下成了新皇帝身邊的散騎常侍（入則規諫過失，備皇帝顧問，出則騎馬侍從）。這也成了後世對阮籍研究的難解之謎：他是否就是拿翻（擊垮之意）夏侯玄、曹芳行動的幫兇？「散騎常侍」是否又是司馬師安排在新傀儡曹髦身邊的特工？

翌年，司馬師病死，司馬昭接替。於是阮籍自然轉為司馬昭的人。

從進入司馬懿手下開始，隨著司馬家族執掌人的更替，阮籍先後在司馬懿、司馬師、司馬昭手下混事闞餉，歷時十五年直到終老。這十五年，曹魏政權經歷了由衰而竭的過程，傀儡皇帝先後由齊王曹芳、高貴鄉公曹髦、元帝曹奐擔任。這十五年，何晏、夏侯玄、嵇康等一批名士、好友的血，在司馬家族的屠刀下洋溢在了阮籍的周圍。想阮籍當年，觀楚漢古戰場，長吟「時無英雄，使豎子成名」的宏偉理想和襟懷，如今連好友的鮮血也濺在了自己身上，甚至還蒙上了幫兇的嫌疑。置身如此險惡而紛繁的境地，阮籍內心的孤獨和恐懼想來是難以名狀的。

而在外人看來，阮籍始終像一位精到的魔術師，讓人咋舌的表演於司馬政權與曹魏傀儡之間、服從名教統治與皈依老莊自然之間、篡權者與蔑視政權的隱士之間，且能四處逢源、逢凶化吉，優哉樂哉。這難道不是個千古之謎？

一介文人，既貪戀官職，又貪生怕死。除了乘車荒野、窮途而慟哭，還能怎樣？

司馬昭之心阮籍最知

史料記載，晉文王司馬昭曾稱讚阮籍極其謹慎，每次和他聊天，說的都是玄虛高遠的事情，從不評判人物。

史料還記載，阮籍喪母期間在司馬昭的宴會上，坐姿張狂地大快朵頤，何曾看不過向司馬昭參了一本，當即被司馬昭擋了回去。

阮籍的好友嵇康在《與山巨源絕交書》中也提到，阮籍的張狂，被禮法之士所不齒，疾之如仇，幸賴大將軍司馬昭保持之耳。

天下名士中，為什麼司馬昭就獨獨能夠容忍原本為曹魏死黨之後的阮籍？這不能不讓後人費解。

綜觀阮籍與司馬昭之間的交織，有幾件事情實在耐人尋味。

> 及文帝輔政，籍嘗從容言於帝曰：「籍平生曾遊東平，樂其土。」帝大悅，即拜東平相。籍乘驢到郡，壞府舍屏鄣，使內外相望，法令清簡，旬日而還。帝引為大將軍從事中郎。（《晉書．阮籍傳》）

司馬昭接替司馬師不到半年，作為三品大員的新皇帝曹髦身邊的散騎常侍，阮籍突然向司馬昭提出要到一個叫東平的小縣去做太守，他曾經寫過一篇玩東平的遊記，他說自己喜歡那裡的風土人情，司馬昭聞言居然大喜，當即應允。於是一匹瘦驢歪歪斜斜地馱著阮籍，一路遊山玩水，一路逢店必醉，慢慢悠悠到了東平。到了東平，阮籍一不調查研究，二不拜望當地紳士名流，三不訪貧問苦，四不許諾發展成果共同享受，而是命手下人請來民工，一夜之間拆除了縣衙的圍牆。這件聞所未聞、前無古人的拆除縣衙圍牆的事，讓見到和聽說的人無不瞠目結舌。不知又是什麼原因，半個月後，無論有否人員接管，無須送行，阮籍又騎著那匹小瘦驢，哼著小調回京了。

這不得不讓人懷疑阮籍搞的是一次另類的鄉村旅遊。讓人驚奇的是，對阮籍的回來，司馬昭無一絲怨言，一臉春風，依舊讓他做散騎常侍之前的老職業「從事中郎」。

渾渾噩噩中，又一件喜事降臨，而這一次，司馬昭妥協了。司馬昭的妥協，讓一生鍾情官場的阮籍失去了後來作為西晉開國國丈的機會。不知道司馬昭到底怎麼打算的，到後來成為西晉正式皇帝的長子司馬炎談婚論嫁的時候，既不找手下兵權在握的大將聯姻，也不找能提供強大財力的富豪之女，更不找趨之若鶩的跑官要官者合作，卻恰恰看中了阮籍。

> 文帝初欲為武帝求婚於籍，籍醉六十日，不得言而止。（《晉書・阮籍傳》）

聞聽媒官要上門的消息，阮籍慌忙回到家中，抱著酒罈咕咚咕咚就喝開了，直喝到翻江倒海，天旋地轉。此後，躺在床上的阮籍，只要一旦感覺自己開始清醒，就順手拿過葫蘆，躺在被窩裡濫喝一氣，直到醉個半死。這一醉就是整整六十天。這期間，司馬昭的媒官N次上門提親，甚至坐在床頭等他醒來，也沒能等到他清醒過來談正事。媒官一而再再而三地遭遇阮大人的「酒門羹」，司馬昭聞訊只得悻悻嘆息，就此打住。

後來的事實證明，阮籍的大醉六十日，很好地保護了自己的女兒。成為西晉皇帝的司馬炎，先後兩次分別以五千人的數量，向宮中徵選宮女。到司馬炎死後，他的正室全家慘遭晉惠帝的皇后賈南風逼死。對司馬集團終生不離不棄的阮籍不知道為什麼，這一次竟又如此準確地預測到了作為皇后家屬的悲慘結局，這不能不說是又一個謎。

在司馬昭麾下的第五年（西元260年），曹魏傀儡與司馬昭之間又發生了一場公開對壘，被立為傀儡皇帝才幾年的曹髦組織力量討伐司馬昭，以失敗告終。於是司馬昭又另立曹奐為傀儡。

兩年之後的西元262年，這一年阮籍五十三歲，他又一次對自己的位子做出了選擇。而這一次，僅僅是因為酒。

> 籍聞步兵廚營人善釀，有貯酒三百斛，乃求為步兵校尉。（《晉書・阮籍傳》）

事情的經過是這樣的，阮籍聽說步兵營的廚師善於釀酒，且營中存有三百斛好酒，於是就找到司馬昭，要求去做步兵營的步兵校尉（這是京城的一個衛戍部隊，一般情況一名步兵校尉領七百步兵）。由此，他脫離了一生以僚屬佐官為主的身分，工作也開始變得丟三落四了，常常待在家裡不上班，而一旦朝廷或單位有飯局，必定到場。他的行為舉止，坐相吃相都非常張狂無禮，且一喝一個醉。但是即使再醉，鍾會等人想要在他酒醉後套點別樣的話，卻是難上加難。

西元*263*年，司馬昭遣鄧艾、鍾會分兵合擊蜀漢，諸葛孔明的繼承人姜維兵敗，蜀漢劉禪投降，自劉關張建國四十三年的蜀國滅亡。

> 會帝讓九錫，公卿將勸進，使籍為其辭。籍沉醉忘作，臨詣府，使取之，見籍方據案醉眠。使者以告，籍便書案，使寫之，無所改竄。辭甚清壯，為時所重。（《晉書・阮籍傳》）

在此當兒，司馬昭膨脹的野心逼著曹奐賜他「九錫」之禮。「九錫」是天子賜給有特殊貢獻的諸侯或大臣的服飾、車馬、豪宅、樂隊以及出行開路的各種儀仗禮器，這也是大臣篡位之前威脅、暗示天子「禪位」的前奏。作為受賜的大臣須得假意謙讓，且要做出一讓再讓，為黎民蒼生不得已而受之的假過場。當年的曹丕就是用這樣的手段廢掉漢獻帝的。前人現有的成功經驗，司馬昭只不過是拿來而已。於是有中央政治局常委一級的「司空」鄭沖這個投機分子站了出來，為了能在將來的新皇帝面前分一杯羹，達到升官發財的目的，他要組織一場聲勢浩大的勸進活動，場面越大，越是表示民心所向。而這個活動中最重要的一項議程就是上呈全體勸進人員簽名摁手印的《勸進表》。

《勸進表》當然要寫得前所未有地優美、感人，具有非凡的說服力。此時嵇康已經被殺了，綜覽當下名士，非當代大文豪、大音樂家阮籍莫屬，且他也一直是司馬昭護著的人。養兵千日，用兵一時。於是，鄭沖把這個舉國最大的政治任務交給了阮籍，阮籍當場就答應了，雙方還約定了交卷時間。

到了要用《勸進表》那天，卻遲遲不見阮籍蹤影，等不及了的鄭沖立刻派出心腹到阮籍府上索要。哪知去到阮府卻連阮大先生的影子也找不著。這下鄭沖急了，派出眾人四下尋找，哪怕掘地三尺也要把阮籍給找出來。後來終於有人在曾經要向嵇康學《廣陵散》的袁孝尼家見到了阮大人。不過，阮大人此時正伏在喝酒的桌上，成了一攤爛泥。十萬火急的事，哪還等得他酒醒，一個勁兒地搖醒之後，阮大人好不容易才說出兩字「忘……了」。說完又閉上眼睛昏睡過去。這還了得？於是又是醒酒湯，又是茶水地一陣猛灌下去，在眾人的攙扶下，阮大人終於搖搖晃晃地站了起來。墨早已磨好，筆管已經塞到了阮大人手裡。

於是，滿身酒氣，搖搖晃晃的阮大人俯下身去，凝神走筆：

> 沖等死罪。伏見嘉命顯至，竊聞明公固讓，沖等眷眷，實有愚心，以為聖王作制，百代同風，褒德賞功，有自來矣。

……

一氣呵成，縱橫捭闔，中國文學史上「神筆」之稱的《勸進表》就這樣誕生了。司馬昭的意願達到了，鄭沖、阮籍與眾臣的任務完成了。

是賣身求榮的兩面派？還是正義忠直之士？阮籍的這篇文章給世人又一次留下了至今不解之謎。千百年來，無數文人名士為此爭論不休。

這一年，阮籍五十四歲。

一個月後，一個漫天飛雪的日子，阮籍躺在病床上，看到了自己五十一年來常常思念的父親，看到了山陽的竹林，看到了懷抱古琴拎著酒壺微笑而來的嵇康……一會兒，他們又消失得無蹤無影，他叨念著自己曾經寫就的，將流傳萬代的八十二首五言絕句中的一首：

> 梁東有芳草，一朝再三榮。色容豔姿美，光華耀傾城。豈為明哲士，妖蠱諂媚生。輕薄在一時，安知百世名。路端便娟子，但恐日月傾。焉見冥靈木，悠悠竟無形。

就這樣，他謎一樣地離開了人世。

成語附錄

【成語】**得意忘形**

【釋義】形：形態。形容高興得失去了常態。

【出處】《晉書・阮籍傳》：「嗜酒能嘯，善彈琴。當其得意，忽忘形骸。」

【成語】**青眼相加**

【釋義】青眼：眼睛平視。表示對人喜歡或尊敬。

【出處】《晉書・阮籍傳》：「及嵇喜來弔，籍作白眼，喜不懌而退。喜弟康聞之，乃齎（音ㄐㄧ，抱持之意）酒挾琴造焉，籍大悅，乃見青眼。」

【成語】**丹青不渝**

【釋義】丹、青：丹砂、青雘（音ㄏㄨㄛˋ），是古代繪畫中常用的兩種顏料，不易褪色。意指始終不渝，光明顯著。

【出處】三國・魏・阮籍《詠懷》：「丹青著明誓，永世不相忘。」李善注：「丹青不渝，故以方誓。」

【成語】**蝨處褌**（音ㄎㄨㄣ）**中**

【釋義】褌：褲子。蝨子躲在褲縫裡。比喻世俗生活的拘窘侷促。

【出處】晉・阮籍《大人先生傳》：「汝獨不見夫蝨之處於褌之中乎！逃於深縫，匿乎壞絮，自以為吉宅。」

【成語】**蹉跎歲月**

【釋義】蹉跎：時光白白過去。把時光白白地耽誤過去。指虛度光陰。

【出處】晉・阮籍《詠懷》詩：「娛樂未終極，白日忽蹉跎。」

【成語】**禽獸不如**

【釋義】連禽獸都不如。形容人格低下，品行極壞。

【出處】《晉書‧阮籍傳》：「殺父，禽獸之類也。殺母，禽獸之不若。」

王戎散發麝香與惡臭的大樹

人物簡介

姓名：王戎，字濬沖，外號王安豐

家庭出身：中國第一望族——琅琊王家

籍貫：山東臨沂

生卒：西元234～305年

社會關係：幽州刺史王雄之孫，涼州刺史王渾之子，阮籍的忘年之交、裴頠（音ㄨㄟˇ）的岳父

社會身分：琅琊王家的重要人物、「竹林七賢」之一、西晉兩朝元老

容貌：雙目炯炯，不修邊幅

主要作品：無記載

雷人言行

◎身為司徒（相當第一副總理），貴為侯爵，卻每晚與妻子詳盡盤算家中一天的收支。

◎良田水磨遍及天下，姪子結婚送普通半舊單衣一件，婚後急忙索回。

◎朝堂大會進行時，去上廁所，摔進茅坑，滿朝大臣掩鼻息氣，哭笑不得。

相關成語

賣李鑽核 哀毀骨立 道邊苦李 卿卿我我 簡要清通 琳琅滿目

作者評價

集賢人名士與惡俗之人於一身，是麝香還是惡臭？是神奇還是腐朽？

會上，他掉進廁所了

朱雀橋邊野草花，烏衣巷口夕陽斜。
舊時王謝堂前燕，飛入尋常百姓家。

這首詩，對講漢語的人來說，不能不說是爛熟於心的。據說白居易曾為這首詩「掉頭苦吟，嘆賞良久」。可以想像，作者劉禹錫站在雜草叢生的烏衣巷前，面對世事無常和時光變幻，是怎樣地傷感與惆悵。烏衣巷，兩晉至唐朝各大豪族，尤其是王謝兩家豪府的所在之地。

詩中的「王謝」分別指的是來自琅琊（今山東膠南市琅琊鎮一帶）的王家與來自陳留（今河南開封陳留鎮）的謝家。

琅琊王家，僅魏晉南北朝時期進入史書正傳的就有六十二人，有五十餘人擔任過三公令僕（三公：司馬、司徒、司空。令僕：僕射、尚書令。皆為一、二品重臣），侍中（皇帝身邊近臣）八十人。在唐代，當宰相的也有四人之多。自西漢到唐代千餘年間，真是世代鼎貴，被歷代史家稱之為「中國第一望族」。隨便扳著指頭一數，從西漢時期祿位彌重的王吉祖孫三代，到著名大孝子——為母臥冰位列三公的王祥，三朝宰輔有「仲父」之稱的王導，再到王羲之、王獻之等等，簡直不勝枚舉。

關於琅琊王家，有一個成語的由來就是從形容他們家開始的：

有人詣王太尉，遇安豐、大將軍、丞相在坐，往別屋見季胤、平子。還語人曰：「今日之行，觸目見琳琅珠玉。」（《世說新語・容止》）

某一天，有人去拜訪王太尉王衍，遇到安豐侯王戎、大將軍王敦、丞相王導在座。去另外屋子，又見到季胤（王詡）、平子（王澄）。回來以後，就對人說：「今天去了琅琊王家，那傢伙，真是了不得啊！簡直叫琳琅滿目！」

從這個成語可以看出，時人「王與司馬共天下」的說法不是沒有道理的。

上文說的「安豐侯王戎」就是本文所要講敘的主角。他有著極其輝煌和高風亮節的一面，也有無比齷齪卑俗的一面。他是一個複雜得讓史學界至今拔劍張弩爭執不休的人物，也是一個集傳奇與笑話於一生的人物。

西元*302*年，華夏大地發生了這麼幾件事情：

李特（十六國時期成漢武帝李雄之父）自稱「益州牧、都督梁益二州大將軍、大都督」，雖未稱王，卻自改年號稱「建初」，這對由傻子當皇帝引起八王之亂的司馬政權無異雪上加霜。

這一年，禪位於司馬政權達三十七年之久的廢帝曹奐離世。

這一年十二月，河間王司馬顒（音ㄩㄥˊ）聯合成都王司馬穎等討伐齊王司馬冏。此時的王戎正跟傻子皇帝待在司馬冏的保護區——洛陽，擔任尚書令（相當於國務委員）。聲討檄文不日就下到了首都洛陽。

> 既而河間王顒遣使就說成都王穎，將誅齊王冏。檄書至，冏謂戎曰：「孫秀作逆，天子幽逼。孤糾合義兵，掃除元惡，臣子之節，信著神明。二王聽讒，造構大難，當賴忠謀，以和不協。卿其善為我籌之。」戎曰：「公首舉義眾，匡定大業，開闢以來，未始有也。然論功報賞，不及有勞，朝野失望，人懷貳志。今二王帶甲百萬，其鋒不可當，若以王就第，不失故爵。委權崇讓，此求安之計也。」冏謀臣葛旟（音ㄩˊ）怒曰：「漢魏以來，王公就第，寧有得保妻子乎！議者可斬。」於是百官震悚，戎偽藥發墮廁，得不及禍。（《晉書‧王戎傳》）

心事重重的司馬冏端坐高堂，滿朝文武戰戰兢兢分列兩旁，朝堂之內，一片肅穆。司馬冏將目光四下掃了一遍，最後落在王戎頭上：「因為壞人作亂，把天子幽禁起來。我帶領正義之師，剷除了元兇，施行做臣子的氣節和義務，相信天上的神明也是知道的。現在司馬顒、司馬穎聽信讒言，蓄意造成大亂，導致不和諧。你一向智慧，善於謀劃，看看有什麼好辦法打敗他們。」

王戎出列，侃侃而談，最後他說：「現在二王帶著百萬精兵，銳不可當，你還是回你自己的封國去吧！這樣還能保住你的爵位。讓權謙讓，這是最好的辦法。不然性命不保！」

此話一出，四座大驚。本來是獻計獻策的高端會議，沒想到王戎會出這樣的點子，而且語氣也很難聽。於是有人義憤填膺地站出來怒吼道：「把這個胡言亂語的傢伙拉出去砍了！砍了他！」

這時，王戎說，對不起，我先上個廁所來。於是轉身向廁所的方向走去，朝堂上司馬冏一言不發，眾文武在下面竊竊私語，只等著王戎回來，看司馬冏如何處理。大家左等右等就是不見王戎回來，會場開始躁動起來。一會兒，只聽服務員跑過來大聲喊道：「不好了，不好了！王大人掉進廁所裡了！」

會場立刻就炸開了鍋，大家一哄而起，紛紛湧向廁所（古代廁所現在偏僻鄉村還有標本，一個大糞坑上架兩塊木板那種），好不容易才將這個滿身糞便的傢伙拉了上來。王戎回到朝堂上一站，上至司馬冏下至宦官服務員，莫不掩鼻息氣，哭笑不得。問及原因，說是「藥發」。

原來，魏晉時期對於服用「五石散」的人，在「藥發」期間的言行一般是會網開一面的。

出生於天下第一望族，堂堂尚書令、侯爵，一個六十八歲兒孫滿堂、全家名士高官無數的老人，名垂青史的「竹林七賢」之一，在邪惡面前，既無前朝小禰家莊進城實現夢想的農村青年禰衡刀架在脖子上仍大罵不止的勇氣，也無七賢之中劉伶「我醉死在哪裡，你就挖坑把我埋在哪裡」的灑脫，更無七賢之中嵇康臨刑撫琴的從容。提了意見，既不敢承擔責任，也不敢堅持，竟然怕死到以「五石散」藥性發作為由，自己跳進廁所保命的程度，不能不讓天下人失望和忍俊不禁。

草包原來不一般

一個貪生怕死到自己跳進茅坑，謊稱「藥發」保命的窩囊廢，是憑什麼進入到「竹林七賢」這個萬世景仰、風骨挺峻、旗風獵獵的高潔圈中的呢？他哪裡還是什麼名士？簡直一草包！

其實，跳進茅坑的王戎，只是王戎的一面，這個集麝香與惡臭於一體的人物，自有他閃光的一面。在這一方面，他跟前朝小時了了的孔融差不多，幼小就開始出現了名士兆頭，有著讓天下人為之尖叫的表現。

王戎出生於琅琊王家。關於這個家族的輝煌前文已經說過，透過「琳琅滿目」這個成語的由來，我們可以想像，在王戎家裡，都是些什麼樣的男人生活在他的周圍。而在這當中，幼時的王戎又顯得格外奪目。

首先，王戎自呱呱墜地就有著非同一般的特異功能：視日而目不眩。

《世說新語》裡說他能久久地盯著太陽，一點也不會眼花。這一特異功能，放在當下，中央政府三軍儀仗隊的軍人天長日久，「冬練三九、夏練三伏」也不一定能完全達到，而王戎天生如此。以至於著名的名士裴令公（裴楷）品評王戎的儀表時說：「王戎的雙眼，炯炯有神，就像山崖下的閃電一樣。」

小時的王戎雖然個子較同齡人稍顯矮小，長相卻眉目清秀，透著靈性智慧，給人以「神彩秀徹」之感。

王戎七歲，嘗與諸小兒遊。看道邊李樹，多子折枝，諸兒競走取之，唯戎不動。人問之，答曰：「樹在道邊而多子，此必苦李。」取

之，信然。（《世說新語・雅量》）

「李！李樹上有李子！」

不知誰叫了一聲，所有的人都尋聲望去，只見前面路旁，一棵李樹掛著沉甸甸的果實，每一根枝枒都被李壓得彎了下來，大人們只要一伸手就能摘下一顆送進嘴裡。一同郊遊的孩子呼啦一聲全跑了過去，嘰嘰喳喳地忙活起來，有的抱著樹幹爬了起來，有的去找長木杆來打。只有王戎站在原地一動不動看著忙碌的小朋友們。帶他們郊遊的老師看到王戎毫無反應，有點急了，就說：「王濬沖，你幹嘛呢，快去摘李呀，大家都去了。」

「李樹長在路邊，結了這麼多李子，路上人來人往，都沒人摘，那李子一定是苦李。」王戎說。

「是嗎？」老師詫異地說。

話剛說完，先爬上樹的孩子已經把李子扔了下來，大家迫不及待地送進嘴裡。

「哇！好苦喲！」「苦死人了！」大家一邊使勁吐掉嘴裡的苦李，一邊扔掉手裡剩餘的部分。

苦李的故事迅速傳開，知道這件事的人莫不為王戎的聰明叫絕。這一年，王戎七歲。

其實，早在兩年前——西元*239*年魏明帝曹叡還在世的時候，五歲的王戎就讓一國之君曹叡為之感嘆稱奇。

那年，不知誰送了一隻猛虎給曹叡，這個百無聊賴的敗家子皇帝，竟然想出讓人與猛虎搏鬥的遊戲。於是讓人拔掉猛虎的牙、鋸掉牠尖利的腳趾爪，在宣武場巨大的柵欄中讓武士與猛虎搏鬥，百姓可以隨便圍觀。五歲的王戎也隨家人一起來看，人虎搏鬥的過程中，失去爪牙的猛虎哪堪人的侮辱，狂躁地左衝右突，最後攀著欄杆睜目咧嘴一聲怒吼，吼聲驚天動地，圍觀人等嚇得紛紛摔倒在地，只有五歲的王戎面無驚恐之色，站在原地一動不動。這一幕，被站在演兵臺上的曹叡看得清清楚楚。有皇帝的親眼所見和誇獎，小王戎的名聲就像上了各大門戶網站首頁專題，沒有人不知道琅琊王家又出了這麼一個偉大的男孩。

十年之後，憑著讓魏明帝曹叡感嘆稱奇的聲名，和琅琊王家滿門為官的優勢，十五歲的王戎在京城的任何衙門都可以隨便出入了。

這天他跟隨上班的父親王渾來到中央機關辦公室。在這裡他遇到了「竹林七賢」之一的阮籍。阮籍一見王戎，頃刻來了精神，一改平日的逍遙冷峻，對這個早聞其名不見其人的著名少年優禮有加，他們無話不談，成了一見如故的忘年之交。這一年阮籍三十五歲，足足比王戎大二十歲，但這並不影響他們之間成為最要好的朋友。

這裡有兩件事可以說明他們之間的關係非同一般。

一是阮籍每次去同事王渾家，跟王渾說不上幾句話就打住，然後匆匆忙忙往王戎的房間跑，一旦見了王戎就有說不完的話，常常要談很久很久。王渾問他原因，阮籍說：「阿戎的聰慧清明不是你所能比的，跟你交談還不如跟阿戎交談愉快。」

二是王戎那時常常去阮籍家玩，一次，正好名士劉公榮也在。見到王戎進來，阮籍一時就高興起來，就對王戎說：「正好有兩斗好酒，咱們倆一塊兒喝了吧。公榮就別喝了。」於是兩個人就你一杯我一杯地喝起來，劉公榮坐在那裡，只能乾瞪眼，不過三個人一起言談玩笑，也沒有覺得有什麼不好。後來有人問起這件事，阮籍答道：「比公榮強的人，不能不和他喝一杯；不如公榮的人，也不能不和他喝一杯；只有公榮，可以不和他喝酒。」

這話，乍一聽來是強調公榮與自己的關係不一般，但從當時的情況看，阮籍顯然是厚此薄彼了。不過幸好是劉公榮，要是別的人，說不定早起身出門翻臉不認人了。

史書還說，王戎未成年的時候，不僅僅受到阮籍的器重，同樣也受到阮籍的死對頭、司馬政權的頭等大臣鍾會的肯定。

話說王戎、裴楷二人小時候去拜訪鍾會，只待了一會兒就走了。二人走後，有人問鍾會：「剛才那兩個小孩怎麼樣？」鍾會說：「裴楷清明通達，王戎簡明扼要。再過二十年，這兩位賢人一定會做吏部尚書，但願那時候他們不會被埋沒。」鍾會的這個評價，足見成年前王戎的優秀。

在阮籍的引導下，王戎加入了「竹林七賢」的行列，成了其中年齡最小的一位。在林竹七賢的圈子中，王戎的風範漸漸顯露。

一是很能清談，成了天下聞名的清談名士。

一次，名士們去洛水遊玩，回來後有人問王衍：「今天玩得高興嗎？」王衍回答說：「裴僕射裴善於談論玄學義理，滔滔不絕，意趣高雅；張茂先談論《史記》、《漢書》，娓娓動聽；我和王戎評論季札、張良，他的見解高深玄遠，深刻透徹。」

二是做出了兩件淡泊錢財的名士之舉。

一次是他的父親去世，由於王渾在世時的名聲和做人都很好，涼州所轄九郡中的屬下們，父親的舊交好友、門生紛至沓來，在悼念昔日的涼州刺史的同時，感念他的美德和恩惠，送了不少奠金，加起來總共有數百萬。面對這錢財，王戎一分未動，原封未動退還給送禮的客人，成了轟動一時的新聞。

二是王戎剛剛擔任侍中的時候，南郡太守劉肇給他送來十丈筒中箋布（細布之意），王戎不但沒要，還誠摯地給他回了一封信，表示感謝。

這些行為在一般人看來，簡直不可思議。無論別人如何評價，這兩件事情的確讓王戎的名聲大振。

然而，正是在這樣的前提下，王戎的另一面卻開始了腐爛發臭。

小算盤與紅燭下的浪漫婚姻

最先察覺王戎不對勁的應該是阮籍，這個洞明世事的賢達在一次喝酒的時候終於表露出來。

> 嵇、阮、山、劉在竹林酣飲，王戎後往。步兵曰：「俗物已復來敗人意！」王笑曰：「卿輩意，亦復可敗邪？」（《世說新語》）

那一次，七賢飲酒聚會，阮籍、嵇康、山濤、劉伶、阮咸、向秀等六位大師正在竹林下開懷暢飲的時候，王戎姍姍來遲，忍無可忍的阮籍於是對遲來的王戎拋出一句：「俗不可耐的傢伙，你來幹什麼？來掃我們的興致？」王戎畢竟是有過神童之稱的智慧之人，具有化尷尬為輕鬆的應變能力，於是若無其事地哈哈一笑，然後說：「像你們這樣的高人，興致也是能敗壞得了的嗎？」說完，與大家一道狂喝起來。

父親去世後，王戎按當時的慣例承襲了父親的爵位，並被安排在相國府裡面做僚屬，之後，憑藉父輩的庇蔭和幼時的名氣以及拒收錢財賄賂的名士義舉，實在是官運亨通，一路從相國僚屬做到吏部黃門郎、皇帝身邊的散騎常侍、河東太守，並在咸寧二年（西元*276*年）被升為荊州刺史（相當於當今直轄市的一把手）。此時，他那高貴血統裡混雜的貪婪惡俗，在身為全國第一富庶之地的「荊州直轄市黨政一把手」任上，在監管機制形同虛設的時代，在嵇康、阮籍、向秀等畏友（意指讓人敬畏的朋友）死後，終於衝破了脆弱的防線迸發出來。他一面做出任勞任怨、不惜犧牲自己要造福一方的樣子，一面私下派出只顧溜鬚拍馬、不顧天理良心的貼心走狗，動用政府財政資金為自己大建豪宅別墅。

世上沒有不透風的牆，王戎的這一貪腐行為，最終被人告發。但是，朝中有人好做官，在「王與司馬共天下」的政權格局下，王戎的貪腐行為，在朝野一片鬧哄哄的情形中，在最高領袖的敷衍下，最終被大事化小、小事化了，調出荊州異地任職，改為豫州刺史，不久還加升為建威將軍。

在王戎生活的年代，以他們家族的勢力，是斷然不會因為貪腐而獲罪的，但統治階級內部，為了集團之間的利益，狗咬狗的事情卻時常發生。因此在仕途道路上，他也遭遇過不順，譬如：永平元年（西元*291*年）三月，楊駿一族被誅，賈后執政，王戎因得罪於東安公司馬繇而被從太子太傅（太子一旦扶正他就是一人之下萬人之上的人物了）的位置上轉為中書令。但是不管怎樣，在貪婪心理的驅使下他總是能千方百計地撈到錢財。

及至後來，他的山林、良田、碾坊、莊園、佃戶、僮僕遍佈天下，富可敵國。

但是，俗物就是俗物，隨著時間的推移、財富的增多，他的貪婪、他的利慾薰心不但未見絲毫轉機，反而變本加厲。

從子將婚，戎遣其一單衣，婚訖而更責取。（《晉書・王戎傳》）

王戎的親姪子結婚恭請他去做上賓，接到請柬後，他為送什麼賀禮愁眉不展，百思想千計算，終於得出主意：送一件自己平常穿過的單衣。一者不用再花錢，二則以自己的身分送自己穿過的衣服意義非凡。接到叔父送一件穿過的單衣，姪子雖然不是很高興，但啞巴吃黃連有苦說不出，只得表示感謝。哪知好事還在後頭，三天婚禮結束後，王戎找了個藉口，親自上姪子的新家去把送作賀禮的單衣又要了回來。

如果說，姪子是外人，那麼女兒應該是最值得自己疼愛的人了吧。

女適裴頠（音ㄨㄟˇ），貸錢數萬，久而未還。女後歸寧，戎色不

> 悅，女遽還直，然後乃歡。（《晉書・王戎傳》）

到女兒結婚的時候，由於婚禮規模形式要跟琅琊王家的地位匹配，女婿一時拿不出這麼大一筆錢，就只好由女兒出面向王戎借。婚禮終於按照王家的要求操辦了。三天之後，女兒「歸寧」（去娘家回門的日子）。王戎早就盼著這一天了，他希望女兒能在這一天把向自己借的錢還回來。哪知女兒進家後卻沒有一點還錢的意思，於是王戎就開始發作起來，一臉「舊社會」的表情對待剛出嫁三天的女兒。女兒馬上明白了王戎的心事，不得已立刻派人回家取了錢，一分不少呈到他老人家面前。王戎這才露出高興的神色。

如果說這還不算的話，下面這個故事更能說明王戎對錢財的吝嗇和變態。

> 家有好李，常出貨之，恐人得種，恆鑽其核。（《晉書・王戎傳》）

他們家有一片品種優良的李樹，每到李子成熟季節，滿山遍野。王戎一捨不得自己吃，二捨不得送給朝中同仁、親朋好友，叫下人通通拿去賣掉換成現金交給自己。為了不讓別的人家把李核當種子培植出來栽種，每次賣李之前，他都要反覆叮囑讓人用錐子一顆顆把李核破壞掉，並親自抽查後，才准許推向市場。

不是那類人，不進那家門。

王戎這種對錢財變態的心理可能正合了他老婆的心意。

於是中國古代歷史上最為另類的浪漫婚姻，在這位朝中重臣（政治局常委級的官員）的家庭產生了：

> 積實聚錢，不知紀極，每自執牙籌，晝夜算計，恆若不足。（《晉書・王戎傳》）

每到晚飯過後，夫妻倆便打發走所有的家人奴婢，在融融的燭光下，無比默契地拿出家中那張象牙算盤，情深意長地擺開了一天的帳簿，小到購買針頭線腦的費用，大到某莊園的碾坊獲利和田間收成，無一例外通通算上一遍，如此下來，弄到午夜，方才雙雙洗漱就寢。

看到這裡，不知道會有多少美女羨慕王戎夫人呢。

人家多大的官啊，多高貴的門第出身啊，多帥啊，多有才氣啊，還這麼跟老婆過日子！

在這樣的婚姻氛圍中，想要老婆不愛自己都難。於是漢語成語「卿卿我我」就這樣誕生了。

每當融融的燭光中算出一筆新增的大財來，他的妻子控制不住自己的興奮，拉著他的手叫他為「卿」。「卿」一般是國君對臣下的愛稱，或者上級對下級，抑或平輩中關係特別親密的朋友之間的敬稱。王戎所處的年代，雖然是名士故意悖逆禮教崇尚老莊自然和諧的時代，但歸根結底，儒家名教的規矩卻在每個人的血液中滌蕩不盡。聽到妻子這樣稱呼自己，王戎不得不說：「老婆叫老公為卿是不禮貌的，以後別再這樣叫了。」哪知王戎的妻子卻說：「我親你愛你，所以才稱你為卿。我不稱你為卿，誰該稱你為卿呢？」從此以後，官至三公（朝廷一品）的安豐侯王戎就任憑老婆對自己這樣叫下去了。

沒想到，王戎夫妻之間的私房調情之言，竟四下傳播開去，一直延續後世。

這樣的婚姻，雙方都值了！

藥鬼的兒子減肥死亡

裴成公婦，王戎女。王戎晨往裴許，不通徑前。裴從床南下，女從北下，相對作賓主，了無異色。（《世說新語・任誕》）

瘋狂晉代的一個清晨，沉浸在晨曦中的散騎常侍（皇帝身邊近臣）裴頠的豪宅顯得格外安靜。

一位神色焦躁的老人來到裴府，粗暴地敲擊著院門，喝退睡眼惺忪的門衛之後，大踏步地直奔裴頠夫婦臥房。「砰」的一聲，房門開了。交頸而眠中的裴頠夫婦驚恐地睜大眼睛，床前站立的不是盜賊，更非歹徒，而是新婚嬌妻的父親——當代大名士、高官王戎。

於是，「裴頠從床的南邊下來，王戎的女兒從北邊下來，他們和王戎相對而坐，絲毫也沒有生氣和尷尬的神色。」

晨曦微露，他來幹什麼？交頸而眠的新婚夫婦被岳父堵在床上，為何沒有生氣也無尷尬之色？對不起，無可奉告，史書沒有記載。是不是又是「藥發」呢？

類似癲狂怪誕的行為，偉大的王戎不知發生過多少次了。西元*302*年與司馬冏侃侃而談，最後掉進茅坑的那次，是真「藥發」還是假「藥發」已經不復重要。之所以能保住性命，在司馬冏看來一定是真「藥發」才敢如此大膽妄言，否則早教他腦袋搬家了！

關於「藥發」和「五石散」，在本書「何晏：毒品、宗師、偽娘與高幹子弟」已有介紹。服用「五石散」後，人體忽而發冷忽而發熱，肉體暫時陷入一種莫名的苦痛中，然而精神卻可以進入一種恍惚忘我的境界。「藥發」的王戎除了幹出把女兒、女婿堵在被窩裡和掉進茅坑的事之外，還常常「藥發」而起舞，其舞姿的瘋狂絲毫不亞於今天夜總會裡服用搖頭丸把脖頸搖出骨折的問題青年。以至於很多年以後，三朝宰輔王導出席單位的一次派對時，手下一位叫王蒙的年輕幹部指著一位叫謝尚的年輕幹部對王導說：「謝同志會跳怪舞，不信你看。」謝尚便站起來，就著鼓點跳開了，舞姿、神情非常奔放過癮。王導專注地看了謝尚的表演後，對左右的人說：「這讓人想起了我們家當年的王安豐王戎大人。」

完全以賢人、名士、英雄來看待王戎，或許他是個草包。對於他的母親、妻子、兒子來說，儘管他吸毒、他吝嗇，卻是個不乏孝心和愛心的人。

他對自己的母親雖沒有他的先人王祥那種「臥冰求鯉」的表現，卻也有大家公認的孝順。咸寧五年（西元*279*年），王戎母親過世，剛在武昌大獲全勝被封為安豐侯的他，聽到母親死去的消息悲痛萬分，顧不得光明燦爛的仕途，辭官回鄉守孝。

由於服用「五石散」成癮的原因，與前朝阮籍一樣，王戎的服孝顯得格外另類。

守孝其間，由於過度哀傷，加上吸毒，王戎不得不大塊吃肉大碗喝酒，儘管好酒好肉終日不斷，但卻形容憔悴、瘦得皮包骨頭，連站起來也要拄拐杖。好友裴楷去他那裡弔唁後回來說：「如果悲痛可以傷及人的生命，那麼王戎肯定會遭到因為守孝傷身而淪為不孝的指責。」

此時，王戎的另一同事和嶠（音ㄐㄧㄠˋ）也同時遭遇大喪，而和嶠的服孝則是按照儒家教義整日哀號哭泣，吃飯的多少也絕不超過孝子的規矩，計量而吃。兩位重要大臣的哀傷傳到武帝司馬炎那裡，於是在一天早朝過後，司馬炎對手下人說：「你們還是常去看望一下王戎、和嶠吧，我聽說和嶠悲傷過度，這讓人很擔心啊。」一位叫劉仲雄的大臣回答司馬炎道：「和嶠雖然極盡禮數，但精神元氣並沒有受損；王戎雖然不拘守禮法，卻因為哀傷過度已經形銷骨立了。所以我認為和嶠是盡孝道而不毀生，王戎卻是以死去盡孝道。陛下您不必擔心和嶠，而應該為王戎擔心才是。」聽了這樣的話，司馬炎於是立刻派出太醫前去為王戎看病，此後又多次派人給王戎送藥。

在最高領袖司馬炎的關懷下，王戎逐漸從喪母的陰影中走了出來。接下來，一件更不幸的事情發生了。

子萬，有美名。少而大肥，戎令食糠，而肥愈甚。年十九卒。（《晉書・王戎傳》）

王戎和恩愛的妻子共育有一男一女，兒名王綏，小名萬子。這個孩子可能是中國古代歷史上最早有紀錄的肥胖症患者。不知道是王戎的家境太好，孩子吃那些受賄得來的補品太多還是天生有病，這孩子從小就一個勁兒地長膘，到了十七八歲的時候，胖得生活也難以自理，只可惜當時沒有當今的治療手段，於是王戎就自己發明了一種減肥療法，每餐只讓萬子吃糠。王戎的「糠療」沒有解決自己的心病，不久萬子便死了，這一年萬子才十九歲。

萬子的不幸夭折，成了王戎一生中最為悲痛的事情。

有關王戎悲傷的程度，有漢語典故──「鍾情我輩」可以說明：

王戎喪兒萬子，山簡往省之，王悲不自勝。簡曰：「孩抱中物，何至於此？」王曰：「聖人忘情，最下不及情。情之所鍾，正在我輩。」簡服其言，更為之慟。（《世說新語》）

「王戎的兒子萬子（王綏）死了，山簡去探望他，王戎悲痛得不能自已。山簡對他說：『孩子歲數並不大，你何必這麼悲傷？』王戎說：『聖人可以拋卻一切感情，低層的下人不懂感情。能夠一往情深的人，正是我們這一類啊。』山簡被他的話打動，也跟著悲傷起來。」

為了彌補萬子死亡的傷痛，王戎後來娶了一房小妾給自己生了一個兒子。但不知什麼原因，王戎對這個兒子卻非常不齒。

看來，「五石散」雖能讓人癲狂，卻不能醫治心靈深處的創傷。

就在半夢半醒之間

作為晉武帝司馬炎和傻瓜皇帝司馬衷兩朝元老，王戎在草包的另一面的確有較硬的過人之處，否則他也不會封侯之後還能官至三公之列的司徒（皇帝之外最大的官）。

作為高級官員的王戎，他的過人之處首先表現在甄別辨識人物和對事物深謀遠慮的預見性上。

最能說明王戎辨人識才能力的要數王戎為女兒找對象這件事情。

任育長年少時，甚有令名。武帝崩，選百二十挽郎，一時之秀彥，育長亦在其中。王安豐選女婿，從挽郎搜其勝者，且擇取四人，任猶在其中。童少時，神明可愛，時人謂育長影亦好。自過江，便失志。王丞相請先度時賢共至石頭迎之，猶作疇日相待，一見便覺有異。坐席竟，下飲，便問人云：「此為茶？為茗？」覺有異色，乃自申明云：「向問飲為熱為冷耳。」嘗行從棺邸下度，流涕悲傷。王丞相聞之曰：「此是有情癡。」（《世說新語》）

當時有一個非常帥的男孩，叫任育長，長相那是相當地棒，用前幾年的網路語言叫「帥得驚動黨中央」。這不，武帝司馬炎死的時候，治喪委員會決定挑選一些長相好的年輕人作為合唱輓歌的儀仗隊員在出殯時引領靈柩前行，於是組委會透過海選的方式，在全國挑選了一百二十名青年，任育長就是其中之一。王戎要找女婿，就在武帝的這群挽郎中挑了四位絕色「超男」，憑長相，任育長名列其中。任育長的帥氣和聰明從小就很有名氣，當時的人們都說任育長的影子投在地上都非常好看。即使這樣，王戎最後還是沒把寶貝女兒許給他，而是選擇了長相名氣都比任育長稍弱一點的裴頠。

事實證明，王戎的選擇千正萬確。自從晉政權南渡以後，任育長的大腦就出了毛病。當時王導邀請已經渡江的名流一起到石頭城迎接他，大家仍像以前那樣互致問候，可是見面後就發現任有些異樣。落座後上茶，任育長就問人說：「這是茶？還是茗？」看到別人詫異的神色，他就自言自語道：「剛才我是問水是熱是冷。」有一次經過棺材鋪，任育長無緣無故地就號啕大哭起來。王戎聽到這個消息後就說：「果不出我所料，這是犯了神經病了。」

阮籍的死敵——司馬政權的頭號謀士鍾會出兵伐蜀之前，專程來向王戎辭行，並討要此行的建議，王戎說：「道家有句話，『做了好事而不自認為有功』，想不成功都難，但是要保住成果就不容易了。」後來，鍾會終於慘死西蜀。

此外，在品評辨識人物中，他說山濤就像沒有打磨的玉、未曾提煉的金，人人都欽佩他的能力，就是不知道怎麼用他；他說王衍的神情、姿態都非常高，就像瑤林瓊樹，一定是超越世俗的傑出人物；裴頠拙於用長，荀勖工於用短，而陳道寧就像綁在竹竿上一樣看得很遠。他的族弟王敦名氣很大，但是王戎卻很煩他。王敦每次去見王戎，王戎都以身體有病為由拒絕見他。後來，王敦果然成了逆臣賊子。由此可見，王戎的鑑別辨識能力是多麼的厲害。

王戎跟別的文官和清談名士相比，最大的不同是不但能清談，也能指揮千軍萬馬。咸寧五年（西元*279*年）的十一月在晉武帝司馬炎征伐吳國的戰役中，王戎運籌帷幄，派參軍羅尚、劉喬領前鋒，進攻武昌，透過一系列政治和軍事攻勢，吳國將領楊雍、孫述、江夏太守劉朗紛紛倒戈投降。王戎趁勢親率大軍打過長江，吳國牙門將孟泰又率蘄、邾兩縣歸降。伐吳之戰，王戎可說是功莫大焉。

渡江之後，王戎大力開展接納、整編、安定民心等維穩工作，宣傳弘揚司馬政權的神威和惠民政策。吳國光祿大夫石偉生性耿直，與孫皓不和，稱病在家。王戎於是對其大加表彰，並寫信向朝廷推薦了他。石偉於是被司馬炎任命為議事郎，並享受兩千石的終身俸祿。經過王戎這一系列的努力，吳國的士大夫無不心悅誠服。

此外，王戎做吏部尚書時，還創建了幹部任用甲午制，甲午制是繼曹魏時期「九品中正」之後的又一人才選用制度。被選用的官員要先到基層試用，試用期滿，經過考核方能正式任命。但由於受到部分官員的反對，最終未能執行下去。

王戎的晚年是很不幸的，一方面由於喪子帶來的哀傷一直伴隨著他，另一方面，適逢八王之亂，他陪著那個說老百姓沒飯吃為什麼不吃肉的傻瓜皇帝顛沛流離，生命朝不保夕。這時候他雖然坐到了百官之首的司徒位子上，但也恰恰是這個時候，這個以崇尚老莊思想的清談高手似乎才真正淡定下來。

於是，他又創造了一個中國高官的雷人事蹟：把工作一律推給手下人去處理，自己單人獨馬，從府衙後門出去，整日無所事事地四處遊蕩，一般百姓見到他這番模樣誰也不會想到他是顯赫的老大。而跟隨他多年的那些官員也大多升為高官，此時在道上遠遠認出是他，不得不下到路旁禮節避讓，一個個弄得威風掃地、苦不堪言。

除了這些，他還動輒呼朋喚友，在家中大開「酗酒」派對，從天亮喝到天黑，從天黑喝到天亮，一邊喝酒一邊且歌且舞，一派醉生忘死之態。

一次，他與貼身的幾個隨侍乘著輕便馬車出行，經過一個叫「黃公酒壚」的酒館。忽然悲從中來，回頭對車後面的人說：「從前我和嵇叔夜（嵇康）、阮嗣宗（阮籍）經常來這裡飆酒。竹林同遊，我也忝列在其中最後一位。但是，自從嵇康早逝，阮籍亡故以後，我就為世事羈絆，現在酒壚雖近在眼前，往事舊人卻遠隔萬重山河了。」

西元305年，七十一歲的王戎在流落郟縣的時候死去。一棵同時散發著麝香與惡臭的大樹，在歲月的蠶食下，轟然倒地。

成語附錄

【成語】**賣李鑽核**

【釋義】先鑽李核，然後出賣，免得別人得到良種。形容極端自私。

【出處】南朝・宋・劉義慶《世說新語・儉嗇》：「王戎有好李，賣之恐人得其種，恆鑽其核。」

【成語】**哀毀骨立**

【釋義】哀：悲哀。毀：損壞身體。骨立：形容極瘦，只剩下骨架。形容在父母喪中因過度悲傷而瘦得只剩一把骨頭。

【出處】南朝・宋・劉義慶《世說新語・德行》：「王戎雖不備禮，而哀毀骨立。」

【成語】**道邊苦李**

【釋義】比喻庸才，無用之才。

【出處】南朝・宋・劉義慶《世說新語・雅量》：「王戎七歲，嘗與諸小兒遊，看道旁李樹多子折枝，諸兒競走取之，唯戎不動。人問之，答曰：『樹在道旁而多子，此必苦李。』取之信然。」

【成語】**卿卿我我**

【釋義】形容夫妻或相愛的男女十分親暱。

【出處】南朝・宋・劉義慶《世說新語・惑溺》：「親卿愛卿，是以卿卿，我不卿卿，誰當卿卿？」

【成語】**簡要清通**

【釋義】指處事簡練扼要，明白通達。

【出處】語出南朝・宋・劉義慶《世說新語・賞譽》：「吏部郎闕，文帝問其人於鍾會，會曰：『裴楷清通，王戎簡要，皆其選也。』」

【成語】**琳琅滿目**

【釋義】琳琅：精美的玉石。滿眼都是珍貴的東西。形容美好的事物很多。

【出處】南朝・宋・劉義慶《世說新語・容止》：「今日之行，觸目見琳琅珠玉。」

劉伶以裸體和醉酒進入史冊的「超級青蛙」

人物簡介

姓名：劉伶，字伯倫，外號無

家庭出身：無記載（以相關史料推斷，絕非豪族名門）

籍貫：安徽淮北

生卒：無記載

社會關係：阮籍、嵇康的好友，「竹林七賢」圈中人

社會身分：酒鬼、短期小官吏、社會閒散人員

容貌：奇醜無比，身高不足150

作品：一生唯一一篇200餘字的自我表揚稿《酒德頌》

雷人言行

◎「天地是我的家，房子是我的衣褲，你們幹嘛鑽進我褲襠裡來？」

◎出行總帶一僕人拿鋤頭跟著，說：「我醉死在哪，你就把我埋哪。」

◎一無是處，卻能以喝酒醉酒入史列傳。

相關成語

熟視無睹 土木形骸 幕天席地 五斗解酲

作者評價

除了驚奇，無話可說。

青蛙的「海拔」實在太低

常乘鹿車，攜一壺酒，使人荷鍤（音ㄔㄚˊ）而隨之，謂曰：「死便埋我。」（《晉書‧劉伶傳》）

一輛咕咕響的鹿車由春天到夏天、從夏天到冬天，慢慢悠悠、走走停停，行駛在魏晉古老的官道上，車上坐著一位奇醜無比的男人，袒胸露腹，頭髮蓬亂，滿臉野草般的鬍鬚，雙手捧著酒葫蘆，一邊高歌一邊飲酒，車軲轆（即車輪）的咕咕聲伴著歌聲在山野間迴盪。鹿車後面，總有一位扛鋤頭的農夫不緊不慢地跟著。農夫是鹿車裡醜陋漢子雇傭的隨從。每次出發前，鹿車裡的人總會對他說：「你的工作很簡單，我在哪裡醉死，你就在哪裡挖坑把我埋了。記住了！」

這個坐在鹿車裡高歌飲酒的醜男子叫劉伶。

在《晉書‧列傳十九》裡單列有他的傳記，《世說新語》等史料裡也有關於他的故事。一千多年來，在中國文化裡，劉伶就像一顆星星，無論滄海桑田、時光變換，依舊熠熠發光。

在劉伶所處的魏晉時代，沒有好的出身門閥，想成大事，談何容易。劉伶的出身，史書沒有任何記載，在注重門閥的時代，連出身門第也沒有記載，這不能不說明劉伶的卑微。而有記載的恰恰是說他非常之貧窮。在那樣的時代，這無異於一個路邊的乞丐，沒有人知道他的來歷和家庭。

劉伶，字伯倫，沛國人也。身長六尺，容貌甚陋。（《晉書‧劉伶傳》）

> 劉伶身長六尺，貌甚醜悴，而悠悠忽忽，土木形骸。（《世說新語》）

劉伶不僅醜，還很矮。將史料上的6尺跟當今的尺度「米」換算一下：

秦時，1尺約23.1公分；漢時，1尺大約21.35～23.75公分；三國，1尺合今24.2公分；南朝，1尺約25.8公分；北魏，1尺合今30.9公分。

6尺×24.2公分＝145公分

劉伶的身高只有145公分。除了身材很矮外，他的性格也總是沉默寡言，而且很少出門參加社交活動。他的出身用現在的視角來看，最多是一個縣城居民或小生意人家的子弟，而這個孩子因為家庭拮据或者長相奇醜的原因而自卑，習慣於在家裡做「宅男」。在通信方式和傳媒尚處嬰兒期的時代，「宅男」能有多大的出息，那就可想而知了。

那麼是什麼使劉伶能夠名傳千古呢？是文章驚人、才華出眾？

劉伶一生唯一只寫過一篇標題叫《酒德頌》的文章。這篇文章用現代標點標注之後也僅兩百餘字，且文辭也不怎麼樣，在中國文學史上簡直連作品也算不上。

> 嘗為建威參軍。泰始初對策，盛言無為之化。時輩皆以高第得調，伶獨以無用罷。（《晉書‧劉伶傳》）

劉伶原本在部隊裡做過一段時間的建威參軍（一般部隊裡，參謀不帶長的角色）。不久，朝廷組織了一次幹部考察。考察中，劉伶口口聲聲強調他的「無為而治」，考察部門一怒之下，就進一步對他的工作業績進行考核評議。不評不知道，一評嚇一跳。他的工作不但毫無建樹，而且一塌糊塗，於是，一紙「無能至極」的解聘書下到他的手裡，他不得不收拾書擔轉回家。

千百年來，一代又一代的人們，翻遍了所有的相關史書，找不出他的半點優勢和優點。他出身卑微、碌碌無為、毫無建樹、整日酗酒、奇醜無比、衣衫破舊、臭氣熏天。這樣的人，能在中國文化史上熠熠生輝，不能不算一個奇蹟。

大德大能可以流芳百世，作惡多端可以遺臭萬年。然而這些，距離劉伶似乎很遠，他實在是太普通了。一千多年來，劉伶，對於那些削尖腦袋，希望名垂青史的人應該是很不公平和百思不得其解的。

酒，還可以這樣騙來喝

劉伶的聞名，得益於酒。是喝酒、醉酒使他成了名。關於劉伶的喝酒、濫酒、醉酒，史書有不少記載。

> 嘗渴甚，求酒於其妻。妻捐酒毀器，涕泣諫曰：「君酒太過，非攝生之道，必宜斷之。」伶曰：「善！吾不能自禁，惟當祝鬼神自誓耳。便可具酒肉。」妻從之。伶跪祝曰：「天生劉伶，以酒為名。一飲一斛，五斗解酲。婦兒之言，愼不可聽。」仍引酒御肉，隗然復醉。（《晉書‧劉伶傳》）

這是一則關於劉伶醉酒的故事，用當下講的方式敘述，應該是這樣的：

一次劉伶在外邊與朋友喝酒，喝得實在太多，被人抬進家的時候幾乎處於半死狀態。看到劉伶這個樣子，妻子又一次被嚇得不知所措。等到送他回家的朋友走後，劉妻驚恐萬狀地守在翻著白眼、人事不知的劉伶床頭。劉妻明白，這樣下去，總有一天他會死在酒上。丈夫死了，自己和孩子今後該怎麼辦？於是劉妻倒掉了家裡所有的酒，並砸碎了所有的酒器酒具。劉伶一覺下去第二天中午才醒來，醒來之後，口乾舌燥，五臟六腑火燒一樣難受。

民間有句話叫：酒醉酒解。於是對著妻子喊：「拿酒來！」守在旁邊的妻子聽到劉伶叫酒，不禁悲從中來，頓時泣不成聲：「你喝得太多了！這樣下去你會死的！咱還是戒了吧！好嗎？我求你了！」看到妻子痛哭的樣子，劉伶說：「好是好。問題是我試著戒了很多次，都沒法控制自己。我想，我應該在菩薩面前發誓，估計只有請求菩薩保佑才能戒斷了。你能不能去弄點酒肉來，咱們祭拜一下菩薩？」聽到這樣的話，妻子轉悲為喜，馬上轉身沽酒買肉。不一會兒，將酒肉供放在神案上，去叫劉伶起來向神起誓禱告。劉伶聽到叫聲，頓時來了精神，一骨碌爬起來，恭恭敬敬地跪在神案前，念念有詞地禱告開了：「天生劉伶，以喝酒成了名。一口喝一斛，要喝五斗才能解醉。女人的話，輕易不要聽。」說完，當著哭哭啼啼的老婆，又放開肚子大喝特喝起來，直到爛醉。

劉伶喝酒從來不分場合，在家裡能喝醉，在朋友的聚會中能喝醉，小酒吧能喝醉，車上、牆角、路邊都能喝醉，與販夫走卒、引車賣漿者也能喝醉。

嘗醉與俗人相忤，其人攘袂奮拳而往。伶徐曰：「雞肋不足以安尊拳。」其人笑而止。（《晉書‧劉伶傳》）

一次劉伶在街上酒醉後，與一魁梧的粗魯莽漢差點發生抓打。那人提拳就要開打，可憐身高不足*150*且瘦骨嶙峋的劉伶如何能擋得住，於是自我解嘲地向對方說：「我這雞肋怎麼經得起你尊貴的大拳呢！」惹得莽漢頓時大笑起來。

劉伶恆縱酒放達，或脫衣裸形在屋中。人見譏之，伶曰：「我以天地為棟宇，屋室為褌衣，諸君何為入我褌中！」（《世說新語》）

在家裡喝酒的劉伶更是肆無忌憚。一喝就爛醉如泥，常常還赤身裸體一絲不掛地喝，偶爾有人上他家看到就笑他，劉伶總是說：「我把天地當家，把房屋當作衣褲，誰叫你鑽進我的褲襠裡來了！」

自我表揚稿是這樣出爐的

估計是酒可以讓人豪邁和自信，可以讓人忘卻自己的卑微和貧窮，所以，這個出身貧困、文才平平的「超級青蛙」竟然與阮籍、嵇康等才華蓋世且有貴族身分的名士達人認識了，並且以酒為介成了非常要好的朋友，在竹林之中待了下來。

《世說新語》對劉伶認識阮籍、嵇康之後是這樣記載的：

當時，陳留的阮籍、譙國的嵇康、河內的山濤三個人年歲相差不大，嵇康最小。參加他們聚會的還有沛國的劉伶、陳留的阮咸、河內的向秀、琅琊的王戎。這七人常在竹林裡面聚會，縱情飲酒，大談老莊「無為」哲學，所以世人稱他們為「竹林七賢」。

這七個人聚在一起，喝酒喝到無聊的時候，也會相互尋開心作樂。一次，嵇康、阮籍、山濤、劉伶正在竹林下暢飲，王戎來遲了。阮籍就說：「一介俗物又來敗壞我們的興致了！」王戎笑著說：「你們這些人的興致，也是別人能敗壞得了的嗎？」

竹林裡面的嵇康、阮籍、山濤、王戎都是當世奇才、美男子、名門世家，而且都在朝中領著不低的工資。生活在這麼一幫人中，劉伶來了精神。於是，在一頓酒醉之後，他提筆作文，一生唯一的一篇文章《酒德頌》終於誕生了：

> 有大人先生，以天地為一朝，萬朝為須臾，日月為扃牖（音ㄐㄩㄥ一ㄡˇ，門窗），八荒為庭衢。行無轍跡，居無室廬，幕天席地，縱意所如。止則操卮（音ㄓ，酒器）執觚，動則挈榼（音ㄎㄜˋ，酒器）提壺，唯酒是務，焉知其餘？有貴介公子，搢紳處士，聞吾風

聲，議其所以。乃奮袂攘襟，怒目切齒，陳說禮法，是非鋒起。先生於是方捧甖（音一ㄥ，盛酒的瓦器）承槽，銜杯漱醪（音ㄌㄠˊ，濁酒）。奮髯箕踞，枕麴藉糟，無思無慮，其樂陶陶。兀然而醉，豁爾而醒。靜聽不聞雷霆之聲，熟視不睹泰山之形，不覺寒暑之切肌，利欲之感情。俯觀萬物，擾擾焉如江漢之載浮萍；二豪侍側焉，如蜾蠃（音ㄍㄨㄛˇㄌㄨㄛˇ，一種昆蟲，體型似蜂）之與螟蛉（音ㄇㄧㄥˊㄌㄧㄥˊ，一種害蟲）。

翻譯過來大意是這樣的：

有一個德行高尚的老先生，把天地開闢作為一天，把萬年作為須臾之間。把日月作為門窗，把天地八荒作為庭道。行走沒有一定軌跡，居住無一定房屋。以天為幕，以地為席，放縱心意，隨遇而安。無論動靜都隨身攜帶飲酒器具。只是沉湎於杯酒，不知道其他的。

有顯貴公子和仕宦處士，聽到我的名聲。議論著我的行為。於是便斂起袖子，綰起衣襟，張目怒視，咬牙切齒。陳說禮儀法度，是是非非一起產生。先生在這時候正捧著酒甕，抱著酒槽，銜著酒杯，喝著濁酒。撥弄著鬍鬚，伸腿箕踞而坐。枕著酒麴，墊著酒糟。無思無慮，其樂陶陶。昏昏沉沉地喝醉，又猛然清醒過來。安靜地聽，聽不到雷霆之聲。仔細地看，看不見泰山的形體。感覺不到寒暑近身。利欲動心。俯瞰萬物，猶如萍之浮於長江、漢水，隨波逐流，不值一提。

在這種「唯酒是務，焉知其餘」中，劉伶的妻子承受著常人難以想像的痛楚與苦難，孩子也因為家庭貧困無錢上學活得藉藉無名，潦草一生。劉義慶在《世說新語》裡說，「竹林七賢」中，大多數人的兒子都有出眾的才華，阮籍的兒子阮渾，器量開闊，官至太子庶子（太子身邊侍臣）；嵇康的兒子嵇紹，清靜文雅，官至潁州太守、皇帝侍中；山濤的兒子山簡，疏朗樸實，後為鎮南將軍；阮咸的兩個兒子阮瞻、阮孚，阮瞻恬淡有大志，官拜太子舍人，阮孚爽朗不羈，官拜黃門侍郎、散騎常侍；向秀的兒子向純、向悌，善良有名望，長大後也在朝廷有一席之地；王戎的兒子王萬子，能成大器，可惜早夭。

所有這些人的孩子，阮瞻最出色，嵇紹、山簡也被世人推崇。只有劉伶的兒子藉藉無名。

酒鬼濫喝的理由

劉伶這樣一個酒鬼，居然能登上一個王朝的史冊。為此，我們不得不正視酒在魏晉政治文化及世俗生活中的重要地位。比服藥之風更源遠流長、更讓人喜聞樂見、更能彰顯魏晉風度的，當然就是飲酒之風了。檢視魏晉文人的文章，幾乎都離不開酒字，不論是悲是喜，是歡聚還是離別，酒都是他們生活中最重要的東西。《世說新語》有《任誕》一篇，是魏晉風度的一個重要側面，而最能顯示「任誕之風」的莫過於飲酒。所以，《任誕》篇共*54*條，提到飲酒的則有*29*條，佔了多半。這個資料很能說明，酒在魏晉名士生活甚至生命中所佔的重要地位。

「何以解憂，唯有杜康」，曹操的詩恰如其分地表達了酒在當時人們生活中的地位。

至魏晉南北朝時期，由於酒禁大開，允許民間自由釀酒，酒業市場十分興盛。這一時期，酒類名目繁多，南北朝的程卿，曾喝過一種名為「千里醉」的酒。他邊走邊飲，歸家而醉臥；用桃花浸泡過的酒，稱為「桃花酒」，據說喝了這種酒，可以「除百病，好容色」，故又稱為「美人酒」；梨花盛開時釀熟的酒，叫「梨花春」；立夏日取汁和成的酒，叫「駐顏酒」；以甘蔗加石蜜等所釀的酒，叫「蔗酒」等等，不一而足。此外還有河東頤白酒、九醞酒、秦州春酒、朗陵何公夏封清酒、桑落酒、夏雞鳴酒、黍米酒、秫（音ㄕㄨˊ）米酒、糯米酒、粱米酒、粟米酒、粟米爐酒、白醪、黍米法酒、秫米法酒、當粱法酒等，還有釀造時間長而酒精含量高的祭米酎（音ㄓㄡˋ）、黍米酎；在酒中加入五加皮、乾薑、安石榴、胡椒、蓽拔、雞舌香等藥物，則製成功能各異的藥酒。除私人自己釀酒外，當時產銷合一的酒店、酒肆的數量也很多。曹魏時，官家酒樓也稱「青樓」，曹植詩中曾有「青樓臨大道」的詩句。當時的釀酒作坊叫里坊，洛陽的里坊規範得相當整齊，一個里坊約居住*500～1000*戶，於此可見當時專門從事釀酒業的人數之多。

魏晉的酒風之盛，達到了歷史的頂峰。想顯示自己偉大的、想成為名士撈個一官半職或聞達天下者、逃避現實者，各色人等，無不以酒為道具，以實現自己的目的。以致阮籍為躲避與司馬氏聯姻，曾一連大醉六十日，使得別人無法言及此事，他甚至在大喪期間也開創了酗酒的先河；吏部郎畢卓乘著醉意跑到別人有酒的房間裡偷飲，主人以為是盜賊，便把他抓了起來，到天亮時，才發現抓的是他；孔融甚至在敵人馬上要殺自己的老婆孩子的時候還在喝；阮籍的姪子阮咸與豬一起喝……

驃騎長史王忱曾感嘆說：「三天不喝酒，頓覺形神不在一起了！」

名士王孝伯說：「名士不一定具備什麼奇才，只要痛飲酒，熟讀《離騷》，就應該算名士。」

衛將軍王薈說：「酒，的確可以引人入勝，達到一種美妙的境界。」

蜀漢車騎將軍劉琰說：「見何沖在路上飲酒，使人想回家喝完自己家裡的酒。」

王獻之給他哥哥王徽之寫信說道：「兄長遇酒就痛飲而忘記回家，的確可貴。」

江東步兵張季鷹說：「如果要讓我身後有名，不如即時給我一杯酒。」

名士孔群稱：「今年收成只得七百斛秫米，遠遠不夠釀酒之用。」

光祿大夫王蘊說：「酒，恰恰能讓每個人在醉眼矇矓中忘掉自己。」

在以上這些人中，將華夏酒文化的規模、深度推向極致的，莫過於喝酒成風的「竹林七賢」等人，而恰恰醜陋的劉伶就躋身他們中間，並在其中是喝酒最不怕死的之一，難怪他會名垂青史。

《晉書》作者說劉伶「竟以壽終」。他怎麼也不相信，劉伶這個整天爛醉之徒竟然活到了壽終正寢的時候，而不是醉死，或被殺死。這也許是「無為」加「無能」的作用吧。

劉伶身後除了史書之外，還有《廣笑府》裡記有他的一則笑話叫《無酒閒坐》，裡面這樣說：

劉伶受邀去一朋友家作客。臨行前，他對朋友說：「我什麼時候能得一頓酒飽就好了。」於是朋友答應滿足他的願望。去的當天，主人就派僕人把一大罈子酒送到他的房間，第二天朋友推門進去，見那大罈早已空空如也，而劉伶卻醉醺醺地坐在酒罈邊，死皮賴臉地說：「你不是說讓我喝個飽嗎？現在為什麼讓我閒坐在這裡呀？」

此外，民間還有「杜康釀酒劉伶醉」這種類似於張飛殺岳飛的神話傳說。

「自古聖賢皆寂寞，唯有飲者留其名。」為了酒，咱們在宴會、酒吧、野餐「飆酒」的時候，別忘了一千多年前那個叫劉伶的，醜陋的、一無是處的酒鬼。

成語附錄

【成語】**熟視無睹**

【釋義】熟視：經常看到，看慣。無睹：沒有看見。看慣了就像沒看見一樣。也指看到某種現象，但不關心，只當沒有看見。

【出處】晉・劉伶《酒德頌》：「靜聽不聞雷霆之聲，熟視不睹泰山之形。」

【成語】**土木形骸**

【釋義】形骸：指人的形體。形體像土木一樣。比喻人的本來面目，不加修飾。

【出處】南朝・宋・劉義慶《世說新語・容止》：「劉伶身長六尺，貌甚醜悴，而悠悠忽忽，土木形骸。」

【成語】**幕天席地**

【釋義】把天作幕，把地當席。原形容心胸開闊，現形容在野外作業的艱苦生活。

【出處】晉・劉伶《酒德頌》：「幕天席地，縱意所如。」

【成語】**五斗解酲**

【釋義】酲（音ㄔㄥˊ）：喝醉了神志不清。以五斗酒來解酒病。比喻非常荒謬。

【出處】南朝・宋・劉義慶《世說新語・任誕》：「末生劉伶，以酒為名，一飲一斛，五斗解酲。」

阮咸與豬共飲的風流音樂家

人物簡介

姓名：阮咸，字仲容，外號無

家庭出身：貧寒的士族門第

籍貫：河南開封

生卒：不詳

社會關係：武都太守阮熙之子，阮籍之姪，名士阮瞻、阮孚之父，「竹林七賢」之一

社會身分：名士、著名音樂家、中下層官員

容貌：未有記載

主要作品：《阮咸譜》二十卷、《擘阮指法》一卷、《琴阮二弄譜》一卷、《三峽流泉》一曲

雷人言行

◎一不小心與姑母家金髮藍眼的鮮卑婢女弄出個一夜情來。

◎七月七，村裡曬綢緞，家窮，無物可曬，高高晾出大褲衩媲美。

◎與一群豬埋頭於大盆中，爭相飲酒。

相關成語

不能免俗　一麾出守

作者評價

做不了大事，就做最精彩的事。

阮家莊人與豬的共飲

魏晉時代的陳留（今河南開封縣附近），一條氣派的官道自西向東延伸。偶爾，急促的馬蹄聲一起，總會有身著官服的差役駕著快馬，裹在一陣煙塵中疾馳而過。一年半載，也會有震天的鼓聲響起，緊接著就是一列長長的車馬儀仗在喧鬧中開過來，衛兵的呵斥和皮鞭，使官道兩旁的農人不得不匍匐下來，聽著車軲轆聲、人喚馬嘶聲、腳步聲、馬蹄聲一聲聲從頭頂踏過。直到那些聲音漸行漸遠，方才抬起頭來，然後站起來，繼續自己的生計。

這官道的其中一段，恰好從一個人丁興旺的村莊穿過，將村莊分為道南和道北兩部分，這個村莊叫阮家莊。所有的人家都姓阮。阮家莊是一個怪異奇特的村莊。

跟同時代中原其他士大夫門閥相比，這個家族沒有異常顯赫的聲名，沒有翻雲覆雨的朝中重臣，沒有富甲天下的豪門牛人。在仕途上，級別最高的阮瑀、阮籍父子，也只是有名無實、遠離實權的閒官；在財富上，道南做官的人家還不及道北種田的人家。但恰恰是道南這個被貧困纏繞之地，有著讓人百思不得其解的奇蹟。一是，無人不好喝酒，且個個酒量奇大，都是酒仙酒鬼；二是，從這裡走出的怪才鬼才甚多，他們經綸滿腹、才華了得、詩文絕佳，又能通曉音律，擊鼓操琴，水準蓋世。

尤其是音樂，從古至今都是奢侈藝術，有較高音樂修養和才能者，極少出身於貧困之家。

但是，從文學「建安七子」之一的阮瑀開始，到高唱「時無英雄，使豎子成名」的阮籍，及至後來的阮渾、阮瞻、阮孚等等，他們在哲學、文學、音樂領域的造詣，使這個家族在中國文化史有了可圈可點的貢獻。

本文的主人翁阮咸便是這個家族中的一員。他跟在叔父阮籍的後面，走進了竹林，成了「七賢」之一，時人將他們叔姪並稱「大小阮」。他在音樂領域的貢獻澤及當今。

> 雖處世不交人事，惟共親知弦歌酣宴而已。與從子修特相善，每以得意為歡。（《晉書・阮咸傳》）

出山之前，除讀書習琴之外，阮咸不善交朋結友，是那時候標準的「宅男」，唯一跟他要好的是同齡姪子阮修，每每湊在一起玩得非常快樂。

> 諸阮皆能飲酒，仲容至宗人間共集，不復用常杯斟酌，以大甕盛酒，圍坐，相向大酌。時有群豬來飲，直接去上，便共飲之。（《世說新語・任誕》）

阮咸的出場，是在宗族的酒宴上。

夕陽西下的時候，阮家莊村頭的空地上煞是熱鬧，男人女人、老人孩子，全都聚集在這裡，一片歡聲笑語，大家圍在一起舉杯暢飲。這時，阮咸來了。因為酒量頗大，而且喝得奔放，阮咸的到來使眾人非常高興。按史料推算，那時候酒的酒精度只相當於現在的啤酒，這對具有超強解酒基因的阮氏族人來說，顯然不夠勁兒。阮咸來後，大家都放棄手裡的杯子，換成大的酒具來喝。

於是人人面前換上大盆，眾人圍圈而坐，用大瓢把酒舀在其中，在一片「喝」聲中，席地而坐的族人乾脆把頭伸進自己面前的大盆裡喝起來。喝著喝著就有人醉了，有的開始嘔吐，有的一邊吐一邊喝。這時一群豬搖著尾巴衝了過來，對著盆裡香甜的酒大喝起來。喝醉的眾人早已喪失趕走這群豬的能力，於是阮咸跟大家一道，一邊用手趕豬，一邊把頭埋進盆裡，與豬爭搶著喝，直到醉倒在地。

這就是中國歷史上「與豬共飲」的故事。

阮家莊的大褲衩兒

關於阮咸的酒，《資治通鑑》第八十二卷還有這樣的記載：阮咸與王澄、姪子阮修等一群人，一起聚會的時候，常常跳脫衣舞，邊喝邊脫，直至赤身裸體，醉到發狂，但誰都不覺得有什麼不好。

> 阮仲容、步兵居道南，諸阮居道北。北阮皆富，南阮貧。七月七日，北阮盛曬衣，皆紗羅錦綺。仲容以竿掛大布犢鼻於中庭。人或怪之，答曰：「不能免俗，聊復爾耳。」（《世說新語•任誕》）

蜿蜒的官道從阮家莊中間穿過，把一個好端端的村莊一分為二。誰也弄不清是什麼原因，同是一族人，官道北邊的人家竟比南邊的富裕很多。北邊人富裕的日子，對南邊人來說，總讓他們不那麼自在。

七月七，曬錦衣。

這一年的七月初七像往年那樣又來到了。

太陽一出，北邊人家紛紛將家裡的綾羅綢緞、華貴的袍服、高檔被褥，悉數晾曬出來，陽光的照射下，那些華貴高檔的面料頓時光彩炫目，直晃得南邊人家睜不開眼。

名垂青史的阮咸，正是南邊貧民窟的後人。

打阮咸小時開始，父親阮熙、叔父阮籍都在外邊打工，只有逢年過節才回家一次。從今天的角度看來，阮咸的父親要嘛是個「孔繁森」（孔子第七十四代孫，曾於西藏服務多年）似的、百分百清廉得倒貼銀子為老百姓辦事的好官，要嘛就是把錢投到賣官鬻爵者手中或花錢買歡、醉臥青樓的混蛋，要不然阮咸的家裡不會那麼貧窮。由於貧困，作為「留守兒童」（指父母外出到城市打工，自己留在農村生活的孩子）長大的阮咸，不知道吃了多少苦，受了多少累。好在此時的他已經長大。

日上三竿的時候，他從屋裡走出來，站在家徒四壁的院子裡，被北邊炫目的光彩照得睜不開眼。

從院裡到屋中，阮咸來來回回走了好幾趟。只見他拎出一條自己居家穿的打著補丁的粗布大褲衩，找來一根長長的竹竿，先把破褲衩掛在竹竿上，然後將竹竿立起來固定好。

阮咸的破褲衩，就像一面怪異的旗幟，獵獵飄揚在阮家莊南面的上空，讓人看了忍俊不禁。

南邊的村人除對阮咸此舉感到好笑之外，又很詫異。阮咸解釋說：「沒什麼好奇怪的，我也不能免俗，他們有綾羅綢緞曬，咱家沒有，我曬曬褲衩咋啦？算是應景吧。」

關於阮咸，史書記載很少，總共加起來，只有三四百字的三個小故事。由此可見，阮咸在他的那個年代政治地位並不高。他一生，只做過散騎侍郎這個六品閒官，到後來甚至被貶到一個偏遠地方做太守（縣級地方領導）。同屬「竹林七賢」之一的山濤對他非常欣賞，對晉武帝司馬炎稱：阮咸單純、淡泊名利，有較強的辨別是非的能力，什麼都不能讓他改變自己的立場。假如說提拔來做大官，絕對是一塊好材料。但是司馬炎認為他好酒貪杯、不切實際，最終還是沒有得到提拔。

而阮咸一生，好像絲毫沒在做官上邊動過腦筋，而是跟隨叔父阮籍，遊蕩於竹林之間，整日飲酒彈琴，不務正事，被當時以儒家名教為正統的人所恥笑，以至最終只浪得個「七賢」之一的虛名。

除了美酒，咱還有音樂

在喝酒和彈琴的務虛之中，阮咸把琴彈到了極致。而恰恰也因為音樂，阮咸本來不高的官職，再一次受到打擊，但這一次，阮咸在音樂上的造詣卻得到了當朝主管的認可。

在當時，人們對音樂界有「暗解」和「神解」之稱。

朝中重臣荀勖，時當朝掌管音律的第一權威，人們稱他為「暗解」，因此由他兼管調正樂律，掌管校定朝會祭祀時的音樂。每年元旦期間的團拜會上，宮廷奏樂時，荀勖都要親自調節五音，經他調校的音準，誰都認為調得非常和諧。而被人們稱為「神解」的阮咸，卻只能充當聽眾，每當團拜會上演奏音樂的時候，坐在下邊的阮咸總覺得音律不準，並在一不小心的情況下就表露出來。鑑於自己的卑微，阮咸從來不正面去幫助荀勖糾正樂隊錯誤，荀勖由此在心裡非常記恨他，就找了一個藉口，把他外放到始平做太守。後來一個農夫在田野裡耕種，撿到一個周朝時的玉尺，這是天下校定音準的標準尺，荀勖就用它來校驗自己所造的鐘鼓、金石、絲竹樂器的音律，這才發現，原來自己校定的音律確實有問題。自此荀勖才暗自嘆服阮咸在音樂上的高明。

阮咸不僅在調音定音上很有一手，他還首創了「阮」這種中國傳統的樂器，由於這種樂器曾一度失傳，人們就無法知道阮咸當時把它命名為什麼名字了。翻開中國音樂史，裡邊還有這樣的記載：

武則天在位期間，曾有人在古墓中得一把銅鑄的琴，正在大家不知為何物時，人們從魏晉流傳下來的古畫上看到這正是「竹林七賢」之一的阮咸懷裡所抱的樂器，於是人們就開始把這種樂器稱做「阮」。「阮」在武則天的喜

愛下，得到了迅速普及並流傳開來。

這不能不算是「與豬共飲」的阮咸對中華音樂界的一大貢獻。

活在音樂和美酒之中的阮咸自然是風流倜儻的。

即使母親的喪逝，也沒有讓他忘記愛自己該愛的人。

痛了就喊，累了就喝，愛了就追。阮咸與鮮卑美女的故事，在以孝治天下的封建時代，又是一驚世駭俗的舉動。

與金髮女郎的邂逅

古代鮮卑族是我國北方阿勒泰語系遊牧民族，其族源屬東胡部落，興起於大興安嶺山脈。他們皮膚白皙、金髮碧眼，熱情奔放，尤善歌舞。東漢末年他們開始強大，並一直向西擴張，建立了一個偉大而多彩的鮮卑人帝國，這個帝國存在時間不是很長，就被突厥人摧毀掉了。一夜之間無數的鮮卑美女成了奴隸或流落中原。阮咸的姑姑家就有這樣一位漂亮的北方佳人。

> 阮仲容先幸姑家鮮卑婢。及居母喪，姑當遠移，初云當留婢，既發，定將去。仲容借客驢，著重服自追之，累騎而返，曰：「人種不可失！」即遙集之母也。（《世說新語・任誕》）

以上這則故事在《晉書・阮咸傳》裡也有同樣記錄。用現代漢語的方式來講述這個故事應該是這樣的：

母親病了。

姑姑從很遠的地方來看望母親。

那是一個遍地花香的早晨，馬車進院剛一停穩，阮咸就急急地向姑姑的馬車迎去，只聽見車裡一陣環佩叮噹，下來一人，白玉般的皮膚，金黃色的頭髮，碧藍的眼睛。此時院裡靜得只有那女子的叮噹聲、碎碎的腳步聲和阮咸的呼吸聲，阮咸聞到了一股從未聞過的清香，眼前陣陣眩暈，他就呆呆地站在那裡看著眼前的一切，直到那金髮碧眼的女子把姑姑從車廂裡攙扶出來，他才如夢初醒。

在接下來這段日子，是阮咸一生中最疼痛也最美麗的時光。

母親的病痛每每讓他心如刀絞，而美麗的鮮卑女子的到來又讓他心花怒放。母親的病痛一旦有所減輕，照顧好母親後回到自己的房間，那如詩如酒的琴聲就會從他的窗戶飄逸出來。

那個鮮卑女子細細的環佩聲一遍一遍地從他的窗前響過，從他的心尖響過，從他的夢中響過。

阮咸對姑姑說：「姑姑，你讓她留下來好嗎？」

姑姑看著阮咸的眼睛，點了點頭。

母親最終還是走了，去了她該去的地方。

接下來的事情，一是姑姑該回她自己的家了，再就是阮咸必須在家守孝三年，接待一撥一撥陸續前來祭祀亡靈、探望孝子的親友。

姑姑走的那天早上，正好有遠方貴客來祭祀母親，忙於應付的阮咸在靈堂裡忙個不停。那個鮮卑女子無數次從他面前走過，但忙碌之中的阮咸竟無所察覺。

安排好客人之後，阮咸發現姑姑已經離去，便四下尋那無數次響過心尖的環佩之聲。下人說，跟她主人一起走了。

阮咸發瘋般地牽過客人剛騎來的驢，一陣猛抽，飛一般地向著姑姑回家的路上奔去。剛剛來訪的客人站在院門口看到眼前的一切，不知發生了什麼事情。

晌午時分，阮咸和驢終於出現在了村頭的官道上。在他懷裡，坐著那個金髮碧眼環佩叮噹的鮮卑女子。

一見面，阮咸就對眾人說：「對不起各位！久等了。我不能失去她。」

這件事，在當時的名士、士大夫中莫衷一是。

雜種的色膽包天

擁有音樂、美酒、美女的阮咸是幸福的，陪著這些寶貝，當時光不能在他的軀體刻畫印記的時候，他安靜地離開了曾經用自己的行為添彩的人世。

經年之後，西晉大富豪石崇的舞伎綠珠有一個弟子叫宋褘，擅長吹笛，美貌無比，明帝司馬紹見到之後，愛得不行。終於有一天，明帝生病不行了，群臣紛紛進諫，要明帝離開美人宋褘，保重身體。明帝對來朝見的大臣說：「你們眾人裡面有誰想得到她呢？告訴我吧。」這麼漂亮的美女，一群大老爺們心裡誰不想啊，但一時半會兒搞不懂皇上的真實意圖，怕弄不好掉了腦袋，都不敢開口。正當現場萬分尷尬之時，當時的吏部尚書（相當於中組部部長）開口說話了，他說：「我希望皇上把她賜給微臣。」於是明帝就把絕世美女宋褘賜給了他。這個人叫阮孚，正是阮咸與鮮卑美女的兒子。這是《太平廣記》裡面的記載。

成語附錄

【成語】**不能免俗**

【釋義】沒能夠擺脫開自己不以為然的風俗習慣。

【出處】南朝・宋・劉義慶《世說新語・任誕》：「不能免俗，聊復爾耳。」

【成語】**一麾出守**

【釋義】原指阮咸受排擠，而出為始平太守。後指京官出任地方官。麾，排擠。後「一麾出守」指京官被人排擠外調。

【出處】南朝・宋・顏延之《五君詠》：「屢薦不入官，一麾乃出守。」

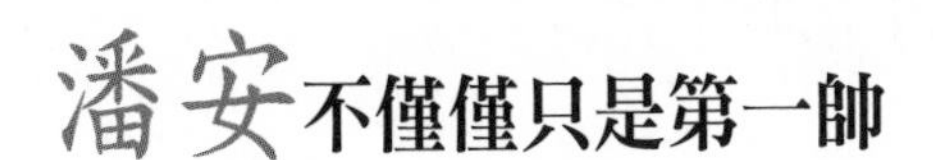

潘安不僅僅只是第一帥

人物簡介

姓名：潘岳，又名潘安，字安仁，小名檀奴，外號潘郎，一縣花

家庭出身：中下層官員世家

籍貫：河南省中牟縣大潘莊

生卒：西元247～300年

社會關係：中下層官員潘芘（音ㄅㄧˋ）的兒子、美男夏侯湛的兒時童伴、「竹林七賢」之一山濤的政敵、大富豪石崇及文豪左思的文友、權臣賈謐的下屬

社會身分：天下第一帥哥、著名作家、孝子、專一男人、中下層官員

容貌：造成交通堵塞的禍首，千百年來的美男一號

主要作品：現存《西征賦》、《閒居賦》、《籍田賦》、《滄海賦》、《秋興賦》、《芙蓉賦》、《射雉賦》等六十餘篇章名垂千古之作

雷人言行

◎常被滿街女子牽手圍觀，並用鮮花水果相繼向他所乘的車上投去。

◎雖然有大批粉絲追求，但對妻子卻一往情深，不為所動。

◎一個不懂農耕的才子，為孝順母親，竟然辭官回鄉種地、養羊。

相關成語

擲果盈車 潘楊之好 連璧接茵 潘安再世 潘鬢沈腰 宋才潘面

作者評價

地球人都知道你最帥、最有才，卻死得很慘。

一個好男人，被站隊（意指職場中選邊站文化）搞廢了！

帥得水果都吃不完

說「潘岳」，人們不一定全都知道。說「潘安」，講漢語的人裡，幾乎無人不知。在百度搜索引擎裡鍵入「潘安」，產生的條目大約在*550*萬個左右。

「潘安」，一個男人的名字，卻變成了對男子美貌的形容詞——「貌若潘安」、「潘安之貌」等等，這不能不說是一個奇蹟。

絕世美貌的帥哥潘安，到底帥到什麼程度呢？

據《晉書》本傳記載，潘安「少時常挾彈出洛陽道，婦人遇之者，皆聯手縈繞，投之以果，遂滿車而歸」。

這段話用當下的語言翻譯過來，可以這樣表述：潘安年輕的時候，常帶一支彈弓，坐著車在洛陽的大街上穿城而過。街上的美女們每每得見，便會因潘安的美貌情不自禁尖叫起來，老婦少婦、美女醜女，瞬間從各個不同的方向湧來。一時間萬人空巷，交通堵塞，人頭攢動。為了能夠一次看個夠，圍觀的女人們不約而同伸出手來，牽在一起，將潘安連人帶車團團圍住，一邊欣賞潘帥哥，一邊嘖嘖讚嘆。為了表示自己對帥哥的傾慕，一些人開始買來鮮花、水果紛紛向潘安的車上投去，那情景跟今天的粉絲向臺上的明星拋鮮花一樣，直到潘安的車無法承受如此之重，方才漸漸散去。潘安每次出門，都是滿載而歸。可以說，青年潘安的每一次出行，都是首都洛陽女人們一次欣喜如狂的節日。

除了上面的記載外，史料還說潘安喜歡和另一位帥哥——《三國演義》裡曹操手下名將夏侯淵的曾孫夏侯湛一起外出，只要哥倆一出現，無論女人男人都會驚嘆：「天哪！簡直就是一對並列的美玉啊！」

潘安在美女面前的待遇，直教那些同齡的少年才子們羨慕得眼睛出血。於是，潘安的一位好友左思也蠢蠢欲動了。左思，西晉著名文學家，家世儒學。少時曾學書鼓琴，皆不成，後來由於父親的激勵，發憤學習，終成一代文學名家，他的《三都賦》一夜之間比今天周星馳的電影還受歡迎，弄得洛陽士子、百官、學者紛紛購紙抄寫，一時間「洛陽紙貴」。「洛陽紙貴」成語就是這樣產生的。然而，這位仁兄天生型不準，長相比較困難。但是，受人追捧、獲得女人的青睞是每一位男人的渴望。見到潘安的火紅，他也模仿潘安的模樣打扮，挾著潘安玩的那種彈弓，招搖過市，街上的女人一見到他醜人多作怪的樣子，口痰、鞋子下雨般地向他飛來。「長得醜不是你的錯，出來嚇人就是你的錯。」街上的女人一邊罵一邊趕得他飛跑。

左太沖絕醜，亦復效岳遊遨，於是群嫗齊共亂唾之，委頓而返。（《世說新語・容止》）

左思還算幸運的，另一位叫張載的哥兒們，學著潘安的樣子上街，剛一出門，就被石頭磚塊砸得抱頭鼠竄。

對於模仿者的憎恨，只能說明一點，潘安在女人們心目中的絕色美貌和神聖。

提起潘安，人們都知道他是天下一字號的帥哥，但是對於潘安的其他，知道的人卻甚少。潘安，不僅是史上第一號帥哥，更是文學史上不朽的大家，還是天下有名的孝子，在眾多粉絲的圍追堵截下又是只鍾情妻子一人的癡情男兒，還是體恤民情、造福鄉親的好官。一個人，既有上蒼給予的出眾外貌和過人智商，同時又能做好人之本分，如此先天後天的光輝集於一個人的一身，這似乎就是一個神話。

這個奇蹟的生產者首先是潘安的父母。

潘安的母親姓啥名誰，史料沒有記錄。他父親的這邊雖算不上名門望族，但卻是有名有姓的世代儒學之家。他的祖父叫潘瑾，生前為安平太守，他的父親叫潘芘，是山東琅琊內使（相當於縣級幹部）。潘安總共有三兄弟，哥哥潘釋，弟弟潘豹，潘安行二。潘安從小就長得眉清目秀，特別乖巧，加之頭腦聰明、口齒伶俐，所以被四鄰八寨的鄉親譽為「神童」。

潘神童長到十二歲的時候，桃花運就開始來了。他被父親的好友楊肇看中，把他給「預訂」了。楊肇，當時晉國的荊州刺史，稱霸舉國最富庶一方的老大，級別相當於今天一個直轄市的一把手。他一見潘安就喜歡得不得了，於是不顧自己地位高出潘芘許多，執意將閨女與潘安的婚事預訂下來。這樁婚姻因為後來楊肇被東吳陸機打敗，就再也沒有給潘安帶來什麼好處了。倒是潘安與楊肇這個寶貝女兒的戀愛婚姻卻給後人留下了一段傳奇和佳話。

帥哥原來很癡情

十二歲時即有「奇童」和「國士」之稱的潘安，與楊肇之女婚約的這一年，楊肇之女只有十歲。

訂婚之後，楊肇之女跟隨父親回到荊州，而潘安則與家人生活在洛陽，一兩年也難見上一面。對兩個孩子來講，要說兩人之間此時能有多大感情顯然扯淡。但隨著漸漸長大和見面次數的增加，到了十五、六歲，兩人之間的溫度還真上來了。這個年齡，在中國古代是孩子應該結婚的年齡，由於雙方居住地相距太遠，加之雙方家長都在任上忙碌，這婚事就拖了下來。到了十九歲那年，由於種種原因，潘安又不得不離開洛陽去父親工作的琅琊，從此與未婚妻的距離更遠，關山阻隔，兩人見面的可能性幾乎為零。這種分離，一晃就是十年。山東琅琊不乏美女，面對二十多歲才貌雙全卻孑然一身的潘安，頓足呼號追在後面的淑媛美女不知幾何，潘安卻絲毫不為所動。他只是每天

在忙完俗事之後躲進自己的房間，就著一盞孤燈，將自己對未婚妻的一片癡情傾注紙上。

> 靜居懷所歡，登城望四澤……漫漫三千里，迢迢遠行客。馳情戀朱顏，寸陰過盈尺。夜愁極清晨，朝悲終日夕。山川信悠永，願言良弗獲。引領訊歸雲，沉思不可釋。（《潘岳內顧詩之一》）

在詩中他說：親愛的，開心的時候你卻不在身邊，我只得登上高高的城樓，可是四下茫茫沒有你的影子，這時我才突然明白過來，長路漫漫，山川迢迢啊，我只是一個遠行的客人。於是我的心就飛回到了美麗的你的身邊，想你時的每一分鐘都顯得特別漫長。從傍晚到清晨，從白天到黑夜，想你的哀愁一直籠罩著我。

> 爾情既來追，我心亦還顧。形體隔不達，精爽交中路。不見山上松，隆冬不易故？不見陵澗柏，歲寒守一度？無謂希見疏，在遠分彌固！（《潘岳內顧詩之二》）

在這首詩裡，詩人說，親愛的，我們既已相愛，心中就時常思念，雖然我們不能在一起，但每每想起對方心情都會非常愉悅。親愛的，你看山上的松樹，在大雪紛飛的冬天仍然挺立，你看到谷澗的柏樹了嗎？它們在嚴寒裡一樣保持固有的精神。它們就像我對你的心一樣，不管時空的距離是遠還是近，都永遠依偎著你。

西元275年，二十九歲的潘安終於走完了與妻子兩地相思的苦戀。從十二歲到二十九歲，從孩童到少年，從少年到青年，到而立之年，整整十七年，由於山高路遠，潘安與未婚妻僅僅聚過短暫的幾次，雖然有無數女子對自己「擲果盈車」、圍追堵截，潘安竟絲毫不為所動。

婚後的日子溫馨美滿，楊氏相夫教子，潘安做官習文，堪稱那個時代的「五好家庭」。「潘楊之好」由此成了人們對美好婚姻的通稱，並沿用至今。

西元298年，這是「潘楊」婚後的第二十三個年頭。一場大病之後，楊氏撒手人寰。十七年的相思之苦，二十三年的和諧幸福生活就此中斷。潘安肝腸寸斷。

老帥哥潘安，以淚研磨，將滿腹哀思委於筆下。

……

望廬思其人，入室想所歷。幃屏無彷彿，翰墨有餘跡。流芳未及歇，遺掛猶在壁。悵怳（音ㄏㄨㄤˇ，恍惚之意）如或存，回遑忡驚惕。如彼翰林鳥，雙棲一朝隻。如彼游川魚，比目中路析。春風緣隙來，晨霤（音ㄌㄧㄡˋ，屋簷上流下的水）承檐滴。寢息何時忘，沉憂日盈積。庶幾有時衰，莊缶猶可擊。

……

（《悼亡詩三首》）

在詩中，他說，親愛的，我是多麼不想回家啊，遠遠看著咱們住的房子，我就想起你，走進家裡，和你在一起的往事歷歷在目。幃帳之中沒了你的身影，而你曾經為我磨的墨依然還在。你使用的香粉之氣還瀰漫在每一個角落，你曾經穿過的衣服仍然還掛在牆上。很多時候，我都覺得你並沒走遠，但你卻真的離我而去了，我環顧四周，往往驚醒過來。想你在的時候，咱倆多像一對比翼齊飛的鳥呀，今天卻只剩下我這孤獨的一隻了。你現在一人先去了，就像一對比目魚從此分崩離析了。春天的風從牆壁的縫隙裡哀怨地擠了進來，雨水像眼淚一樣從屋簷上滴答而下。睡了過去我也忘不了你，對你的思念一天又一天地加深。對你的思念什麼時候才能減輕一點呢？我怎麼能做得到像戰國時代宋國人莊周一樣，死了妻子逐漸變得麻木到敲著瓦盆唱歌那樣的解脫呢？

至此，中國文學史上開「悼亡」先河的《悼亡詩三首》產生了。因為這個詩，後世把悼亡詩就限定在了悼念妻子的範疇裡。

除此之外，潘安還為妻子寫下了《楊氏七哀詩》、《悼亡賦》、《哀永逝文》等篇章，在中國文學史上，潘安創了一個紀錄，他最先創作了悼亡題材的文學作品，也因停不了的悲傷創作了最多也最感人的悼亡文學。這是魏晉時代重情任情思潮下，潘安用真情和才華寫就的一束憂鬱之花。這捧祭獻亡妻的花束，是百結斷腸纏繞而成，是碧血和淚凝結而成。對於失去妻子的詩人而言，他只能用寫詩這種方式，實現心靈重創後的自我修復。

據說，潘安一系列悼亡之作在洛陽傳開後，無數識文斷字的女子莫不爭相傳抄，捧讀之後，號啕大哭。

楊氏走後，任憑說媒提親者紛至沓來，一些女粉絲再次揚起手中的花束、水果，潘安卻至終沒有婚娶。

西晉社會是狂放肆意的，加之道教養生術之一的房中之術為士大夫縱欲支起堅強的理論依據，所以，達官貴人、名士學者所處的上流社會聲色更加火暴。潘安身邊的好友如石崇之流，從遙遠的交趾國花天文鉅資也要買回美女夜夜笙歌，而潘安卻在五十歲的鰥居中不為任何女子所動，真不枉對天下追捧她的那些女人了。

百姓的好官，母親的孝子

《晉書》本傳中還這樣記載潘安，「岳頻宰二邑，勤於政績。」

潘安有個外號叫「一縣花」。史書記載，潘安在三十二歲時，被外放到河陽（今洛陽吉利區）做縣令。赴任之日，他見河陽南臨黃河，北靠邙山，中間是一片平川沃野，地方不錯，就是老百姓太窮。透過一番調查研究，他想起古人治世格言：「五穀宜其地，六畜宜其家，瓜瓠（音ㄏㄨˋ）葷菜，百果俱備，此乃縣之福矣。」於是，根據半丘陵地區十年九旱的特點，他開始號召百姓廣種桃李，綠化荒山。為了把施政方針深入貫徹下去，想方設法搞宣傳。正月裡，他在官衙門口搭台唱戲，讓人在台下放風箏，風箏上掛著標語，上寫「廣種桃李」、「百果俱備」等口號。

這位才子在治理地方的時候，一不小心就將心中潛藏的審美情趣運用到了工作中。在治理山水時，他引導百姓在道路兩旁、田間地頭、農家小院等地方，都栽上桃李和花卉。每逢春天到來，河陽縣境內綠滿山川花滿園。每到秋來，纍纍的果實為老百姓帶來了豐厚的收益。由此，他被當地老百姓戲稱為「花縣令」。河陽縣就此有了「河陽滿縣桃」和「河陽一縣花」的美名。

「澆花息訟」是潘安發明的解決民事糾紛的專利。在河陽，他在自己的花園裡栽上一行行桃李，又在園內挖了一口澆花井。每天辦完公事，就到花園裡提水澆花。

可是，每天的民事糾紛鬧得他不得安寧。一次，在打水澆花時，他突發奇想：對那些家長里短的糾紛何不如此斷案？於是，他命人專門做幾只尖底大水桶放在大堂上。

一次，兩家鄰居因小事大打出手，鬧上公堂。潘安先給原告一只尖底水桶，給被告一根扁擔，一條井繩，讓兩人去花園澆花。起初兩人磕磕絆絆，極不配合。但衙役在一旁監督著，他們只得互相合作。先是一人汲水，一人支桶，等桶裡的水滿了，汲水那一位就會自覺地用扁擔穿過桶繩，支桶的那位也很是配合地拿住扁擔，等汲水那位做好起肩姿勢並扶好水桶後，自己才下蹲上肩。到了澆花地點，一人主動扶好水桶，一人澆花。累了半天，兩人終於在勞動中有了交流和協調。等花澆好後，兩人的火氣也沒了。等他們回到大堂，潘安就問：「官司還打嗎？」雙方當事人只得低下頭來反思自己。

到了這個時候，潘安就開始幫助他們分析前因後果，指出各自的責任，最後公正裁決。這一辦法竟在後來民事糾紛處理中屢試不爽，老百姓也喜歡了這種不打板子、不上刑的審案方式，對他稱頌至極。

潘安離任後，百姓為了紀念潘縣令，就把潘安花園旁的一個小村改名為

「花園頭」，把花園裡那口澆花井改叫「潘安井」。

潘安為母盡孝的故事不僅在民間流傳，而且還白紙黑字寫進了《二十四孝》和《晉書》本傳裡面，由不得人不信。

《二十四孝》作為元代以後封建社會幼童的啟蒙教材，在中國幾乎是人人皆知的道德藍本。

「我於高興之餘，接著就是掃興，因為我請人講完了二十四個故事之後，才知道『孝』有如此之難，對於先前癡心妄想，想做孝子的計畫，完全絕望了。」這是魯迅先生在他的《朝花夕拾》中關於自己對《二十四孝》的認識。看來，要做到潘安那樣的孝順，不是每一個人都能做到的，包括偉大的魯迅。

《二十四孝》有多個版本，其中多數故事重複，也少數收集了不同的人物。其中的一個版本就有潘安「棄官奉親」的故事。該故事結尾還賦詩一首：

> 棄官從母孝誠虔，歸里牧羊兼種田。藉以承歡滋養母，復元歡樂事天年。

「棄官奉親」，史書所載確有其事，《晉書》本傳中記載：「除長安令，徵補博士，未召，以母疾輒去官，免。」當時是西元*296*年，潘安已經五十歲。

在司馬氏標榜「以孝治天下」，母親重病他照例是要辭職侍親的，朝廷也就順勢免除了他的博士頭銜。

《二十四孝》故事裡說，潘安事親至孝、恪盡孝道，在當時的影響很大，很多人爭相向他學習。潘安的父親潘芘原任琅琊內史，雖是個小官，但養活家小還是綽綽有餘的，潘安到河陽任職後，母親一直和父親在一起生活。潘芘去世後，潘安就將母親接到自己的任所侍奉。

後來，潘安奉調任長安令，母親一直跟著他生活。有一天，母親偶染小恙，產生了強烈的思鄉之情，很想回歸故里頤養天年。潘安得知母親的心意後，隨即決定滿足母親的願望，送母親回鄉，跟隨母親回家奉養、以盡孝道。

身為一縣之父母官，總不能長期離開官署吧，思來想去，潘安決定辭去官職，專司供養母親之責。

潘安一紙辭呈遞交上司，上司再三挽留：「你是難得的好官，怎麼忍心捨棄那麼多百姓呢？再說你留任做官，能得到較多薪俸，可以使你的母親生活得更好一些。」潘安堅定地說：「我若是貪戀榮華富貴，不肯遵從母親的意思，那算什麼孝順兒子呢？如果連孝順自己的母親都做不到，又何談體諒百姓的疾苦，又怎麼稱得上一個好官呢？」上司被他的孝心所感動，准許他辭官回鄉了。

回到家鄉後，他母親的病好了，可是因為失去了俸祿，家裡變得貧窮了，他就自己動手，耕田種菜，靠賣菜為生，每次賣菜回來，都要買些母親愛吃的食物。他還在家裡養了一群羊，每天擠羊奶給母親喝，這就是他在《閒居賦》中所寫的：「灌園鬻蔬，以供朝夕之膳；牧羊酤（音ㄍ屋，買酒）酪，以俟伏臘（意指逢年過節）之費。」想想一位壓根兒不懂農事的讀書人，在沒有當下農業機械的情況下，靠種地養羊來孝敬自己的母親，是一件多麼不容易的事啊！

都是我的錯，都是欲望惹的禍

遠遠地看一個人，或多或少會產生一些偏差。

走進潘安的世界，筆者不禁心酸起來。

雖然潘安有著絕世容貌和少有的文才，然而，他的一生卻充滿了勞碌奔波、曲折坎坷和悲戚，尤其是晚年，甚至與八旬老母一道被押上刑場，這對於一個孝子來說，莫不是最淒慘的事情。

潘安的悲劇不僅僅是潘安個人的，應該說他的悲劇是典型的中國人才悲劇。

用現在的話來說，潘安的祖父、父親都僅僅算是基層公務員，如果潘安把自己的一生定位在一個郡縣範圍內發展，或許就沒有了後來的種種不順與悲劇。但他恰恰不滿足，他命中似乎就是一個心比天高、命比紙薄的角色。

十二歲成了一方有名的神童和國士，這樣的才氣和名氣或許正是他人生悲劇的一種徵兆。

雖然他很早就因為才氣和名望被聘為司空太尉府裡的幕僚，後來又被察舉為秀才，但由於「朝中無人」，一直上不去，只能在幕僚的位置上等待國家的正式委任。這一等就是好幾年，可以想像，一位才華橫溢的青年，日夜都盼著飛黃騰達的那一天，卻始終得不到重用的那種憋屈。

泰始中，武帝躬耕藉田，岳作賦以美其事。（《晉書・潘岳傳》）

機會終於來了，始泰中年（西元*270*年左右）晉武帝司馬炎宣導農事，並親自下到田間和農民秀了一回。當時天下文人紛紛提筆頌揚，希望憑藉手中的一支筆得到最高領袖的賞識。做夢都想改變祖、父兩代下層官員面貌，實現個人價值的潘安再也按捺不住了，於是連夜創作出了《藉田賦》。此賦一出，立即引來一片叫好。本來想透過這樣的方式得到提拔的潘安，在眾人的一片叫好聲中，卻遭到了朝中大臣私下的忌恨，竟然未得到絲毫提拔。這一晃就是十年。這十年，對一個渾身血液嘩嘩直響的青年，是多麼的殘酷啊。

十年之後，上面似乎有所知覺，才遲遲給了一個河陽的縣令給他。這個級別，對潘安來說，絲毫算不上個什麼。他的父親曾經就是這樣一個級別的官員，他要的是遠遠勝過父親級別的朝中大臣的位置。以他的才氣和名氣，在朝廷裡面做個大臣絲毫不為過。因為他有這樣的本錢。

他是太康文學的領軍人，他的才華被譽為那個時代的頂尖高手。他的詩歌很多年之後，還被鍾嶸列為《二十四詩品》中的上品，他創造的文學風格和式樣在此後的千百年中一直被列為不朽之作，到今天為止，留下來的名篇有六十餘篇。這樣的水準在當時單純以文為才的時代，是無論如何也不應該被忽視的。但恰恰不是這樣，高層並沒有垂青他。

在縣令的位置上，潘安並未像當時其他的文人名士做官那樣混日子，沒有以清談、喝酒、賭博、搞女人為樂，而是兢兢業業，把境內治理得格外政通人和、欣欣向榮。這期間，他還針對統治者存在的一些弊端和自己在工作中的體驗，寫成合理化建議上奏朝廷，為老百姓的利益努力奔走。

在縣令的位置上待了*N*年後，潘安終因「勤於政績」，被調到了中央一個不大不小的位置上「調補尚書度支郎，遷廷尉評」，這已經是他中年之後的事情了。但是好景不長，不久他就因為說不清道不明的政治原因被免職。在家閒了很長一段時間，他的心情也糟糕到了極點。不久，楊駿成為傻瓜皇帝晉惠帝的輔政大臣，為了籠絡知識分子，楊駿把潘安安排為太傅主簿（相當於國辦秘書長），應該說，到了中央位置上的潘安應該出頭了。但沒多久，賈南風作亂，楊駿等一干通通被趕盡殺絕。幸好有當年潘安周濟過的人及時幫忙，才免於一死。削職一段時間之後，潘安被發配長安做縣令，至此，潘安的仕途又回到了起點。

在長安縣令的位置上一段時間之後，他被賈謐看中，要升他為博士（掌管朝廷文件檔案或傳授學術的文官）。而此時，潘安的母親又因病要求回家，潘安不得不捨棄這一職位，回到家中務農孝親。

在孝敬母親這個過程中，作為男人，潘安捨不開自己的仕途，他那顆不甘的心仍然蠢蠢欲動。曾經恃才傲物的翩翩少年如今鬢髮花白，飽嘗宦海艱辛，學會了趨炎附勢。於是，潘安一邊孝順母親，一邊又活動於賈謐與石崇等官員之中，加入了賈謐支持下成立的「金谷二十四友」文學沙龍。在屠刀與前程的雙重作用下，已過知天命之年的潘安不但與石崇對賈謐「望塵而拜」，還參與了臭名昭著的賈南風皇后陷害愍（音ㄇㄧㄣˇ）懷太子的行動。

其母數誚之曰：「爾當知足，而乾沒（意指貪求、貪得）不已乎？」而岳終不能改。（《晉書‧潘岳傳》）

兒子為仕途如此反常，潘安的母親看在眼裡，就告誡他說：「兒子啊，人啊，應該知足呀！你為何如此貪求榮華呢？」但是，對於一生不忘為父親爭氣、要實現個人價值的潘安，哪裡還聽得進母親的話。為了孝敬母親，他當面唯唯諾諾，背地裡卻在宮廷傾軋的陷阱裡越陷越深。

西元299年，潘安五十三歲。這年年底，發生了一樁很大的事：愍懷太子被廢為庶人。愍懷太子非賈皇后親生，對賈后、賈謐專權深為不滿，一旦太子即位，賈家很可能有滅頂之災，所以賈皇后、賈謐處心積慮要廢掉他。

據《晉書‧愍懷太子傳》載，一天，賈后謊稱皇帝患病，傳太子入朝。太子來到後被領到一處別室，一個婢女端上棗酒，說是皇帝賜的，逼太子喝得大醉。這時又一個婢女捧來紙筆和一張草書文稿，讓太子抄寫下來。文稿模仿祈禱神靈的文體風格和太子平常流露的心意：「陛下宜自了，不自了，吾當入了之……」文稿製造者，就是潘安。太子因此被廢。西晉的「八王之亂」就此開始。

太子被廢不到四個月，趙王司馬倫、梁王司馬肜發動軍事政變，矯詔廢賈皇后為庶人，誅殺賈謐及其黨羽數十人。司馬倫入朝執政，自封為相國，此時司馬倫所最倚重的人是孫秀。

孫秀在琅琊任雜役小吏時曾服侍過潘安，潘安很討厭他的為人，多次羞辱他。後來孫秀投靠司馬倫，任中書令，掌握生殺之權。小人得志往往極其殘忍，孫秀之手，曾殺人無數。潘安內心十分恐懼。有一天，他在朝中碰到了中書令孫秀，試探著以討好的語氣問：「孫先生，你還記得當年我們一起的時候嗎？」孫秀回答：「藏在心裡，怎麼會忘？」這八個字讓潘安不寒而慄。

政變三四個月後，潘安就被孫秀以謀反罪夷三族。同樣遭到政治清洗的還有曾和潘安一起對賈謐「望塵拜」的石崇。石崇被殺，除了他也是賈謐集團的人，還因為孫秀要石崇把愛妾綠珠送給他，石崇堅決不給。

初被收，俱不相知，石崇已送在市，岳後至，崇謂之曰：「安仁，卿亦復爾邪！」岳曰：「可謂白首同所歸。」（《晉書・潘岳傳》）

行刑時石崇先到刑場，一會兒潘安也被押到。史書留下了二人臨終前的簡短對話。石崇問：「安仁，怎麼還有你呢？」潘安回答：「這可真是『白首同所歸』了。」

數年前潘安曾贈詩給石崇，詩中有幾句是：「春榮誰不慕，歲寒良獨希。投分寄石友，白首同所歸。」這最後一句竟成為預示二人命運的讖語，所以潘安這樣回答。

岳將詣市，與母別曰：「負阿母！」（《晉書・潘岳傳》）

正當潘安與大富豪石崇訣別之時，潘安的八旬老母也被踉踉蹌蹌押了上來。見到母親因為自己而受罪，潘安悲從中來，對著母親大喊一聲：「媽，我對不起您！」泣不成聲。

監斬官一聲令下，潘安、潘安母親以及石崇等賈謐黨羽連及他們的「三族」親人，在一陣叮叮咚咚的紛亂中，人頭紛紛落地。這一年，潘安五十三歲。

第二年四月，齊王司馬冏起兵誅殺司馬倫、孫秀等，僥倖逃脫的姪子潘尼才將潘安葬在潘家祖墓旁，碑上刻字：「給事黃門侍郎潘君之墓」。

成語附錄

【成語】**擲果盈車**

【釋義】比喻女子對美男子的愛慕與追捧。

【出處】南朝・宋・劉義慶《世說新語・容止》：「潘岳妙有姿容，好神情。」劉孝標注引《語林》：「安仁至美，每行，老嫗以果擲之滿車。」（詳解見本文）

【成語】**潘楊之好**

【釋義】指夫妻情深，二人同心，一生與共。

【出處】（詳解見本文「帥哥原來很癡情」一節）

【成語】**連壁接茵**

【釋義】才貌並美的兩個朋友。

【出處】《晉書・夏侯湛傳》：「湛美容觀，與潘岳友善，每行止，同輿接茵，京師謂之連壁。」也作「聯璧」。

【成語】**潘安再世**

【釋義】潘安還活著。比喻男人長相很美。

【出處】《晉書・潘岳傳》：「岳，美姿儀。」《文心雕龍》：「潘岳，少有容止。」

【成語】**潘鬢沈腰**

【釋義】潘鬢：晉潘岳年始三十二歲即生白髮。沈腰：南朝梁沈約老病，百餘日中腰帶數移孔。形容身體消瘦，頭髮斑白，過早衰弱。

【出處】明・胡文煥《群音類選・清腔類・步步嬌》：「拼得個潘鬢沈腰，搖落悠悠千里。」

【成語】**宋才潘面**

【釋義】宋玉的才華，潘岳的容貌。比喻才華出眾，儀容俊美。

【出處】清・李漁《奈何天・慮婚》：「我輩居先，常笑文人偃蹇（音ㄐㄧㄢˇ，意指困頓、失志），本自有守才潘面，都貧賤，爭似區區，癡頑福分徼天（徼音ㄐㄧㄠˋ，求天賜福、天佑之意）。」

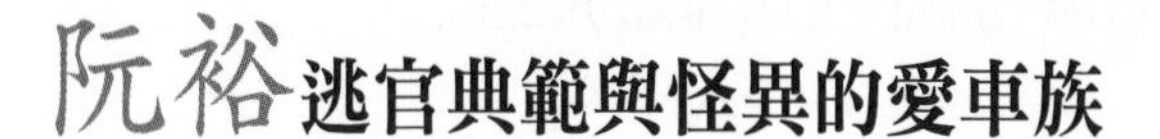

阮裕逃官典範與怪異的愛車族

人物簡介

姓名：阮裕，字思曠，外號阮光祿
家庭出身：貧寒的士族門第
籍貫：河南開封
生卒：無記載（從史料上看，與王羲之、王敦等為同時代人）
社會關係：阮籍、阮咸的族人，晉成帝司馬衍的超級偶像，反賊王敦的逃兵
社會身分：名士、逃官典範、愛車一族
容貌：無記載
作品：無

雷人言行

◎有豪車，朋友想借卻不好開口，阮裕事後得知，把豪車付之一炬。
◎數十年如一日，逃官如逃難，任粉絲追趕挽留，毫不動心。

相關成語

強作解人

作者評價

見過想做官而發瘋的，沒見過為逃官而發瘋的；
見過有車不借的，沒見過車沒借出去而發瘋的。

被京城粉絲團追堵截的明星

西元*342*年（東晉咸康八年），後趙的天王石虎加緊備戰，企圖攻佔東晉。先是在今河北臨漳一帶築烽火臺四十多座，同時在洛陽、長安一帶修建宮室，共徵調民工四十餘萬人；次後又徵集製造鎧甲、兵器的匠人和船夫六十餘萬。史料記載，這些人被虎狼吞食和水淹死的竟佔三分之二。石虎還命令所有士兵，五人一組，以組為單位向百姓徵集戰爭所需，每組的任務為：車一輛、牛兩頭、大米十五擔。百姓為了完成任務，只得賣兒賣女，實在無能為力完成的，迫於官兵的壓力只得自縊身亡，道路兩旁樹上自縊而死的屍體隨處可見，慘不忍睹。

> 成帝崩，裕赴山陵，事畢便還。諸人相與追之，裕亦審時流必當逐己，而疾去，至方山不相及。（《晉書・阮裕傳》）

也是這一年，年方二十二歲的東晉成帝司馬衍病死。

聽到這個消息，晉成帝司馬衍的超級偶像、為躲避做官而隱居上虞東山的本文主人翁阮裕不得不出動一次，他要去給自己的超級粉絲晉成帝弔喪。

匆忙弔祭完晉成帝，阮裕歸心似箭，未作任何停留，踏上了返程的路途。然而，名士阮裕回到京城的消息卻像長了翅膀，在他的粉絲中間傳開了，聽到阮裕已經起身返程的消息，在京的士人學子朋友等粉絲團迅速集合，密密麻麻地聚集於通往上虞的官道上，一路狂奔，追趕著自己的偶像。阮裕回頭看到後面漫天塵灰中，人們呼天搶地地呼喊自己，不由得兩腿夾得更緊，狠狠抽打馬背，一氣跑出幾十里。

阮裕知道，一旦讓他們追上，迫於眾人的盛情，他會留在京城接受做官的現實，那時就會身不由己，隨波逐流。於是，他越跑越快，把追趕自己的粉絲們遠遠丟在了後面，粉絲們見阮裕如此堅決，只得望塵興嘆。

這一幕，是阮裕人生的標誌性一瞥，也是他平生第六次逃官。

做官多好啊！有權有勢，可以假大眾利益的名義幹自己想幹的事，眾人羨慕，實現個人社會價值的認同不說，還能源源不斷撈到實惠。

就筆者二十多年來親眼所見，因想當官而導致神經錯亂住進精神病醫院的，也不下四、五人。

在阮裕之前，以玩個性出名的憤青禰衡，雖說藐視一切，不願做曹操的官，但對做官還是興趣有加，從朝廷被打發到地方，從地方大關又被打發到小機關，卻仍然是老老實實工作，勤勤懇懇效勞的；嵇康雖說也不願為官，但卻一直掛著中散大夫的銜，領著中散大夫的薪酬；尤其阮籍，雖說也嘯隱竹林，不願為司馬政權效勞，卻在死前都還在為司馬昭的進「九錫」撰寫《勸進表》。比之上述這些名士，阮裕可說是徹頭徹尾的不願做官的人。在筆者看來，他的不願做官才是真正意義上的不願做官，與阮裕相比，前面那些不願做官的舉動和作派，便顯出矯情和作秀的味道來。

阮裕，可以說是用一生來逃避做官的典型人物。

他出生在河南阮籍的那個家族，是阮籍的族弟，這個向來以貧困著稱的士大夫家族盛產名士、酒鬼、風流鬼、作家詩人和音樂家，這是一個神奇的家族。

阮裕與這個家族的其他人相比，似乎少一些風流、音樂、文學的名氣，但是他的喝酒卻絲毫不遜色。以酒逃避世事的煩惱和政治上的隨波逐流，似乎是他與族兄阮籍兩人的拿手好戲。

逃避做官的一生

大將軍王敦命為主簿，甚被知遇。裕以敦有不臣之心，乃終日酣觴，以酒廢職。敦謂裕非當世實才，徒有虛譽而已，出為溧陽令，復以公事免官。由是得違敦難，論者以此貴之。（《晉書・阮裕傳》）

當時權傾朝野的駙馬爺大將軍王敦對阮裕十分賞識，為此把阮裕招到了自己門下，做了自己的大將軍主簿（相當於軍委辦公室主任）。

王敦，出身山東琅琊王家，「昔日王謝堂前燕，飛入尋常百姓家」裡面的「王」指的就是王敦那個輝煌的家族。最輝煌的時期，他與做丞相的兄長王導簡直平分了晉朝司馬家族的天下，所謂「王與馬，共天下」之說就是從他哥倆開始的。史書裡記載，一次王敦與兄長王導去到巨富石崇的家裡，石崇以美女敬酒，客人不喝則殺掉敬酒女。石崇先後殺了三人，王敦還是不願意喝，王導就私下譴責王敦太不仁慈，應該喝酒保那些女人的命。王敦卻說：「他石崇殺的是他家裡的人，願殺就多殺一點，我偏不喝怎樣？」王導無言以對。後來王敦進石崇家的超級豪華廁所如廁，見到數十手捧香囊的美女親手侍候自己如廁、更衣，王敦臉不紅心不跳，毫無不適之感。其中一美女就私下說，這個人很不一般，將來一定是個能造反的主。

阮裕在王敦手下一段時期之後，同樣也覺察到了王敦有謀反之心，此時他唯一的辦法就是效仿自己的族兄阮籍，以喝酒來應付政治上的麻煩。此後，他終日飲酒、天天喝醉、有意誤事，以消極怠工來對付王敦。面對如此狀態的阮裕，王敦以為自己看走了眼。在忍無可忍之後，他把阮裕叫來，什麼「徒有虛名」、「絕非人才」地大罵一通之後，就打發他到了溧陽去做了溧陽令。阮裕到了溧陽之後，發現自己仍然未能逃出王敦的黑圈。於是到溧陽之後，阮裕更是肆無忌憚地猛喝狂喝，天天糾集自己的同事、同學、親戚、朋友，甚至引車賣漿者、路邊的販夫走卒，在自己家裡喝、在辦公室喝，在一切能喝酒的地方狂喝濫飲，坐著喝、躺著喝，脫了衣衫以裸奔方式喝等等，直喝得天旋地轉，公務一塌糊塗。消息傳到王敦那裡，王敦雷霆大發，立刻就一紙命令，免去了阮裕的一切職務。

接到免除官職的命令，阮裕立即來了精神，歡天喜地地與僕人一道收拾書擔去到上虞東山，隱居起來。就此，他結束了第一次逃避做官的經歷，過上了貧困而愜意的日子。

西元322年，手握重兵的王敦在南方豪族的支持鼓動下，帶兵攻入首都南京，逼死了晉元帝，並把晉元帝身邊的親信大臣通通殺光。王敦的叛亂由於失去了多數南遷貴族的支持，最後終於被司馬家族鎮壓下去。這一點，讓人們不得不想起了當年他的堂兄阮籍從曹爽手下辭職的情形。阮裕的這一招，使他獲得了先知先覺的盛名。

東晉的龍椅更替非常頻繁。晉元帝死後，他的兒子司馬紹接替皇位，號稱晉明帝，三年之後的西元325年，晉明帝司馬紹死亡，他五歲的兒子司馬衍即位，稱為晉成帝。晉成帝懂事後，在不同場合聽說過阮裕的才能和品德，一不小心就成了阮裕的超級粉絲。終於有一天，晉成帝一道旨令，將阮裕召為吏部郎。面對皇上親自下的聘書，阮裕無法拒絕，只得走馬上任。應付了幾天，阮裕向晉成帝交了一紙辭職書，使自己從中央職能部門退了出來，再一次回到風景秀麗的東山隱居。這算是阮裕的第二次辭官逃官行為。

阮裕在東山與昔日好友種地耕田談學問，很是悠然。然而，在朝中的晉成帝常常想念他，於是N次派出丞相王導前去遊說阮裕，希望他回到朝中做官，但每一次，王導都失望而歸。如此反覆幾次，超級粉絲晉成帝終於忍不住了，又是一紙詔書，請阮裕出山為官。阮裕沒辦法，只得以家庭和身體為藉口，要求不赴京，只在當地地方上任職。於是晉成帝做出了妥協，同意了阮裕在會稽刺史王舒手下做長史（重要助理）的要求。這是阮裕的第三次逃官之舉。

舒薨，除吏部郎，不就。即家拜臨海太守，少時去職。（《晉書・阮裕傳》）

不久，王舒死了。按說阮裕的任務也完成了，為此阮裕又回到東山。他剛盤算著繼續從前閒雲野鶴的生活，不想朝廷詔書又下，又一次任命他為主管幹部的吏部郎。接到詔書的阮裕再一次堅辭不受，這一次，還是晉成帝妥協，只好改任阮裕為臨海太守（相當於地市級行政長官）。做了沒多久，阮裕又一次打了退堂鼓，回到東山繼續自己的悠閒生活。這是阮裕的第四次逃官。

此後，晉成帝又派出重臣郗（音ㄔ）鑒來勸阮裕去京城為官。阮裕推說自己有病，堅決不受。郗鑒做出妥協，讓阮裕去東陽做太守，阮裕還是不願意，弄得重臣郗鑒異常難堪。這是阮裕的第五次逃官。

西元*342*年晉成帝駕崩，為感謝晉成帝對自己的知遇之恩，阮裕迫不得已去到京城為晉成帝弔喪。於是發生了本文開頭滿街粉絲競追挽留阮裕留京做官的一幕。這也是阮裕平生第六次大動作地逃官。

御史中丞周閔奏裕及謝安違詔累載，並應有罪，禁錮終身，詔書貰（音ㄕˋ赦免之意）之。（《晉書・阮裕傳》）

晉成帝死後，他的弟弟司馬岳繼位，是為晉康帝。

阮裕一生數次大動作地辭官逃官，早已讓朝廷感到難堪至極。於是乎，一位叫周閔的御史中丞向當朝皇上奏了一本，說阮裕多次違抗詔書命他做官的旨令，已經犯下大罪，應該處以「禁錮」之刑。

「禁錮」，是中國古代對官員或名士學者的一種刑罰。一般指免除有罪官員的官職，剝奪其政治權利和部分人身權利，並終身禁止其本人或其親屬任官、參加其他社會活動。

面對朝廷處以「禁錮」的威脅，阮裕仍然毫不動搖，依舊我行我素。在上虞的東山，與名士謝安、王羲之等人過著自由自在的生活。

> 裕雖不博學，論難甚精。嘗問謝萬云：「未見《四本論》，君試為言之。」萬敘說既畢，裕以傅嘏（音ㄍㄨˇ）為長，於是構辭數百言，精義入微，聞者皆嗟味之。裕嘗以人不須廣學，正應以禮讓為先，故終日靜默，無所修綜，而物自宗焉。（《晉書‧阮裕傳》）

當時的東山，可謂「群賢畢至，少長咸集」。與阮裕、謝安、王羲之等人一道的，還有作家詩人孫綽、李允，佛學家支遁以及高士許洵等人。他們在一起除指點江山、吟詩作賦外，還相互探討哲學宗教問題。在這些人中，阮裕不算是最博學的人，但他分析問題往往非常精闢，最能擊中要害。《晉書》記載，一次名士們一起談論鍾會的《四本論》時，《四本論》專家——謝安弟弟謝萬發表了好一通長篇大論，演講一完，立即博得眾人好一番喝采。聽了謝萬的演講，阮裕有些不以為然，就用自己的體會闡述了對《四本論》的看法，僅僅短短幾百字的論述，就把《四本論》的精要從另一個角度詮釋得異常精闢，達到了「精義入微」的程度，一時歡呼聲、口哨聲、尖叫聲響成一片，蓋過了謝萬的效果，眾人一致稱奇。

當時朝中一位達人受皇上委派來到上虞東山，專程找到阮裕，又一次勸他出山為官，阮裕仍然不受。來人於是就說：「你一生到目前為止，已是很多次逃避做官了。是不是你覺得那些官職都太小了呢？如果是這樣的話，現在派你去兼任兩個地方的封疆大員，你願意去上任嗎？只要你願意，朝廷馬上就下詔。」阮裕回答說：「我多次逃避做官，一是因為我不適合做官，二是由於我沒能力做官。並不是由於權力大小的原因。我這個人笨得連耕田種地都弄不好，連養活自己也成問題，我哪有能力去管理兩個地方呢？那不是搞亂了嗎！」來人聽了這樣的話，只得悻悻而去。這是阮裕的最後一次逃官，也是一生中第七次正式逃官。此時的阮裕已經在逃官的生涯中從一個青年變成了老人。

豪車主人發神經

在剡（音ㄕㄢ丶，今浙江山乘州）曾有好車，借無不給。有人葬母，意欲借而不敢言。後裕聞之，乃嘆曰：「吾有車而使人不敢借，何以車為！」遂命焚之。（《晉書・阮裕傳》）

阮裕曾經是一個非常投入的愛車族，在東山的時候，他省吃儉用買過一輛豪車，那車在方圓百里都是最好的一輛，那輛車也是他的全部家當，因此特別愛惜。雖然阮裕對自己的愛車視若珍寶，但一旦有人提出借車的要求，阮裕總是二話不說就慷慨相借，還時常親自擔當駕駛員。

一次，一位朋友的母親去世，想借阮裕的豪車去裝點一下排場，但想到自己家裡是喪事，終究不好意思說出來。這件事，本來到此就算結束了。沒想到不久後的一天，這事卻傳到了阮裕的耳朵裡。阮裕當時什麼也沒說，轉身回家，拿出斧頭一番猛劈之後，一把火將車燒了。人家心疼地出來勸解，阮裕說：「空有這麼一輛車，別人不好意思借，留著還有什麼意思呢？」

阮裕六十二歲那年，在上虞的東山去世。

大書法家王羲之說：「阮裕平易近人，才華橫溢，寵辱不驚，堪稱古往今來的典範啊！」

成語附錄

【成語】**強作解人**

【釋義】指不明真意而亂發議論的人。

【出處】南朝・宋・劉義慶《世說新語・文學》：「謝安年少時，請阮光祿道《白馬論》，為論以示謝。於時謝不即解阮語，重相咨盡。阮乃嘆曰：『非但能言人不可得，正索解人亦不得。』」

姓名：石崇，字季倫，外號齊奴

家庭出身：由窮及富的官僚之家

籍貫：河北滄州

生卒：西元249～300年

社會關係：大司馬石苞的兒子，皇帝舅舅王愷的財富比拚對手，王導、王敦等人的同事，才女綠珠的情人

社會身分：官員、高幹子弟、富豪、土匪、黑老大、作家詩人

容貌：史料未有記載，由其父石苞「容儀偉麗」推斷，估計不會太醜

作品：《大雅吟》、《楚妃嘆》、《王昭君辭》、《思歸引》、《答曹嘉詩》等

雷人言行

◎宴請貴賓，以美女勸酒，客人一旦拒酒，就殺一美女，再不喝，繼續殺。

◎皇帝用國外進口的高檔布料做了衣服，穿上後去到他家，他讓五十個婢女穿上皇帝那種布料的服裝迎接。

◎身為一方政府首長，卻幹著殺人越貨、打家劫舍的勾當。

◎朝廷高官——自己的保護神賈謐一旦路過，便匍匐在地，望塵而拜。

相關成語

光彩奪目　白首同歸　石崇鬥奢　水陸畢陳　金谷酒數

作者評價

別以為自己很富有，最終都是別人的。

別跩，那樣會死得更慘！

驚爆眼球的奢華

晉代的奢靡比之今天，說來很多人是不會相信的。

晉前的曹魏時代，曹操是窮苦出身，他的先人曾經窮得走投無路，只好把自己下面給「喀嚓」了，進宮做了宦官，為的就是混碗飯吃。所以曹操在世之時，一直以身作則地強調艱苦樸素、勤儉建國，到了曹丕就不一樣了。從魏到晉，從司馬昭過渡到司馬炎，那就讓人開眼界了。

在晉代，首開奢靡先河的應該是司馬炎。坐穩沒多久，他就樓堂館所猛建，美酒大肉猛整，天下美女猛挑。西元*273*年，他下令全國所有公卿以下官員（三公九卿，加起來不過十來人）及百姓的女兒、妹子當年一律不得結婚，等他選剩之後，方能開禁。八年之後的西元*281*年，東吳滅亡，司馬炎又從東吳選了美女五千，陪著他日夜喝酒作樂。

就連何曾那樣的禮儀君子每天花在飲食上的鈔票也超過幾萬塊，還說沒處下筷子。

別以為曹丕、司馬炎、何曾夠狠，他們的奢靡和一個兼有高幹子弟、官員、土匪、黑老大、作家詩人身分，叫石崇的人比起來，還真是小巫見大巫。

> 財產豐積，室宇宏麗。後房百數，皆曳紈繡，珥金翠。絲竹盡當時之選，庖膳窮水陸之珍。與貴戚王愷、羊琇之徒以奢靡相尚。（《晉書‧石崇傳》）

《晉書‧石崇傳》記載，石崇的財產，山海之大無可比擬，宏麗室宇彼此相連，後房的千百個姬妾，都穿著精美輪奐的刺繡錦緞，身上戴滿了璀璨奪目的珍珠美玉寶石。天下最美妙的絲竹音樂莫不為他享受，水中陸地的珍禽異獸通通進了他的廚房。

從史料介紹的情況看，如果單講擁有美女的數量，石崇肯定敵不過晉武帝司馬炎。如果按私產的綜合指數比較，名義上擁有舉國財力的司馬炎則不一定強過石崇。

據《耕桑偶記》載：一次，某國將一種新研製的叫火浣布的稀有頂級布料，作為國禮進貢給司馬炎。司馬炎得到這種布後，展開一看，不禁龍顏大悅，忙吩咐手下製成龍袍。新龍袍製成，司馬炎一試穿立即來了精神，便乘輿穿著新龍袍去到石崇府上巡幸一番，有意想在石崇面前秀上一把。心想，別的東西你都能買到，這種國外進貢的高科技產品，你沒那個特權，肯定不會有了吧。

司馬炎看到身著傳統布料服裝，匍匐在地上迎駕的石崇，頓時興奮異常。他正得意地要叫石崇平身起來看看自己新布料縫製的龍袍時，卻見石崇身後廊下五、六十個奴才婢女，齊刷刷穿著火浣布縫製的衣衫匍匐一片，一時簡直不敢相信自己的眼睛。直到下人回來稟告說，那些婢女說是石大人新從國外進口來的火浣布時，司馬炎才眨了眨眼睛，轉身離去。

《耕桑偶記》還載，石崇的姬妾中堪稱絕色美豔的就有千餘人，他有意從中挑選出數十個，穿著打扮完全一樣，讓人乍然一看，根本分辨不出她們之間的差異；石崇家還有一間很大的金銀寶石珍珠作坊，晝夜不停地為他加工珠寶首飾；他從全國各地請來樂師藝人，加上自己家中已有的才藝美女，在自家的亭台樓院裡不分白晝黑夜地「激情演繹：不准不開心！」，天天週末嘉年華，分分秒秒都是狂歡夜。這種晝夜聲色相接的生活，他自己取名叫「恆舞」。

由於家中美色過多，每次石崇想要招幸美女，無法叫出她們的姓名，只得讓她們列隊而進，佩聲輕的居前，釵色豔的在後。那些美女們各含異香，鶯燕呢喃之聲和身上的香味隨風而來。此時的石崇就坐在寬大的象牙床上，用聽佩聲、看釵色的方式來決定所要人選。另外，石崇在審美傾向上，算是最早有據可查的「骨感強迫症」患者，他常常命人把一些沉香屑撒在象牙床上，讓所寵愛的姬妾從上面踏過，沒有留下腳印的，就會得到他一百粒珍珠的賞賜，若留下了腳印，就讓她們節制飲食，以使骨感凸顯、身材魔鬼，因此閨中相互打趣：「你要不是輕身賤骨，哪裡能得到百粒珍珠呢？」

除了上面這些記載，《世說新語》還記錄了石崇家洗手間的奢華。

有經驗的城市人都知道，一個家庭，裝修上不上檔次，主人的格調、財力如何，只要進到洗手間一看，便可一目了然。同樣，要瞭解石崇家到底有多牛，先來看看他家的廁所，或許就能知道一二了。

石崇的廁所修建得華美絕倫，準備了各種香水、香粉、香膏給客人洗手、抹臉。此外還有十多個花容月貌的美女站在裡面，像迎賓小姐一樣，恭立侍候每一位上廁所的人。她們一個個都身著綾羅錦繡，打扮得豔麗奪目，為每一位客人提供著無微不至的服務。

上廁所的人辦完自己的事情之後，必須在這些美女的服侍下，把身上原來穿著的衣服由外到裡全脫下來，「被」美女們換上新衣後，洗了手、洗了臉，打上裡面準備的香水香粉，才能請您走出廁所。凡上過廁所的人，回到原位就是一身新裝束了，以致絕大多數客人寧願忍著，也不好意思去廁所行方便之事。

如此華麗的廁所，如此高級的如廁服務，誰習慣呢？這不，史料記載，就有一位叫劉寮的先生，在石崇家上廁所出了洋相。

劉寮，石崇同朝官員，出身在絕對的貧下中農家庭。劉寮年輕時家裡很貧窮，無論出門求學訪友還是找工作，途中不管是騎馬還是步行，每到一個地方借宿，從不給主人增加半點麻煩，總是親自動手為主人砍柴挑水。

後來官當大了，他仍然保持勤儉樸素的作風。

有一次，他去石崇家拜訪。上廁所時，劉寮見廁所裡飄著絳色紗帳，墊子、褥子、香水、香粉、化妝櫃一應俱全，全是高檔講究的陳設，還有若干衣著華麗、打扮入時的漂亮*MM*捧著香袋站著。裡面不但毫無異味，反而清香撲鼻。看到這番情景，劉寮一時不知身在何處，慌了神，連忙退出門來，笑對石崇說：「對不起，石兄，我搞錯了，這是你們家的臥室吧。」石崇說：「沒有錯，那是廁所！」劉寮一聽，再伸頭進去看了看，詞不達意地說：「算了……沒有……我……我不方便。」他便走出石府，去了別處的廁所。

> 石崇每要客燕集，常令美人行酒；客飲酒不盡者，使黃門交斬美人。王丞相與大將軍嘗共詣崇。丞相素不善飲，輒自勉強，至於沉醉。每至大將軍，固不飲以觀其變，已斬三人，顏色如故，尚不肯飲。丞相讓之，大將軍曰：「自殺伊家人，何預卿事！」（《世說新語‧汰侈》）

在魏晉，擁有美女的數量，常常是財富的象徵。為了顯富，石崇常常將這些美女當著客人的面毫無吝惜地殺掉。石崇每次請客飲酒，都會讓一大群美女在身邊貼心侍候，斟酒勸客。

一次，丞相王導與大將軍王敦一道去石崇家赴宴。王導向來不能喝酒，但怕石崇殺人，美女敬酒時只好勉強喝下。王敦卻不買帳，他本來能喝酒，此時卻偏偏不肯喝。結果石崇一連殺了三個美女，他還是不喝。王導就責怪王敦為什麼如此殘忍，王敦說：「他殺他自己家裡人，跟你有什麼關係！」

石崇時時處處都要顯示自己的富有，或者說，他已經習慣了這樣的生活方式。但如果遇到王敦這樣的客人，受罪的就只有那些花錢買來的青春美女了。

皇帝的舅舅算個啥

說起石崇，不能不提到一個人，在晉代的歷史上，這個人似乎是專為突出石崇的富有和奢靡而出現的。

《晉書・外戚列傳》記載：王愷，字君夫，名儒王肅之子，晉武帝司馬炎的舅舅，官至驍騎將軍、散騎長侍，生活極其奢侈。

因為是名儒王肅的兒子，是司馬炎的舅舅，王愷的奢侈自然是很有條件的。不知是什麼原因，王愷和石崇竟然就較上了勁。按常理來講，在兩個男人之間，較勁的首要原因一般是出於爭權奪利，其次是美女。而這兩種利害關係他們都沒有，他們之間較勁的原因就不得不從當時的社會風氣上來考慮了。

從史料上分析，石崇與王愷的爭鬥，爭的是誰更富有和誰在財富面前更佔上風的心理快感。他們之間的鬥富，總共有三輪交鋒。

王君夫以粭糒（音一ˊㄅㄟˋ，飴糖和乾飯）澳釜，石季倫用蠟燭作炊。君夫作紫絲布步障碧綾裏四十里，石崇作錦步障五十里以敵之。石以椒為泥，王以赤石脂泥壁。（《世說新語・汰侈》）

第一輪：王愷請石崇上自己家去作客，石崇去後，王愷自然要帶石崇參觀一下自己的家庭生活起居等硬體設施和高調的生活方式。這次，給石崇留下深刻印象的是，王愷家竟然一律用飴糖和乾飯來刷鍋。過了沒幾天，石崇就請王愷去自己家作客，寒暄過後，自然也帶王愷參觀一下自己的家庭生活方式。這一次，王愷看到的是，石崇家做飯烹調用的竟然是清一色的蠟燭。想想這在自然科學很不發達的晉代，無論是提煉石蠟或植物蠟都很不容易的時代，這是多麼奢侈。王愷自然被石崇此舉鎮住了。

為了扳回面子，過不了多久，王愷又請石崇去自己家。這一次，石崇簡直被嚇呆了，王愷家偌大的莊園裡，竟然用當時最昂貴的一種叫紫絲巾的布料設置了長達四十里的路障，供人在裡面行路。石崇回家後，立即安排佈置，用昂貴的錦繡布料圍了五十里的路障，供客人參觀行走。

身為皇上司馬炎舅舅的王愷再也坐不住了，立即組織人力物力予以反擊，最後群策群力，想出了用花椒為泥粉刷牆壁的辦法，一則整個屋宇金光燦燦，二者，香氣四溢，人未靠近即芬芳襲人。王愷此舉一出，石崇這邊更不示弱，絞盡腦汁終於想出了一種更牛的辦法：用製作「五石散」的其中一味昂貴中藥——色彩豔麗的赤石脂為塗料，把整個府邸裡裡外外塗抹一遍。要知道，按晉代礦石開採的社會必要勞動時間計算，赤石脂的價值絲毫不亞於同等重量的黃金。這也是魏晉士人以服五石散為身分地位標誌的主要原因。

石崇的赤石脂刷牆使他和王愷之間的鬥富暫告一個段落，並以石崇暫時領先宣告結束。

> 石崇與王愷爭豪，並窮綺麗，以飾輿服。武帝，愷之甥也，每助愷。嘗以一珊瑚樹高二尺許賜愷。枝柯扶疏，世罕其比。愷以示崇；崇視訖，以鐵如意擊之，應手而碎。愷既惋惜，又以為疾己之寶，聲色甚厲。崇曰：「不足恨，今還卿。」乃命左右悉取珊瑚樹，有三尺、四尺，條幹絕世，光彩溢目者六七枚，如愷許比甚眾。愷惘然自失。（《世說新語・汰侈》）

王愷畢竟是皇帝司馬炎的舅父，有做皇帝的外甥支持，王愷不怕自己的鬥富遊戲贏不了對方。

不久某大臣送給司馬炎一棵兩尺多高的珊瑚樹，這棵珊瑚樹枝條繁茂，樹幹四處延伸，色澤晶瑩剔透，一看便知是世間不可多得之物。為了給舅舅贏回面子，司馬炎悄悄把這棵珊瑚樹送給了王愷，於是，王、石之間新一輪的鬥富遊戲再次開始。

當王愷小心翼翼把這棵珊瑚樹帶到石崇府上，懷著忐忑激動的心情，裡三層外三層打開包裝，把珊瑚樹展現給石崇時，石崇突然舉起手中把玩的鐵如意，順手就是一下，只聽「咣噹」一聲，珊瑚樹轉眼成了一地碎片。

王愷見狀，先是一聲嘆息，隨即就怒不可遏，馬上失去理智要跟石崇拚命。石崇慢騰騰地說：「這也值得您王大人發怒？我現在就賠給您。」於是，石崇一招手，那些旁觀的數十名僕人便一溜煙端著家裡的珊瑚樹列隊而來。王愷定眼一看，石崇家三、四尺高、樹幹枝條光耀奪目，造型奇異無法想像的珊瑚樹竟有六、七棵，像剛才石崇砸碎的那種，簡直就多不勝數。王愷一看，頓時雙目失神、垂下腦袋。

崇為客作豆粥，咄嗟便辦。每冬，得韭萍齏（音ㄐㄧ，菜末）。嘗與愷出遊，爭入洛城，崇牛迅若飛禽，愷絕不能及。愷每以此三事為恨，乃密貨崇帳下問其所以。答云：「豆至難煮，豫作熟末，客來，但作白粥以投之耳。韭萍齏是搗韭根雜以麥苗耳。牛奔不遲，良由馭者逐不及反制之，可聽蹁（音ㄆㄧㄢˊ，意指姿勢歪斜）轅則駃（音ㄎㄨㄞˋ，同「快」）矣。」於是悉從之，遂爭長焉。崇後知之，因殺所告者。（《晉書‧石崇傳》）

石崇、王愷之間的第三次爭鬥最終以王愷的勝利告終，而這一次的主題更多的是一場富豪文化或富豪生活方式上的亞文化爭鬥。這應該是鬥富遊戲從硬體向軟體的升級和終結版。

有烹調經驗的人都知道，一鍋美味的豆粥必須要靠文火長達幾個時辰地煨熬。但是，石崇家卻很例外，每次宴請賓朋，一旦客人提出想喝豆粥，只要石崇一聲吩咐，熱騰騰、溶糊糊的豆粥一會兒就會送上席來；每到了寒冷的冬季，石家卻還能吃到綠瑩瑩的韭菜餡，這在沒有大棚暖房種植的晉代簡直讓人想破腦袋也無法知道其中的奧秘，只有羨慕的份；石崇家的牛從形體、力氣上看，似乎都不如王愷家的，但說來卻怪，每次石崇與王愷一起從外面出遊歸來，看誰先回到洛陽城，石崇的牛總是快步若飛，次次都把王愷的牛車遠遠地丟在後面。這三件事，弄得王愷夜不能寐，很不服氣。於是王愷以金錢賄賂了石崇的下人，問其所以。

下人得到錢後，一股腦兒竹筒倒豆子全盤托出：「豆是非常難煮的，有客人來之前，必須先準備好精加工的熟豆粉末，客人一到，先煮好白粥，再將豆末投放進去就成豆粥了。至於冬天裡的韭菜餡，則是將韭菜根搗碎摻在青綠的麥苗裡再次剁茸就成了。牛車總是跑得快，是因為駕牛者的技術好，對牛不加控制，任由牠飛奔，遇到緊急情況要超車時，可以抬高一邊車轅，只讓一邊的車輪著地，這樣就能減輕牛的負擔，自然會快起來。」於是，王愷立即命下人反覆練習，最終贏了石崇。石崇後來知道了這件事，便殺了告密者。

魏晉時代的富豪們，有點像今天演藝界的人氣排行榜，冷不丁就冒出一位身價超過排行第一的新人。王濟就是這樣的人，他是司馬炎的女婿，屬於典型的富二代。他曾經在人多地貴的北邙山下修建了一個超大跑馬場供自己玩，價格相當於用繩子穿起錢鋪滿場內面積的金錢數量，人們為此稱之為「金溝」。一次司馬炎駕臨女兒家赴宴，席間上了一道烤乳豬，味道異常鮮美，在司馬炎好奇地詢問下，女婿王濟說，家裡的豬都是用人奶飼養的，所以味道才這麼獨特。司馬炎一聽，鬱悶半死。史書說，這樣的格調是石崇、王愷都玩不起的。

由此可見，富二代的奢靡，大有長江後浪推前浪的洶湧壯觀。

史上最年輕的縣委一把手

石崇是何許人？從哪裡來？為什麼能富可敵國？

這話必須從石崇的父親石苞說起。石苞，字仲容，渤海南皮人。石苞家庭出身貧寒，長大後開始學習經商，後來慢慢稍微有所起色。魏明帝曹叡在位的青龍年間，開始在家鄉與長安之間販賣生鐵，一來二往也攢積了幾個錢，於是乎，就慢慢學會了跟官方打交道。從南皮來到長安，發現「外面的世界很精彩，外面的世界很無奈」。僅僅靠做點生鐵生意是不夠的，這遠遠滿足不了石苞已經開闊了的視野和實現個人價值的願望。在朋友的介紹下，他認識了當時正如日中天的司馬懿。於是，他棄商從軍，扛起槍桿子，開始了跟著司馬懿鬧革命的生涯。

由於石苞有著販運的經商經歷，販運商的靈活性、應變性，成了他日後一筆經驗財富，靠著這些經驗，在正式成為一名軍人後，他把販運的經驗在官場跟戰場都發揮到了極致，於是地位一路飆升。特別是在討伐諸葛誕叛亂的戰役中，他率領的伏兵，靈活應變，每每出奇制勝，被封為驃騎將軍。到司馬炎稱帝之後，他被封為大司馬（相當於總理）。

石苞共有六個兒子，石崇排行最小。

朝中有人好做官。有了石苞與司馬家族出生入死、艱苦奮鬥的功勞和地位，石崇哥幾個打小見著朝中重臣就是叔叔伯伯隨意稱呼的，政治前途自然不在話下。加上石崇自小聰慧，深得叔叔伯伯們的抬愛，十幾歲的年齡就參加了革命工作，弱冠二十就任了修武縣的「縣委一把手」。從這一點來講，石崇應該算是中國歷史上最年輕的「縣委一把手」。有著叔叔伯伯的扶持和引

導，加上自己的親民實幹，石崇在修武縣的聲譽竟然出奇地好。二十歲的年齡做縣官，因為有父親的後臺，這也不足為奇。難得的是，小小年齡他能把一個縣治理得很好，做到了上級高興群眾滿意，這還真不是個容易的事。

為此，他被一紙調令召回朝廷，升任為散騎侍郎（皇帝身邊謀臣），不久升為安陽太守。

勤奮好學是石崇最大的優點，不管是在地方還是回到中央工作，無論公務有多繁忙，都改變不了他勤奮好學的好習慣，他的好學不倦在同仁中一直被大家交口稱讚。

機會是留給有準備的人的。司馬家族的伐吳之戰中，石崇作為一員謀臣，在伐吳戰爭中終於立下戰功，為此被晉升為安陽鄉侯，此後不久又升任荊州刺史。此時，作為「一省之長」的石崇，心底的貪婪私欲漸漸顯露。遠離了朝廷，失去了叔叔伯伯的時常敲打，加之長期以來中央政府對地方大吏監管機制的缺失，靠貪腐得來的錢要官買官成功的事例已是公開的秘密，而那些一旦買官成功的人又可以獲得更大的利益，這樣的事情，他開始是很驚訝的，看得多了，也就麻木起來，並從一個觀望者變成了一個弄潮兒。如此一來，作為「一省」最高長官的石崇想不富都不行。

一方面，他在專案審批、資金借貸、工程發包等方面大肆收受賄賂；更讓人意想不到的是，為了達到迅速暴富的目的，他竟然步入了黑社會行列，以自己的身分，治下區域的黑社會老大當然非自己莫屬。

崇穎悟有才氣，而任俠無行檢。在荊州，劫遠使商客，致富不貲。（《晉書・石崇傳》）

此話翻譯過來，就是說石崇在荊州儼然成了土匪和黑社會老大，利用自己的權勢、武力，打家劫舍，搶劫遠道而來或者路過荊州的商人。當時的荊州在全國範圍內的經濟優勢絲毫不亞於今天的上海、香港，所以用不了多久，石崇的財富就達到了無法計量的程度。

據說，西元272年石崇父親石苞死的時候並沒有給石崇留下什麼。此時，石崇的母親對父親此舉還頗有微詞。但是，二十歲就做了「縣委一把手」，這難道不是最好的饋贈？有這樣的基礎，他石崇還需要什麼呢？

石崇在荊州任期結束後，帶著無法估量的財富回到了首都，先後做了南中郎將、領南蠻校尉等職。

回到京城，他投靠到了權臣賈謐的門下。

賈謐，傻子皇帝司馬衷的賈南風皇后的親姪子。石崇對賈謐的討好簡直到了無所不用其極的地步，史書記載，只要賈謐的車從路上過一趟，石崇一旦得見，就會立刻匍匐在地上，望塵而拜。這想來也是他為了保住自己的財富，過安生日子吧。

另一方面，石崇似乎並不迷戀官場，而是熱衷鬥富比奢，畜美養妾，沉溺聲色，間或與一些有學問的三朋四友結社弄文，吟詩作對，躺在不法所得的財富上，過著神仙般愜意的日子。石崇的張揚和巨富，讓不少人簡直瞪暴了眼球。

到了這個程度，似乎不幸也亦步亦趨地來到了。

珠珠，你還愛我嗎？

金谷園，也稱「金谷春晴」，位於河南洛陽老城東北七里處，當時的佔地面積達數十平方公里。酈道元在《水經注》中以「清泉茂樹，眾果竹柏，藥草蔽翳」評價該園。園主人因山形水勢，築園建館，挖湖開塘，周圍幾十里內，樓榭亭閣，高下錯落，金谷水縈繞穿流其間，園內清溪縈回，水聲潺潺。鳥鳴幽村，魚躍荷塘。數不清的珍珠、瑪瑙、琥珀、犀角、象牙等貴重物品，把屋宇裝飾得金碧輝煌，宛如宮殿。每當陽春三月，風和日暖之時，桃花灼灼、柳絲嫋嫋，小鳥啁啾，對語枝頭；樓閣亭樹交輝掩映，蝴蝶蹁躚飛舞於花間。走入其間，猶如置身仙境。

這就是大富豪石崇依靠攔路搶劫得來的錢財修建的別館，裡面的每一塊石頭、每一枝花草都是從全國各地精挑細選而來。

在這裡，石崇與好友潘安（就是那個絕世帥哥潘岳）、左思（寫《三都賦》使洛陽紙貴，長相奇醜卻東施效顰學著潘安的樣子出來嚇人的那位）等二十四位朋友，在此結成詩社，大搞文藝派對，並號為「金谷二十四友」。以音樂、勁舞、美酒、美女刺激感官，尋找創作激情和靈感。凡有遠行的朋友都在此餞飲送別，有遠道而來的文友名士，則在此接風洗塵。天天週末嘉年華，夜夜文藝色情狂歡節。進了金谷園，不准不高興。

寫到這裡，筆者甚至有點羨慕他們了。

這所別館的主人當然是石崇，它的女主人卻並非石崇夫人。

這位女主人的名字叫綠珠。

綠珠，本姓梁，是生長於白州境內的雙角山下（今廣西博白縣綠珠鎮）一戶普通人家的女兒。她自小聰慧，通曉音律舞蹈，兼有文學修養，長大後出落得絕豔美貌，姿容罕見。

那一年，躊躇滿志的石崇奉命到越南北部欽差，路過廣西，無意邂逅綠珠，當即被綠珠的絕世美麗和才藝功夫電暈。無數個夜晚輾轉難眠的折磨之後，千方百計、絞盡腦汁的石崇，最終用了「十斛」珍珠，把絕色才女綠珠弄回了中原。「十斛」可不是個小數目，在中國古老的容積換算裡，十升為一斗，十斗為一斛。「十斛」珍珠，多大的血本呀。

綠珠的第一才藝是吹笛，她的吹笛水準常常使路人佇首，百鳥來朝；此外，舞姿也是特別優美，尤其擅長表演《昭君》。石崇讓綠珠吹奏《昭君》的曲子，綠珠一曲下來，使石崇如癡如醉。一曲吹罷，遠離故鄉的綠珠藉古抒情，開口唱了起來：

我本良家女，將適單于庭。辭別未及終，前驅已抗旌。僕御涕流離，轅馬悲且鳴。哀鬱傷五內，涕泣沾珠纓。行行日已遠，遂造匈奴城。延我於穹廬，加我閼氏名。殊類非所安，雖貴非所榮。父子見凌辱，對之慚且驚。殺身良不易，默默以苟生。苟生亦何聊，積思常憤盈。願假飛鴻翼，乘之以遐征。飛鴻不我顧，佇立以屏營。昔為匣中玉，今為糞土塵。朝華不足歡，甘與秋草並。傳語後世人，遠嫁難為情。

詞意淒涼婉轉，聽得石崇淚珠漣漣。此歌一出，綠珠的才情讓石崇刮目。綠珠嫵媚動人，恍若天仙，何況有如此蓋世的才情，加之通情達理、善解人意，寧願委屈自己也不耍小性子的態度，久而久之，便在石崇眾多姬妾之中，鶴立雞群，優勢凸顯，石崇的千百美女因此黯然失色。

為了表達對綠珠的愛，為在與王愷等巨富鬥富中佔據絕對優勢，石崇修建了金谷園。為了顯示自己的富有，為了讓綠珠身在中原，能找到家鄉的感覺，石崇甚至不惜老本，派人用江南的絹綢子針、中原的銅皿鐵器等緊俏商品，不遠萬里去到南海群島換回稀有的珍珠、瑪瑙、琥珀、犀角、象牙等貴重寶器放置室內。為了讓綠珠能夠登高望遠，石崇在園內修築了高達百丈，可「極目南天」的「崇綺樓」，以慰綠珠的思鄉之愁。

金谷園因綠珠而建，綠珠也因金谷園而美名遠揚。石崇們等「金谷二十四友」的吟詩作對，迎來送往，每天的狂歡中，高潮的一幕肯定是綠珠的閃亮登場，此時尖叫聲、口哨聲、吶喊聲和著在場人的手舞足蹈混成一片。史書說，「歌舞侑酒，見者失魂。」

於是，綠珠的美名在文人騷客、名士士大夫的口耳相傳中，愈加閃亮，遠播華夏。多少男人為演藝界排行榜上的第一女星綠珠所傾倒，夜不能寐。這其中，一個叫孫秀的傢伙，比任何見到綠珠的人都要難過，他甚至叫人畫了一張綠珠的畫像，每天在家裡對著畫像上的綠珠意淫不止，猥瑣至極。

西元*300*年，趙王司馬倫廢除了皇后賈南風，誅殺了不可一世的賈南風親姪子賈謐，免去了石崇的官職。至此，石崇望塵而拜的保護神灰飛煙滅。

初，崇家稻米飯在地，經宿皆化為螺，時人以為族滅之應。（《晉書・石崇傳》）

此後的一天，金谷園石崇的家裡發生了一樁怪事。掉在地上的米飯，一夜之間竟然全部變成了大大小小的螺螄，這不能不讓人驚訝，於是有高人私下就說，這是滅門之災的前兆。這件事，想必曾給石崇帶來過不祥的陰影。但金谷園中的音樂、勁舞、美色和文學使石崇的生活很快又回到了原來的狀態。

賈南風被廢除後，趙王司馬倫自己登上了皇位，石崇的外甥歐陽建與司馬倫素來有仇，本已被免官的石崇就屬於被打擊的對象了。

此時，那個對綠珠垂涎三尺的孫秀就公開跳了出來。

孫秀，字俊忠，琅琊人，世奉五斗米道，為道徒。他開始為司馬倫身邊的小差使，因為善於諂媚，寫過幾篇公文很受司馬倫肯定，因而得寵。此後，他為司馬倫謀劃，以離間計廢太子，殺賈后，登帝位。孫秀註定了是一個玩弄權術的卑劣小人。

孫秀使人求之。崇時在金谷別館，方登涼臺，臨清流，婦人侍側。使者以告。崇盡出其婢妾數十人以示之，皆蘊蘭麝，被羅縠（音ㄏㄨˊ，縐紗），曰：「在所擇。」使者曰：「君侯服御麗則麗矣，然本受命指索綠珠，不識孰是？」崇勃然曰：「綠珠吾所愛，不可得也。」使者曰：「君侯博古通今，察遠照邇，願加三思。」崇曰：「不然。」使者出而又反，崇竟不許。秀怒，乃勸倫誅崇、建。（《晉書・石崇傳》）

見到石崇失勢，孫秀就開始明目張膽地派人向石崇索取綠珠。當時石崇正在金谷園一個寬大的露臺上、憑臨園中水景，跟一大群美女喝酒作樂。吹彈歌舞，正高興到魂不附體的時候，他忽然見到孫秀的差使近前，開口就索要絕色才女綠珠。於是，石崇大手一揮，齊刷刷幾十個美女就站了出來，這些美女一個個穿著絢麗的羅紗，散發著蘭麝的香氣，猶如數十盆品種各異，嬌豔欲滴的鮮花整齊擺放在一起。石崇對來使說：「都在這裡，你隨便挑選吧。」

差使被眼前的美人晃得眼睛都睜不開，但還是鎮定下來，拿腔拿調地說：「大人，這些婢妾個個都豔絕無雙，但小人受命來請綠珠，你能告訴我是哪一位嗎？」

石崇一聽，頓時勃然大怒：「綠珠是我的最愛，想拿走她？休想！」

差使馬上說：「石大人，你是博古通今的人，見過的世面也多，你還是好好考慮一下吧！」

著名的詩人作家、高幹子弟、曾經的一方大員、黑社會老大怎能受此窩囊，於是堅持不給。差使只得悻悻而去，將石崇的態度彙報給了孫秀。此時的孫秀在司馬倫手下，正是呼風喚雨的勢頭。一怒之下，他便讓司馬倫殺掉石崇了事。（《晉書‧潘岳傳》中記載石崇為「在市行刑」而不是私刑）

> 崇正宴於樓上，介士到門。崇謂綠珠曰：「我今為爾得罪。」綠珠泣曰：「當效死於官前。」因自投於樓下而死。（《晉書‧石崇傳》）

司馬倫的兵奉命前來捉拿石崇的時候，石崇正跟綠珠在露臺上牽手看雲聽風，一派情深意長的樣子。聞聽差兵進來，石崇嘆息一聲：「綠珠，你還愛我嗎？我是因你而獲罪啊！」

聞聽此言，綠珠熱淚長流：「夫君，謝謝你曾經對我的好，我會永遠記得的。」突然，綠珠轉身一躍而起，像一隻輕盈蝴蝶飄然而下，鮮紅的血如花瓣灑落一地。

> 崇乃嘆曰：「奴輩利吾家財。」收者答曰：「知財致害，何不早散之？」崇不能答。（《晉書‧石崇傳》）

臨死前，他從牙縫裡擠出一句話：「這些人，還不是為了貪我的錢財！」

押解他的人說：「你既知道會有今天，為什麼不早點把家財散了，做點善事呢？」

與石崇同時被害的還有他的母親、兄弟、妻子等共十五人。

時光的年輪順轉五百多圈後，唐朝著名詩人杜牧來到了洛陽八景之一的金谷園，想起富可敵國的石崇和他的綠珠，感慨萬端，隨口吟出了：

> 繁華事散逐香塵，流水無情草自春。日暮東風怨啼鳥，落花猶似墜樓人。

詩的第一句寫金谷園昔日的繁華，今已不見；二句寫人事雖非，風景依舊；三、四兩句即景生情，聽到啼鳥聲聲似在哀怨，看到落花滿地，想起當年墜樓自盡的絕色才女綠珠。全詩可謂淒切哀婉之至。

成語附錄

【成語】**光彩奪目**

【釋義】奪目：耀眼。形容鮮豔耀眼。也用來形容某些藝術作品和藝術形象的極高成就。

【出處】《太平御覽》卷七〇三引晉・裴啟《語林》：「(石崇)乃命取珊瑚，有三尺，光彩溢目者六七枚。」

【成語】**白首同歸**

【釋義】歸：歸向、歸宿。一直到頭髮白了，志趣依然相投。形容友誼長久，始終不渝。後用以表示都是老人而同時去世。

【出處】晉・潘岳《金谷集作詩》：「春榮誰不慕，歲寒良獨希；投分寄石友，白首同所歸。」

【成語】**石崇鬥奢**

【釋義】又名「石崇鬥富」，指石崇與王愷比鬥奢侈。形容奢侈浪費。

【出處】《世說新語・奢汰》中石崇與王愷鬥富的記載。

【成語】**水陸畢陳**

【釋義】地上海裡的都全了。比喻極其富裕。

【出處】西晉時期，荊州刺史石崇靠搶劫外地商人而積累了萬貫家財，他在京城做衛尉，大肆揮霍。晉武帝的舅舅王愷想辦法與石崇比富。王愷得到一株珊瑚十分得意，拿到石崇家。石崇拿出水陸畢陳的寶物送給王愷。王愷自嘆不如。

【成語】**金谷酒數**

【釋義】金谷：園名，晉代石崇建，在今河南省洛陽市西北。罰酒三斗的隱語。舊時泛指宴飲時罰酒的斗數。

【出處】晉・石崇《金谷詩序》：「遂各賦詩，以敘中懷，或不能者，罰酒三斗。」

衛玠 被圍觀致死的花樣美男

人物簡介

姓名：衛玠，字叔寶，外號衛洗馬、衛虎

家庭出身：官僚世家

籍貫：山西夏縣

生卒：西元286～312年

社會關係：太尉衛瓘的孫子，尚書郎衛恒的兒子，驃騎將軍王濟的外甥，樂廣、山簡的女婿，謝鯤、阮修的好友

社會身分：著名的清談名士和玄理學家、中下層官員

容貌：帥得萬人空巷，被人圍觀而死

作品：無

雷人言行

由於長相太帥，被人圍觀而死。

相關成語

看殺衛玠　冰清玉潤　阿平絕倒　珠玉在側　情恕理遣

作者評價

對於男人，白嫩的肌膚下面掩蓋的可能是超高的早亡機率。

被「看」死的不一定只是帥哥，還可能是才子。

看也能看死人

衛玠實際上是一位比潘安還要帥的帥哥。一是因了那句「貌似潘安」的傳唱，二是潘安一生有著曲折坎坷的經歷，譬如說，他是入選《二十四孝》中的楷模，他是世界上最癡情的戀人之一，他首創了悼亡詩的體例，且有許多詩作傳世，他參與了石崇對賈謐的「望塵而拜」的團體，最後慘遭殺害等等。這些因素讓潘安的知曉率比衛玠高了許多。

衛玠的容貌之美，超過潘安是有根據的。

看殺衛玠——來源於《晉書・衛玠傳》。本義為魏晉時期，晉國美男子衛玠由於其風采奪人，相貌出眾而被處處圍觀，終被圍觀折騰而死，當時人因此說其被看死。後來多用於形容人被仰慕。

這是成語詞典裡面的解釋。這句成語，就能充分證明這一點。

翻開人類歷史，被看死的人僅僅三位。

一是衛玠，二是清道光年間「不戰、不和、不守，不死、不降、不走」，而被英法聯軍裝在鐵籠子裡拉到加爾各答供人「觀瞻」的總督葉名琛，還有一位是被狗仔隊的相機圍追堵截的戴安娜王妃。葉名琛的「被看死」，是帶著民族仇恨的死；戴安娜王妃的被看死，是離婚王妃的私情可以迎合現代獵奇讀者的目光；而衛玠的「被看死」純粹是容貌太美招來的「杯具」（網路用語，指「悲劇」）。從時間上看，衛玠的被看死比之後來兩位，都早一千多年。

西元*312*年，「五胡亂華」正在華夏大地如火如荼上演，羯族領袖石勒定都襄國（今河北邢臺市）稱霸。北方大地屍橫遍野。

這一年，以容貌之美名滿天下的帥哥衛玠，從豫章（今江西）來到下都建康（今江蘇南京），消息一出，南京的大街小巷人滿為患，摩肩接踵，無論男人女人、老婦少婦通通湧向街頭，紛紛佔據有利地勢，想要一睹潘安之後的全國第一號帥哥。因為此時距離青年潘安在洛陽大街上出風頭的日子已經過去了好幾十年了，人們對男性青春偶像派明星的審美已經渴望很久。

> 衛玠從豫章至下都，人聞其名，觀者如堵牆。玠先有羸疾，體不堪勞，遂成病而死，時人謂看殺衛玠。（《世說新語．容止》）

> 京師人士聞其姿容，觀者如堵。玠勞疾遂甚，永嘉六年卒，時年二十七，時人謂玠被看殺。（《晉書．衛玠傳》）

人們從早上等到中午，又從中午等到下午。終於，傳說中皮膚如玉的帥哥衛玠出現了。衛玠一出現，街頭頓時亂成一團，歡呼聲、口哨聲、哭聲、尖叫聲亂成一片。特別是那些已是過來人的老婦少婦更是肆無忌憚，紛紛擁上前去，擁抱、強吻、牽手忙個不迭，在那個沒有保安人員的時代，衛明星無異於活人被投進裝滿野獸的大籠子，只得任人抓撓、推搡和猥褻。

當晚，回到住處的衛玠一病不起，不久之後的六月二十日，就一命嗚呼了。

對這一事件的記敘，《晉書．衛玠傳》、《世說新語》等古籍上都有大同小異的記載。

這樣的死當然是因帥而帶來的「杯具」，也是人類死因中最另類離奇的一種。

帥也是有來歷的

按照現代基因學原理，決定一個人健康、長相的主要因素應該是基因。

衛玠的祖父叫衛瓘（音ㄍㄨㄢˋ）。衛家是典型的書法仕宦之家，有文章說，衛瓘是王羲之的師傅衛夫人之父。但這一說法因為缺乏根據未被完全證實。

衛瓘在西晉末年算是元老級的人物，被譽為三國時代最後的一位謀臣。他出身於書法世家，年輕時在魏國仕官，擔任廷尉、鎮西將軍，參加討伐蜀漢的戰事。蜀漢亡後，他受鍾會之命逮捕鄧艾父子，後來鍾會叛變，又奉朝廷之命帶兵前往鎮壓，殺死鍾會、姜維，並領田續謀殺了鄧艾父子，功勞不可謂不大。西晉時，衛瓘歷任青州、幽州刺史、征東大將軍及司空。

衛家除書法之外，還有一個過人之處，就是世代遺傳帥哥美女基因。這一說法可以在晉武帝司馬炎口中得到證實。

據《晉書•賈后傳》記載：

> 初，武帝欲為太子取衛瓘女，元后納賈郭親黨之說，欲婚賈氏。帝曰：「衛公女有五可，賈公女有五不可。衛家種賢而多子，美而長白；賈家種妒而少子，醜而短黑。」元后固請，荀顗（音一ˇ）、荀勖（音ㄒㄩˋ）並稱充女之賢，乃訂婚。

這段文字翻譯過來應該這樣表述：當初晉武帝司馬炎打算為太子娶衛瓘的女兒，但是元皇后卻聽信了賈充親信的讒言，想要為兒子娶賈家的姑娘。這時司馬炎就說，衛瓘的女兒有五大優點，而賈充的姑娘卻一無是處。衛家的基因既賢德又善於生兒子，不但長相漂亮，而且個子又高，皮膚也白；而賈家的基因不但愛嫉妒而且生育上也不善生男孩，不但醜而且個子又矮又黑。元皇后卻固執己見，最後在荀顗、荀勖的謊言鼓動下，最終和賈家訂了婚。

從司馬炎口中「衛家的基因既賢德又善於生兒子，不但長相漂亮，個子又高，而且皮膚也白」，可以得知，衛玠的帥不是偶然的，而是基因使然。

衛玠長到五歲的時候，就顯露出了超級帥哥的苗頭，那時七十歲的祖父就說，這孩子將來絕對不一般，可惜我年齡大了，看不到他將來是什麼模樣了。

衛玠的祖父說完這話後的一年，一場巨大的變故和災難就降臨在了這個家庭。一是因為當初司馬炎選接班人的時候，忠義正直的衛瓘死活不同意選那個對大臣說「這些老百姓真傻，沒飯吃為什麼不吃肉？」「田裡這些青蛙是私人的還是公家的？」的傻子司馬衷，而後來的結果恰恰是司馬衷被立為接班人，由此埋下了禍根；二是因為當初司馬炎要選的兒媳婦是衛瓘之女——衛玠的姑姑，最終也因各派勢力傾軋而選中了賈充的女兒賈南風，這又是一個禍患。

到傻子司馬衷即位之後，皇后賈南風專權，專權後的賈南風聽說當年的那兩件事後，氣不打一處，她首先要做的就是砍了衛瓘這個老奴才一家，然後再剷除別的異己。

於是，一場腥風血雨的屠殺以衛瓘一家的被殺拉開了序幕。

衛瓘一家除衛玠母親帶著他和哥哥衛璪（音ㄗㄠˇ）外出就醫而漏網之外，無一倖存。

> 總角乘羊車入市，見者皆以為玉人，觀之者傾都。（《晉書‧衛玠傳》）

逃過劫難的衛玠越長皮膚越白，愈發顯得漂亮。到了「總角」——少年時，一次乘坐一輛雪白的羊車從城中經過，白色的羊拉著肌膚雪白的少年，見到的人都驚呆了，莫不大叫：「天！簡直玉人啊！」

衛玠的帥跟他母親那邊的基因也是有關的。衛玠的外公家是魏晉時代著名的山西王家。衛玠的母親是否漂亮，史料上未有記錄，但他那著名的舅舅王濟的長相似乎可以佐證，至少衛玠的母親絕對不是醜女。因為與母親同為一母所生的舅舅王濟是一個徹頭徹尾的帥哥，史書上說，王濟風姿英爽，氣蓋一時，被晉武帝司馬炎選為女婿，配常山公主。

衛玠稍長之後，即出落得又白又帥，以至於跟他舅舅在一起的時候，連以帥出名的舅舅都感到自愧弗如。《世說新語‧容止》裡說，驃騎將軍王濟是衛玠的舅舅，俊秀清爽，風采奪人。看到衛玠，王濟總是感嘆道：「他只要在我身邊，就彷彿光彩奪目的珠寶玉器在一旁，讓我感到自慚形穢。」

衛玠的美由此可見一斑。

遺憾的是，衛玠如此的美白後面，卻隱藏著不健康的因素。

但事情恰恰就是那麼巧合，假如衛家被滿門抄斬的時候，要不是衛玠、衛璪兄弟有病而被母親帶出去治病，絕對就沒有後來萬人空巷的「看殺衛玠」了。

哥不但帥，而且有學問

衛玠的帥絕對不是空有好皮囊那種紈絝子弟。衛家是有名的書香門第和書法之家，但據傳著名書法家王羲之的老師衛夫人就出自他們這一族。衛玠五歲時就顯露出非凡的智商，被鄉鄰視為神童。

除學習傳統的儒家學問之外，他很早就開始研究《老》、《莊》。這孩子對學問的刨根問底確實了得，能認識到的名士高人，他幾乎都去請教過學問。

> 衛玠總角時，問樂令夢，樂云：「是想。」衛曰：「形神所不接而夢，豈是想邪？」樂云：「因也。未嘗夢乘車入鼠穴，擣齏啖鐵杵，皆無想無因故也。」衛思因經日不得，遂成病。樂聞，故命駕為剖析之，衛即小差。樂嘆曰：「此兒胸中當必無膏肓之疾！」（《世說新語・文學》）

十多歲的時候，衛玠曾就「夢」的問題去請教過當時著名的清談家樂廣。樂廣是大官僚大名士王戎、裴楷佩服得五體投地的學問家。然而，少年衛玠卻一點也不露怯，他問樂廣：「夢是什麼？」樂廣說：「是心中所想的，是一種心理表現。」衛玠說：「身形和心神都不曾接觸過的東西，卻能在夢中出現，這難道也是心中所想嗎？」樂廣說：「總是有原因的。沒有人夢見坐著車進了老鼠洞，沒有人夢見把鐵棍搗成碎末來吃，這都是因為心中不想，沒有根據的緣故呀。」聽了樂廣的解答，衛玠還是不能明白。於是整天想著樂廣所說的做夢之因，百思不得其解，最後竟然病倒了。

樂廣聽說後，也急了（這是一個多麼負責任的老師呀！），就讓人駕車拉著他去看衛玠，見到衛玠，樂廣再一次深入淺出、循循善誘地給他講述其中的道理，搞懂了這個問題的衛玠，竟然馬上病就好了。

估計正是這種精神打動了樂廣，才有了樂廣後來將親閨女許配給衛玠的好事。這是後話。

衛玠對待學問上的精神，由此可見一斑。

憑著這種精神，成年之後的衛玠在學界和名士中逐漸成了一顆閃亮的學術明星，其能言善辯在玄學清談圈內超過了當時有名的玄理學家王澄、王玄、王濟等人。

在魏晉玄理清談名士中，創立玄學完整理論體系的，當首推何晏與王弼，衛玠是繼承王弼理論體系的。魏晉的清談辯論，是在理論體系相通的派別中，以特定的題目、特定的內容和方式以及公認的評判之下，展開的一種推理性的辯論。何晏、王弼是以《老子》為其理論基礎的，他們能夠在這個基礎上展開辯論。衛玠作為王弼理論的繼承人，在他所處的時代，幾乎將前人的清談才藝發揮到了極致。

《世說新語》裡有好幾則關於衛玠清談水準的記載。

一則是這樣說的：

王平子邁世有俊才，少所推服。每聞衛玠言，輒嘆息絕倒。

王澄超凡脫俗，才華卓著，很少有他欽佩的人。每次聽衛玠清談，就為之讚嘆傾倒。

還有一則說：

衛玠始渡江，見王大將軍，因夜坐，大將軍命謝幼輿。玠見謝，甚說之，都不復顧王，遂達旦微言，王永夕不得豫。

衛玠剛到江東，去拜見王大將軍（王敦）。晚上坐著閒聊，大將軍就召來了謝幼輿（謝鯤）。衛玠見到謝鯤很高興，都不顧和王敦說話了，就一起談論玄理，直到天明，王敦一晚上也沒機會插話。

緊接著一則又這樣說：

王敦為大將軍的時候，鎮守豫章，衛玠為躲避戰亂，從洛陽來投奔王敦，兩人見面非常高興，談了整整一天。當時謝鯤擔任長史，王敦對謝鯤說：「沒想到永嘉年間，還可以聽到正始之音，如果王澄在這裡的話，一定會再次被衛玠的講座傾倒。」

王敦就是那個上廁所見到塞鼻孔的棗子而吃掉，見到美女侍立一旁臉不紅心不跳，見到因自己不喝酒，敬酒的美女接連被殺若無其事，平生兩次造反的那位仁兄。而王敦所說的王澄則是他的族人，以清談誤國著稱的王衍的弟弟，此人是魏晉時代嵇康之後最傲慢的一位。他最有名的狂放之舉是擔任全國最富庶的荊州刺史時，在百官親友送行的儀式上，撇下正進行的儀式，大庭廣眾之下爬到樹上去掏鳥窩。能如此輕怠功名和眾達官親友的人，要想他能傾倒於誰，那的確不是件容易的事情。

衛玠的學問之高能讓王澄這樣的學者狂士傾倒，其水準自不待言。

對不起，哥先走一步

紅顏女子多薄命，換過來，能不能說英俊帥哥命多薄呢？這話放在衛玠身上肯定是對的。

綜觀衛玠的一生，的確充滿了不幸、悲慘和顛沛流離。他的一生正好生活在禍水賈南風皇后竊取政權和司馬熾短期在位期間，先是賈南風清除異己，殺了他全家，幸虧他跟哥哥被母親帶出去看病僥倖躲過。但對於曾是天下人人欽羨的鑽石級高等家庭，一夜之間他從一個高官子弟變成了失去數十口親人的罪犯漏網子弟，這樣的打擊和落差不知他是怎樣挺過來的，在此我們不得不佩服這位大帥哥的堅韌。

憑著自己的堅韌，他不但從悲痛走了出來，還成了他那個時代天下第一的哲學大家，被所有的達官名士所敬仰。

後來時來運轉，當他不再是被追殺的對象後，終於得到了當局的認可，先是任太傅西閣祭酒（相當於國務院的秘書），後任太子洗馬（太子的隨從官員，負責太子外出時在馬前作先導。一般每個太子有洗馬八到十六人）。

這期間，由於他學識和做人深得他曾經的老師樂廣的讚許，樂廣把自己如花似玉的女兒許給了他做妻子，讓他得以成家。但是，這位恩師的閨女並沒有能陪著衛玠一起慢慢變老，竟在婚後不久就去世了。失去心愛的女人，對任何一位男人來說都是很悲慘的事情，衛玠為此難過得要死。

衛洗馬初欲渡江，形神慘悴，語左右云：「見此芒芒，不覺百端交集。苟未免有情，亦復誰能遣此！」（《世說新語・言語》）

到永嘉四年（西元*310*年），由於五胡亂華，北方大亂，為保存門戶，衛玠不得不攜母舉家南行。將要渡江的時候，衛玠面容憔悴，神色憂傷，對左右的人說：「看到這茫茫江水，不禁百感交集。如果人免不了有七情六欲的話，那麼誰又能排遣這種離別故土無法言表的憂愁呢？」面對茫茫江水，想著此去經年不知未來是何等光景，是否還能回到自己的故土，帥哥衛玠難過不已。

由於路途遙遠，一路顛沛流離、飢寒交迫，衛玠和母親不知吃了多少苦頭。幸好先行南下的那些故人熱情接待了他們。

大權在握的王敦、名士謝鯤以及「竹林七賢」山濤的兒子山簡對衛玠母子關愛有加。山簡甚至把自己的女兒也許給了這位喪妻的「二鍋頭」。

史料記載，征南將軍山簡在江南見到衛玠，很是欽佩敬重。山簡說：「以前戴叔鸞（後漢名士，生有五女。其選擇女婿的標準為後世稱道和效仿）為女兒擇婿，只注重人品，不管門第高低。何況衛氏門第高貴，衛玠又有美好的名望呢！」於是，他把女兒嫁給衛玠做妻子。山簡的選擇當然是值得肯定的，但他的寶貝閨女卻沒有那麼好的命承受衛玠這個既「帥得驚動黨中央」又非常有學問的才男美男。

在本文前面，我們已經說過，衛玠的美是有來頭的，他是盛產美女的衛家與盛產帥哥的山西王家聯姻的產物，這是基因使然。但是衛玠美白的形象後面，卻隱藏著病秧子基因。在衛玠的祖父身上，我們仍然可找到病秧子的蛛絲馬跡。

《晉書・衛瓘傳》裡就有「瓘素羸」之說。《說文解字》是這樣解釋「羸」字的：羸（形聲。從羊，本義：瘦弱），瘦也。本訓當為瘦羊，轉而言人耳。「瓘素羸」這話翻譯過來就是說，衛瓘一向體弱多病。在衛瓘平定滅蜀功

臣鍾會的反叛中，恰恰是憑藉自己體弱多病麻痹了對手，最後一舉拿下了鍾會及其所部，從而成為司馬政權手下的一等功臣，坐上當朝第一高官太傅位置的。

史書上對於衛玠父親記載甚少，關於他父親的健康狀況更是無從查對，但從衛瓘的向來羸弱看，衛玠的毛病屬隔代遺傳也不是不可能。

從身體素質上講，衛玠完全就是一個「金玉其外，敗絮其中」的角色。

關於他身體不好，《世說新語》裡有兩條記載：

一條是說，丞相王導見到衛洗馬（衛玠）時說：「這個人的身體顯然很差，即使整日調養，看起來也像是不堪服飾之重啊。」

另一條則說：由於衛玠身體的原因，他的母親對他的起居飲食和作息時間向來都管得特別嚴，南渡過江之後，一次大軍閥王敦請客，晚間王敦召集僚屬一起來聽衛玠做哲學清談，由於有*N*久沒見面的好友謝鯤在場，衛玠一時忘了母親的囑咐，一開口就口若懸河，滔滔不絕，一直講了整整一晚，整個晚上大軍閥王敦直聽得瞠目結舌，始終沒有插上一句話。當晚回去衛玠就生病了。

如上所說，衛玠本來身體不好，加之從北方漂泊到南方，一路顛沛流離，健康狀況更加糟糕，此時又再婚娶了山簡的黃花閨女，這對衛玠的健康來說，無異火上澆油。此時再加上在陪都建康被水洩不通的粉絲圍觀、推搡，到了下榻處就一病不起。沒過幾日，他拋下了新婚的妻子和年邁的母親到另外一個世界跟老聃對話去了。這一天，是永嘉六年（西元*312*年）六月二十日。這一天，江河含悲，二十七歲炫目的明星隕落，建康的「衛粉」哭成一片。

史書中記載，在眾多好友、粉絲中，謝鯤是最傷心的一位，聽到他的哭聲，連不相干的過路人都跟著哭了起來。有人問謝鯤：「他又不是你的親人，你為什麼要那麼傷心呀？」謝鯤呼天搶地地哭道：「國家的棟樑沒了，難道你不覺得悲哀嗎？」

從歷史看到，一介白面書生的死又算得了什麼呢？只可憐跟他背井離鄉年邁的母親和新婚的妻子。

十多年後，一人之下萬人之上的王導突然想起了這位曾經帥得驚動天和地的才子，便說：「衛洗馬應當改葬。這位先生是風流名士，為海內人士所敬仰，我們應該略作祭奠，加深舊日的情誼。」於是，衛玠的墓便從原來一個不起眼的地方改葬到了江寧。

衛玠，無論是他的帥、他的才還是他的死，都成了後世的神話。歷代文人雅客將數不清的詩作堆積在他的大名之上。

這其中，最容易記住的一首是唐代詩人孫元晏寫的：

叔寶羊車海內稀，山家女婿好風姿。
江東士女無端甚，看殺玉人渾不知。

成語附錄

【成語】**看殺衛玠**

【釋義】衛玠，晉人，字叔寶，風采極佳，為眾人所仰慕。衛玠被人看死。比喻為群眾所仰慕的人。

【出處】《晉書·衛玠傳》：「京師人士聞其姿容，觀者如堵。玠勞疾遂甚，永嘉六年卒，時年二十七，時人謂玠被看殺。」

【成語】**冰清玉潤**

【釋義】潤：滋潤。像冰一樣晶瑩，如玉一般潤澤。原指晉樂廣、衛玠翁婿倆操行潔白。後常比喻人的品格高潔。

【出處】南朝·宋·劉義慶《世說新語·言語》劉孝標注引《衛玠別傳》：「裴叔道曰：『妻父有冰清之姿，婿有璧潤之望。』」

【成語】**阿平絕倒**

【釋義】比喻對對方的言論極為佩服。亦用為譏諷言論極為乖謬，常貽笑大方。

【出處】據《晉書·衛玠傳》及《王澄傳》載：「玠好言玄理。琅玡王澄字平子，兄暱稱之曰『阿平』。有高名，少所推許，每聞玠言，輒嘆息絕倒。故時為之語曰：『衛玠談道，平子絕倒。』」

【成語】**珠玉在側**

【釋義】側：一旁。珠玉，珍珠美玉；借指儀態華貴的人。比喻有容貌、德才都超過自己的人在身邊。

【出處】《晉書·衛玠傳》：「玠風神秀異，驃騎，將軍王濟，玠之舅也，每見玠輒曰：『珠玉在側，覺我形穢。』」

【成語】**情恕理遣**

【釋義】恕：原諒。遣：排遣。以情相恕，以理排遣。指待人接物寬厚和平，遇事不加計較。

【出處】《晉書‧衛玠傳》：「玠嘗以人有不及，可以情恕；非意相干，可以理遣，故終身不見喜慍之容。」

王澄 最擅爬樹掏鳥的高官

人物簡介

姓名：王澄，字平子，暱稱阿平，綽號羌人

家庭出身：天下第一門閥——琅琊王家

籍貫：山東琅琊

生卒：（大約）西元273～317年

社會關係：大名士王戎的堂弟、名臣王衍的弟弟、名相王導族弟、大將軍王敦族兄

社會身分：狂人、高官

容貌：冷峻美、酷呆了

主要作品：無

雷人言行

◎在朝廷為他組織的送行大會上，扔下領導、嘉賓和親友，爬到樹上掏鳥窩。捉到鳥後旁若無人地逗弄自己手裡的小喜鵲。

◎常常與一幫名士酒友玩裸奔、裸喝。

◎手下惹怒他時，命人掐其鼻子，燙其眉頭。懲處方式亙古未見。

◎身為一方封疆大吏，不務正事，成天喝酒，轄區弄得一團糟。

◎超級帥哥衛玠一談學問，他就敬佩得匍匐在地。

相關成語

滄海橫流　落落穆穆

作者評價

聽說過瘋狂的，沒見過這麼瘋狂的。

一場空前絕後的爬樹掏鳥表演

爬樹掏鳥窩的事情，對於鄉下的「野」孩子來說，是一種毫不稀奇的尋常玩樂。但如果是換了場所和時間，譬如學校的開學典禮、寺廟裡道場進行時，即便是鄉村孩童在這樣的時候去掏鳥，都會讓人難以接受。

然而，本文即將出場的這位主人翁早已不是孩子，他年近不惑，從地位上來講，也不是一般的人，而是身為一方封疆大吏的朝廷高官。

惠帝末年（大約西元305年），正是司馬「八王」幾兄弟殺得天翻地覆，傻子皇帝司馬衷被迫戰戰兢兢遷都長安之時，賈南風皇后的親戚王衍從鞏固王氏家族的實力出發，向手握重兵的司馬越建議，派自己的親弟弟王澄領荊州刺史、持節、都督，兼南蠻校尉，派自己的族弟王敦任青州刺史。

荊州、青州兩地無論戰略位置、經濟優勢在全國都是尤其重要的地方，讓自己的兩個弟弟前去統佔，其用心良苦不待言說。正如王衍自己對他的兩個兄弟說的：「荊州處於長江上游，青州有依靠大海的險要，你們二位出鎮地方，我留在朝廷，裡外結合，可以稱得上狡兔三窟了。只有這樣咱王家在大晉朝的地位才不會衰落。現在皇室衰弱，兄弟們鎮守齊楚之地，外可以建立霸業，內可以匡復皇室，這麼偉大的事業就看你們倆的了。」

從中央派幹部到一個大軍區去任首席長官，且作為權傾一時的王氏家族的重要人物王澄外放，自然是非同尋常的事情。

澄將之鎮，送者傾朝。澄見樹上鵲巢，便脫衣上樹，探而弄之，神氣蕭然，傍若無人。劉琨謂澄曰：「卿形雖散朗，而內實動俠，以此處世，難得其死（難有善果）。」澄默然不答。（《晉書・王澄

傳》）

正式啟程的那天，長亭外，古道邊，晴空萬里，彩旗飄飄，鑼鼓喧天，歡送規格之高，場面之大前所未有，上至朝廷百官、王氏家族全體，下到巴結討好之輩及看熱鬧的百姓，男人女人、老人孩子上千人集結於此。

當主持人宣佈「為王澄大人調任荊州刺史餞行儀式現在開始」的話音剛落，幾隻不諳世事的喜鵲卻在主席臺後面的大樹上唧唧喳喳地鬧了起來。這時只見主席臺上的主角王澄站了起來，離開了自己的座位，正當眾人疑惑不解的時候，大家為之送行的主角王澄已快步來到樹下，只見他踢掉自己的靴子，三下兩下就開始爬起樹來。此時人群一陣騷動，嘖嘖之聲此起彼伏。王澄爬到樹幹中段的時候，大樹的斷枝勾住了他的衣服，使他無法繼續往上爬。此時的王澄索性用腿絞住樹幹，把身上的衣服全脫下來，向下一拋，光著身子爬開了。一場莊嚴的、由當今朝廷組織的送行大會頓時演變成了一場爬樹捉鳥的觀摩大會。只苦了要營造王氏「狡兔三窟」的哥哥王衍，氣得差點把地下頓出窟窿。在地上眾人嘰哩呱啦一片亂叫的當兒，王澄已經捉住了一隻小喜鵲，一邊神情自若逗弄著手裡的小喜鵲，一邊旁若無人地回到了自己的座位上。

莊嚴的餞行大會不得不草草收場。

這一切，被一位在朝廷為官的名士劉琨看在眼裡，等到送行的人群被漸漸拋在後面的時候，多送一程的他才對王澄說：「王大人啊，您外表雖然灑脫，而內心卻仗義而想有所作為，所以常常表現出非常另類，假如這樣下去不改的話，說難聽點，是難得有善終的。作為您的好友，臨行送你這句話，您謹記吧！」

誰也沒有想到，好友劉琨的這句話，竟成了王澄終結的讖語。這是後話。

雷人領導不一般

所謂「王與馬，共天下」的琅琊王家在王澄這一輩人中，是體現得最突出的。僅他們這一輩地位到達三公九卿（類似於今天政治局常委級別）的就有王衍、王澄、王戎、王敦、王導五人。這其中，王衍和王澄是親哥倆，而王戎則是他們的堂兄，這哥仨的祖父王雄跟王祥、王覽兄弟是宗族兄弟。而王敦和王導又是堂兄弟，他們都是大孝子王祥的弟弟王覽的孫子。這五兄弟雖然屬於一輩人，但年齡有長幼，在風口浪尖上屬於三個時代，王戎屬於「竹林名士」，王衍、王澄屬於「中朝名士」，而與他們同輩的王敦、王導則屬於「江左名士」。

王衍、王澄兄弟的父親叫王乂（音一ㄟ），曾做過平北將軍。

王澄在還不會說話的幼年時候就表現得非常聰明，雖然嘴裡不能表達，但只要見到家人的舉動便能明白他們要幹什麼。史料有載，王澄十四歲的那一年，曾和嫂子郭氏發生過一場很不愉快的事情。事情的發生就是因為王衍的老婆郭氏。郭氏不是個善良之輩，有事沒事常常欺負家中的僕人、婢女，王澄對此早就看不過去了。這一天，嫂子叫一位婢女從家裡挑一擔大糞出發，去很遠的地方澆地。這從來都是男人都怕做的活，何況一個小女孩呢？王澄聽到後就站起來勸嫂子不要這樣安排，郭氏一聽雷霆大發，指著王澄說：「母親臨終的時候是把你交給我照管的，不是把我交給你這個小叔子來照管，你現在竟敢管起我來了！」說完，她就抓住王澄的衣襟，舉起木棒就要打王澄，幸得王澄打小就開始練著拳腳，一發力就從嫂子手裡掙脫出來，縱身一躍從窗子逃走了。這或許就是王澄正義、正直、不畏強暴性格的最初體現。

成長過程中王澄逐漸形成了自己獨特的個性和特點，在很多方面都有著不一般的表現。

一是他的長相很酷，屬於典型的冷峻美類型。《晉書》上記錄有王澄與哥哥王衍這樣一段對話，王澄對王衍說：「哥啊，從你的外形來看，就像一位單薄的道人，而你內心深處的氣概和行為卻很牛，這就怪了。」王衍說：「是的，我的容貌形體的確不像你那樣冷峻和酷。」

二是王澄雖出生在一貫重文輕武的門閥世家，卻練得一身好功夫，不但能爬樹抓鳥，飛簷走壁，還能拉弓射箭，輕功、硬功都很不一般。

三是他有過人的辨人識人能力，在這方面，他那身居高位的哥哥王衍都佩服三分，一旦經過他品評鑑識過的人，王衍都不會有異議，總是對下屬說：「這個人已經阿平鑑識過的，不必再考評了。」這方面，在王澄後來啟用寒門出身的郭舒身上得到了充分的證明。

四是性格狂放，不拘禮法，整個一個名士性格，生活態度、為官態度，他比之前面的他的兄長王戎有過之而無不及。譬如，他常常跟從兄弟王敦、謝鯤、庾敳（音ㄞˊ）、阮修（阮籍的後代）以及光逸、胡毋輔等三五成群，通宵達旦喝酒作樂，有時候甚至赤條條地喝，喝到一定程度就玩裸奔，瘋狂另類到了極點。所謂「酣宴縱誕，窮歡極娛」，都不知道該玩什麼好了。

五是王澄不但思維敏捷，還能說會道。有了以上這些拿得出手的東西，他的胞兄王衍就開始為他大作宣傳了（相互抬舉，這也是王家兄弟之間的一貫做法），曾經有人問身為太尉（相當於今天的總理）的王衍當下的人才排行榜應該怎麼排，王衍說，阿平應該排第一，庾家的庾敳排第二，我從弟王敦可以排第三。有著這樣的評價和自己的特長，王澄當然就不把任何人放在眼裡。

衍因問（王敦）以方略，敦曰：「當臨事制變，不可豫論。」澄辭義鋒出，算略無方，一坐嗟服。（《晉書・王澄傳》）

曾經有一次，王衍在家裡與王敦、王澄及一幫幕僚談起治政之法，王敦說：「應臨事制定對策，不能事先論定。」聽到王敦此言，王澄馬上站起來批駁，言辭鋒芒畢露，計謀出奇，在座的人無不嘆服，弄得王敦啞口無言，臉面掃地。類似的事情積攢起來，自然就給兩人之間的關係蒙上了陰影，最終導致王澄死在同族兄弟手裡，這是後話。

王澄還有一點就是喜歡附庸風雅，喜歡參與談玄論道。只要一號美白帥哥、大清談家衛玠一講玄理，王澄就佩服得五體投地，之所以有「衛玠談道，平子絕倒」之說。

如此做官

出生在琅琊王家的王澄，有著王家的光環罩著，而且他的同胞哥哥王衍還是皇后賈南風的親戚，並且還是當朝太尉，有著這樣的關係和自己的名士派頭，他的官運當然一路亨通。

剛一成年，他就順理成章做了官，而且職務不低，不久就升到了成都王司馬穎手下做從事中郎（相當於大軍區的參謀長）。王澄所處的時代正是西晉王朝八王之亂的時期，司馬家族叔姪、兄弟你殺我我殺你，全都為了王位，當然這也是賈南風這個禍水打開的潘朵拉魔盒。後來司馬穎戰敗，他又被東海王司馬越調去做了司馬越的司空長史（相當於今天國務院辦公室主任）。後來因為迎接傻子皇上司馬衷御駕還朝有功，被封為南鄉侯，從此獲得了侯爵待遇。之後，他又被轉任為更有實權的建威將軍、雍州刺史等職，但有著名士派頭的他卻沒有去上任。

惠帝末年，因為哥哥王衍的「狡兔三窟」之計，王澄被派到了荊州做刺

史，這就是文章開始他把朝廷莊嚴的送行儀式變成爬樹掏鳥表演的那次。

> 澄既至鎮，日夜縱酒，不親庶事，雖寇戎急務，亦不以在懷。擢順陽人郭舒於寒悴之中，以為別駕，委以州府。（《晉書・王澄傳》）

到達任上的王澄，遠離了監督他的哥哥，更是放任自流，日夜放縱飲酒，不料理政務，即便是軍情要事，也不放在心上。

但是，身為一個大軍區的首領兼地方長官，總得應付一下才行。這時王澄就把自己辨人識人的本領拿了出來，在數以萬計的普通士兵中提拔了一個人來做自己的別駕（助理）。這個人名叫郭舒，是典型的貧寒子弟，在當時，將一個寒門出身當兵吃糧又不具備名士資格的普通士兵，提拔成一個大區軍首長的助理，應該是一件破天荒的事情。這樣的事情也只有王澄才做得出來，換成別人早就有不合禮法之嫌了。

王澄此舉，一不小心便造就了西晉歷史上異常稀有的一代名將，郭舒憑著自己的才幹和忠誠最終升到了梁州刺史的位上。

有了郭舒這麼稱職的助理，王澄玩得更加灑脫瘋狂，幾乎所有軍事民事政務，一律交由郭舒處理。從普通一兵一夜之間當了相當於一個大軍區常務副總司令的郭舒當然也就兢兢業業、鞠躬盡瘁、盡心盡力地為了王澄的利益努力。但是這個郭舒不愧是辨人高手王澄提拔出來的人才，他一方面為了王家的利益恪盡職守，另一方面卻保留著自己的人格操守，絕不做指鹿為馬的事情，常常在關鍵時刻挺身而出，拚死力諫。

> 荊土士人宗庾廞（廞音歆ㄑㄧㄣ）嘗因酒忤澄，澄怒，叱左右棒廞。舒厲色謂左右曰：「使君過醉，汝輩何敢妄動！」澄恚曰：「別駕狂邪，誑言我醉！」因遣掐其鼻，灸其眉頭，舒跪而受之。澄意少釋，而廞遂得免。（《晉書・郭舒傳》）

《晉書・郭舒傳》記載，王澄整天痛飲，不把政務放在心上，郭舒常懇切地勸告他。等到天下大亂，又勸王澄加強軍隊修養，樹立威望，保全州境。王澄認為亂從京都引起，不是一個州能匡正抵禦的，他不願聽從郭舒，但卻看重他的忠誠。荊州本地士人宗庾廞有一次在酒席上酒後得罪了王澄，王澄一怒之下，當即命令左右棒打宗庾廞。當時郭舒也在場，見到這種情況，郭舒顧不了那麼多，神色嚴厲地對左右說：「刺史喝得太多了才這樣說，我看你們誰敢輕舉妄動！」王澄一聽雷霆大發：「這個助理簡直太狂妄了，竟敢胡說我醉了，給我狠狠地整！」

王澄一氣之下，竟發明了史上最怪異的一種刑罰：掐鼻子、燙眉頭。面對王澄的刑罰，郭舒只得跪在地上咬牙承受。處罰完郭舒，王澄的怒氣也消了，荊州本地士人宗庾廞最終免去了一頓斃命的板子，王澄與當地士人的關係也終未受影響。

王澄的時代是一個狼煙四起的時代，八王之亂未平，五胡亂華又起，其間還有形形色色的暴民、流寇起義。大約是王澄在荊州任上的第五年，一位叫王如的流民領袖帶著起義大軍又一路殺向京都。

京城危急，王澄不理政事的日子再也過不下去了，只得率領眾軍奔赴國難。大軍一路向前，當王如的人馬進攻襄陽的時候，王澄的先鋒就到達了宜城，王澄派人到山濤（「竹林七賢」之一，本書「阮籍」一章有介紹）的兒子山簡所率部隊去聯繫，希望打一場裡應外合的戰役。不曾想，派出的信使卻被王如的同夥嚴嶷抓到。

嚴嶷使了一個小小的計謀，命人假裝從襄陽回來，故意在關押王澄信使的隔壁大聲問來人：「襄陽攻下了嗎？」回答說：「報告大人，昨天清晨攻破城池，山簡已被我方抓獲。」這齣戲演完之後，嚴嶷故意放鬆對王澄信使的看管，讓他逃跑回去報告王澄。王澄不知是計，頓時傻眼，既然襄陽已破，還能怎麼辦。只得命部隊掉轉馬頭，班師回城。這件事，讓從來就自以為是的王澄心理蒙上了陰影。於是，回去不久就以糧食運送不及時為由，把罪名加在長史蔣俊身上，殺了這個替罪羊，但是，進京勤王的計畫終究沒能實現。

這件事過後不久，王澄治下又發生了一起動亂，原因是四川一帶因戰亂流亡到湖南、湖北境內的流民與當地人發生械鬥，一氣之下殺了縣令，聚集在一個叫樂鄉的地方。王澄接到消息，便派出成都內史王機討伐他們。這些暴民聽說官府前來征討，就請求投降，打小就在高門中成長的王澄根本就不可能同情他們，於是假裝答應，而後派出部隊對這些暴民進行了突襲，並傳下命令，軍中無論誰抓到這些暴民的妻子兒女，本刺史便將這些人當戰利品賞給立功者。戰鬥結束後，王澄將抓來的八千多人沉入江中，其手段殘忍至極。這下可惹惱了其他的流民，一時間，四、五萬家流民全都反了，他們推選杜弢（音ㄊㄠ）為首領，南破零桂，東掠武昌，起義大軍勢如破竹。而這時的王澄還不擔憂，反而與王機日夜暢飲，大玩「投壺」遊戲（「投壺」是古代士大夫宴飲時玩的一種高雅遊戲。擱一個壺在那兒，然後把箭投進去，輸者喝酒），每次都要玩好幾十局，直到酩酊大醉方才甘休。如此不務正業，不敗才怪。後來王機的部隊果然被殺得片甲未存。

殺富人李才，取其家資以賜郭舒。（《晉書・王澄傳》）

王澄在自己的任上，幾乎是沒幹出一件好事。

與流寇的戰爭尚未結束，他竟然因為一點不滿而把境內的大富豪李才殺了，並把李才的家產拿來賜給郭舒。這郭舒也奇怪了，平日裡那麼鐵骨錚錚、講究原則的漢子，時時處處一心為公，但在這件事情上，竟未能在史料中找到他拚死拒絕接受這批財物的蛛絲馬跡。看來，講原則的好官在財產面前，也有「裝憨得頓飽」的時候，只是沒人追查罷了。

王澄的倒行逆施，終於落得上下離心、內外抱怨反叛的結果。並且，每次反叛發生，吃虧的都是王澄的官軍。

至此，早先的那個武功高人、狂放名士、智慧正義的化身、人才排行榜第一的牛人，威信掃地，讓粉絲們大失所望。雖然如此，但王澄卻自我感覺良好，依然傲慢自得。這個過程中，南平太守應詹、助手郭舒都勸諫過他，但他從不採納，以至於在後面又發生的若干起暴亂中屢戰屢敗，境內治理也一塌糊塗，簡直丟盡了琅琊王家的臉。

在亂世中，王澄十分糟糕地做著一方封疆大吏，其間北方少數民族在中原大地縱橫衝殺，血流成河；而司馬家族內部的皇權之爭也是你死我活，連皇帝都換了幾任；他的哥哥王衍也在戰亂中死去。直到元帝司馬睿上臺，才召他回朝任軍諮祭酒（類似參謀總長）。接到元帝的召喚，王澄才離開荊州轉任赴京。

他怎麼也不會想到，這一走，自己仍算年輕的生命就從此結束了。

牛人之死

自古以來，「上陣父子兵，打虎親兄弟」，但在權力、利益面前，父子相殘，兄弟鬩牆者也不在少數。

本文主人翁王澄，也是死於兄弟之手，但他跟兇手之間起先沒有直接的利益衝突，只是相互之間個性難以容忍，最後摻雜進了權勢爭奪，才導致慘案發生。

王澄的死，可以說是琅琊王家家族史裡最不光彩的一頁。

上面講過，琅琊王家到王澄這一輩，位高權重的就有王衍、王澄、王戎、王敦、王導兄弟五人。這其中，王衍、王澄是親哥倆，王戎是他倆的堂兄，從血緣上講關係很近。而王敦和王導又是堂兄弟，他們都是大孝子王祥的弟弟王覽的孫子，顯然王導、王敦的血緣又要親近一些。這是凶案發生的前提。

「兄弟鬩牆，外禦其侮。」這句話對於兄弟關係而言，實在是再經典不過了。關起門來是一家，外人一看，真還那麼回事，但卻並非那麼簡單。

西元*316*年，匈奴人劉聰率兵攻下長安。司馬炎創立的西晉王朝歷經傻子

司馬衷、懷帝司馬熾、愍帝司馬鄴，先後五十來年的起起落落，隨著長安的陷落，晉愍帝司馬鄴被俘，西晉宣告滅亡。

西元*317*年，琅琊王司馬睿在流亡大臣王導等人與江南氏族的擁護下，在建康稱帝，中國歷史在這一年走入了東晉帝國時代。

在建康重組政權的司馬睿對整個政界重新洗牌，王澄被從荊州刺史的位置上調離，任司馬睿身邊的軍諮祭酒，這或許是架空王澄這個敗家子的措施吧。

這個時候，族弟王敦正在江州做刺史，負責鎮守豫章（今江西包括南昌在內的廣大地區）。王澄赴京上任恰好要路過王敦的領地，於是就前去拜望這位久未謀面的族兄弟。

王敦雖是琅琊王家子弟，但骨子裡卻滿是冷酷、霸道、野蠻和反叛。他手握重兵，嗜血成性。在東晉歷史上，王敦可是個分量很重的人，他一生除了多次拉著隊伍殺進京城造反之外，最讓人難忘的有幾件小事：

第一件，上廁所。王敦作為晉武帝司馬炎襄城公主的駙馬，第一次去到司馬炎家時，進到廁所，華麗的衛生間顯眼處放有一個盒子，盒子裡全是鮮紅的乾棗，王敦完事後，抓起棗子就大快朵頤，從廁所出來他邊走邊吃。門口侍廁的丫鬟一見立刻驚呼起來，說那棗子是用來防臭塞鼻孔的，放在裡面很多天了。

第二件，還是上廁所。說的是大富豪石崇家的廁所裡豪華奢侈天下第一，十幾個美女捧著香囊貼身侍候一位男賓如廁，一位出身貧寒的官員見此情景被嚇跑了。而王敦不僅大搖大擺在十來位美女的眼皮底下把事情辦了，還若無其事地讓美女們為自己沐浴更衣，方才出來。

第三件，是喝酒。石崇勸酒用的是美女敬勸，如果客人不喝，石崇就會殺掉勸酒的美女，以此來達到讓客人喝酒的目的。一次，王敦與王導哥倆去石崇家赴宴，輪到王敦喝酒的時候，眼看三個美女都倒在了血泊中，他還是不喝。王導實在看不過去了就問他為什麼不喝，王敦回答說：「那些女子是他石崇的財產，他喜歡殺就多殺點，我就是不喝，怎麼樣！」

這些小故事足以說明王敦是什麼樣的人了。

就是這樣一個人，在王家內部卻常常受到自以為天下第一的王澄的洗涮、鄙視，王敦的心裡憋屈極了。王澄的到來，讓王敦很高興，但此時落魄的王澄卻依舊自我感覺良好，仍像過去一樣，一見面就拿王敦尋開心，言語間充滿了對王敦的藐視和不尊重。王敦氣不打一處，直氣得咬牙切齒，殺人的心都有。

王平子始下，丞相語大將軍：「不可復使羌人東行。」平子面似羌。（《世說新語．尤悔》）

恰在這時，王敦收到了堂兄王導從京都派人送來的一封信，信上只有一句話：不可復使羌人東行。此處「羌人」不是指五胡之列的羌族軍隊，而是指王澄，因王澄面黑，酷似羌人長相，所以在家族兄弟之間就有了這樣的諢稱。

王導下此殺令想來也是家族內部相互嫉妒、構怨很久了的原因吧。

敦益忿怒，請澄入宿，陰欲殺之。而澄左右有二十絕人，持鐵馬鞭為衛，澄手嘗捉玉枕以自防，故敦未之得發。後敦賜澄左右酒，皆醉，借玉枕觀之。因下床而謂澄曰：「何與杜弢通信？」澄曰：「事自可驗。」敦欲入內，澄手引敦衣，至於絕帶。乃登於梁，因罵敦曰：「行事如此，殃將及焉。」敦令力士路戎搤殺之，時年四十四，載屍還其家。（《晉書．王澄傳》）

收到身為當朝第一大員堂兄王導的手諭，王敦就真動了謀殺之心。

但此時卻被王澄看出來了。王澄來的時候就帶了二十個各懷絕技的武林高手，人手一支鐵馬鞭寸步不離地護著他。而有著一身功夫的王澄自己也隨身帶有一個玉石做的枕頭作武器。王敦一時奈何不得，只得智取。

當晚，王敦設下奢豪大宴，聲稱要好好為族兄接風。看到如此規格的宴席，王澄和護衛放鬆了警惕，一個個喝得酩酊大醉。放倒侍衛後，王敦親自

扶王澄進到客房休息，兄弟倆剛一坐在床上，王敦就提出要借兄長的隨身玉石枕頭開開眼界。一拿到玉枕，王敦馬上變了臉色，厲聲問王澄：「為什麼私通反賊杜弢？」王澄此時酒被嚇醒一半，回答說：「胡說！你可以讓朝廷來調查！」

王敦拿著玉枕轉身就走，此時的王澄已經完全意識到死神的臨近。於是伸手死命拉住王敦的衣服，王敦用力掙脫，衣帶「嘩」的一聲斷為兩截。情急之下，王澄飛身躍上房梁，並指著王敦罵道：「你這樣做，是在找死！」

王敦將手一揮，私下埋伏的武士一擁而出。

王澄最終死在了王敦手裡。這一年，他才四十四歲。

王澄死後，王敦親自用車把他的屍體護送回了家。這算不算是盡族人的義務呢？

王澄死的消息傳出，當年給王澄忠告的劉琨長長嘆息了一聲：「都是他自找的啊！」

成語附錄

【成語】**滄海橫流**

【釋義】滄海：指大海。橫流：水往四處奔流。海水四處奔流。比喻政治混亂，社會動盪。

【出處】《晉書‧王尼傳》：「滄海橫流，處處不安也。」

【成語】**落落穆穆**

【釋義】落落：冷落的樣子。穆穆：淡薄的樣子。形容待人冷淡。

【出處】《晉書‧王澄傳》：「澄嘗謂衍曰：『兄形似道，而神鋒太俊。』衍曰：『誠不如卿落落穆穆然也。』」

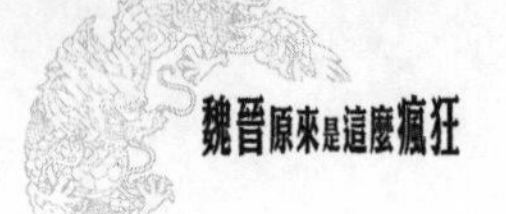

周顗 酒後的魔鬼還是錚錚的漢子

人物簡介

姓名：周顗（顗音顗ㄧˇ），字伯仁，外號三日僕射

家庭出身：汝南貴族周家

籍貫：河南省汝南縣東南

生卒：西元269～322年

社會關係：射陽侯周浚與著名賢媛李氏的兒子、名士周嵩的哥哥，王導、王敦、劉隗（音ㄨㄟˇ）等人的同僚

社會身分：高級官員、名士、酒鬼

容貌：神采俊逸，氣質型帥哥

主要作品：無記載

雷人言行

◎君臣共聚一堂暢飲，皇帝一時高興，自比堯舜。忽一人挺身而立朗聲答道：「現在的天下怎麼能跟堯舜盛世相比呢？」此人正是周顗。

◎當朝一號權臣指著周顗的大肚子說：「這裡面有什麼呢？」周顗回答：「此中空洞無物，但是像你這樣的人，能裝他個幾百個。」

◎去朋友家作客，酒至半酣，見朋友美妾秀色可餐、色藝俱佳，一時興起，當眾脫掉袍服就撲了上去。

相關成語

刻畫無鹽　唐突西施　伯仁由我　空洞無物

作者評價

如此正直之士現在沒有了，酒後如此無法無天的人似乎越來越多。

瘋狂的酒鬼官員

見過發酒瘋的，但誰也沒見過上別人家赴宴，酒席上當著大夥的面脫掉衣服裸奔上去要強姦女主人的。這個人就是本文的主人翁周顗。周顗不是普通酒鬼，他是魏晉繼「竹林七賢」之後的大名士，是「伯仁由我」、「空洞無物」、「刻畫無鹽」、「唐突西施」等漢語成語的由來者，是晉代的著名高官。

周顗成年後主要生活在西晉下半葉和東晉初的這段時間，他出生在晉武帝司馬炎時代，先後經歷了傻瓜皇帝司馬衷、晉懷帝司馬熾、晉愍帝司馬鄴和晉元帝司馬睿，死時雖不滿五十四歲，卻是司馬政權風雨飄搖中的五朝元老。

一千多年後的今天，當我們翻開那段歷史，周顗，以其獨立獨行的個性和狂放，給後人留下了一個又一個「瀑布汗」的驚嘆，在魏晉群星譜中，他的光芒顯得異常扎眼。

在魏晉，不酗酒的名士好像不是一個完整的名士，他們留給後人的形象，跟酒是無法分離的。阮籍大醉六十天，劉伶隨時準備為酒獻出生命，阮咸「人豬共飲」，張季鷹「讓我有身後的好名聲，還不如眼前的一杯酒」，跑到隔壁偷酒喝的堂堂吏部大人畢卓，居母喪期間大喝特喝的王戎等等不一而足。《世說新語•任誕》記錄魏晉時期名士生活狀態的共計五十四條，其中關於飲酒的就有二十九條。這充分說明酒在魏晉名士生活中所佔的地位。

這當中有人唱著喝、裸體喝、殺人勸酒喝、酒後罵人、裸奔，什麼亂七八糟的洋相都出盡了，本文主人翁周顗愛酒嗜酒以及酒後失態，絲毫不比其他

名士差，甚至可以說，他酒後失態的洋相，把魏晉名士與酒的洋相推到了又一個頂峰。

《晉書‧周顗傳》總共不到兩千字，然提到周顗與酒的地方就有七、八處之多。

周顗有一個外號，叫「三日僕射」。所謂「僕射」相當於今天首長手下的辦公室主任或行政主管一類的人員；所謂「三日」，意思就是一年之中最多有三天的時間是沒有醉酒保持清醒狀態的。這個名號，是早期他剛做官的時候同僚背地裡對他的雅稱。

隨著年齡的增長和宦海沉浮，這位老兄見了酒是越來越無法把持自已。周顗四十九歲那年，當上了吏部尚書，這一年周顗在酒上栽了一個跟斗。廬江太守梁龕在守孝期間，大肆宴請賓客，不僅喝酒吃肉，還請了大批樂工美女，一邊跳著「嘻哈舞」一邊狂飲濫喝，在梁龕所請的三十多人中，周顗算是級別最高的領導。假如低調地喝完就走也可能沒事，而這位周老先生幾杯酒下肚就忘乎所以，也跟著美女樂工一起「慢搖」起來。此事讓一位叫劉隗的正義之士知道了，第二天就上奏了朝廷，於是上面不得不做出處理：罷免梁龕官職，削職為民，周顗等人，明明知道梁龕在服孝，還不尊重禮法大搞狂歡酗酒聚會，停發當月薪資，留職察看一月。

初，顗以雅望獲海內盛名，後頗以酒失。……顗在中朝時，能飲酒一石，及過江，雖日醉，每稱無對。偶有舊對從北來，顗遇之欣然，乃出酒二石共飲，各大醉。及顗醒，使視客，已腐脅而死。（《晉書‧周顗傳》）

周顗不僅愛酒，他的酒量也十分了得，放開喝一天能喝一石（以當時計量換算，十升等於一斗，十斗等於一石，折合大米的重量相當於27斤）。到了東晉建立，過江之後，他這樣的酒量似乎只有「獨孤求敗」了，每天都因為喝酒找不到對手而鬱鬱不歡。終於有一天，從北方來了一位老朋友，周顗一高興就拿出兩石酒，自己負責自己面前的一石，一邊喝一邊敘舊，不知不覺兩石酒見底了，兩人酩酊大醉。第二天，周顗好不容易才從床上爬起來，去到友人房間一看，那人早在昨夜就因肝臟被酒燒爛而死。

> 王導與周顗及朝士詣尚書紀瞻觀伎。瞻有愛妾，能為新聲。顗於眾中欲通其妾，露其醜穢，顏無怍色。有司奏免顗官，詔特原之。（《晉紀》）

周顗喝酒最丟臉的是與一號宰輔王導等人一起去同僚紀瞻家作客的那次。《晉書‧周顗傳》上只說「顗荒醉失儀，復為有司所奏」，寥寥兩句，就交代了。而《世說新語‧任誕》引注《晉紀》則是這樣說的：當時一位叫紀瞻的尚書邀請王導、周顗等當朝高官上自己家賞舞、喝酒、聽音樂。酒至半酣，紀瞻隆重請出自己嬌美的愛妾閃亮登場，親自為大家歌舞一曲。這小妮子是紀瞻花了很大工夫才弄到手的尤物，不僅會很多新歌，而且才藝水準不是一般高，尤其長相性感漂亮得讓見過的男人都難以自持。這美眉且歌且舞，顧盼流雲，兩曲唱罷場上就開始亂了。只見吏部尚書兼護軍將軍的周顗從席間跳了起來，一邊脫掉自己的袍服，「漏其醜穢」——男人那東東暴露無遺，一邊飛也似的衝向美人，攔腰抱住，「於眾中欲通其妾」——在大庭廣眾之下就要非禮她。

那歌舞著的美女簡直嚇得半死，要不是在場的人將周顗撲倒，真不知道會是什麼結果。

而在這整個過程中，周顗「顏無怍色」——絲毫沒有羞恥、慚愧的神色。

周顗的這次失態很快就傳了出去，又被有關部門參奏一本。但這一次，晉元帝司馬睿卻沒有治他的罪，只下詔說：「周顗作為朝廷的輔佐大臣，職掌幹部選拔的大事，本當謹慎守德，為百官之楷模。但屢因飲酒過度，依法受到查辦。我體諒他極盡歡樂的心情，但這也是沉湎於酒的教訓。想來周顗自己也慚愧，必定能克己復禮，所以這一次不加以貶黜問罪。」

在晉元帝的庇護下，這件事就這樣算完了。

神奇的母親和他的兒子

跟絕大多數名士牛人一樣，周顗也出生在門閥之家。

在晉代歷史上，汝南安城周家雖不及王、謝兩家那樣招搖龐大，但卻有著「真正的貴族」名頭。汝南安城周氏都是西漢汝坟（音ㄈㄣˊ）侯周仁的後裔，世代以儒學傳家，高官輩出。到了周顗的父親周浚跟周顗這一代，家族的輝煌似乎發展到了頂峰，先後出現了周浚、周顗、周嵩、周謨、周穆等著名人物，創造了周氏家族史上一門五封的奇蹟。這其中周顗、周嵩、周謨乃一母所生的兄弟三人，周顗為長子。

如果說，周顗和「一門五封」是那個時代的奇蹟的話，那麼，製造這個奇蹟的周顗父母的婚姻以及他母親本人更是一個神話。

周浚（*220～288*），豫州汝南安成（今河南汝陽東南）人，是周平王少子汝坟侯周烈的後裔。他官至安東將軍、侍中、少府、將作大匠，以才理知名。他初為魏國尚書郎、御史中丞、折衝將軍、揚州刺史，拜射陽侯；伐吳有功，封成武侯；後為晉武帝侍中、少府領將作大匠，又為都督揚州諸軍事，拜安東將軍。

周浚作安東時，行獵，值暴雨，過汝南李氏。李氏富足，而男子不在。有女名絡秀，聞外有貴人，與一婢於內宰豬羊，作數十人飲食，事事精辦，不聞有人聲。密覘之，獨見一女子，狀貌非常；浚因求為妾，父兄不許。絡秀曰：「門戶殄瘁，何惜一女！若連姻貴族，將來或大益。」父兄從之。遂生伯仁兄弟。絡秀語伯仁等：「我所以屈節為汝家作妾，門戶計耳。汝若不與吾家作親親者，吾亦不惜餘年！」伯仁等悉從命。由此李氏在世，得方幅齒遇。（《世說新語・賢媛》）

說起周顗父母的婚姻，《世說新語・賢媛》有這樣一段記載：

周浚做揚州刺史兼安東將軍時，有一天到汝南鄉間去打獵。時至下午，天上突然下起暴雨，周浚一行無處可躲。此時天漸漸黑了下來，大家又冷又餓，只得到不遠處一村民家避雨借宿。一問，這家人姓李，從住宅屋宇及家中場景來看，無疑是一鄉間富豪。

去的時候，李氏家中男人都出門去了，只有一個叫絡秀的女兒在家。

絡秀趴在窗戶上往外一看，從裝束言行上立即判斷出這群人的身分不一般，於是立即行動起來，叫來婢女，安排接待之事。

可惜家中男僕也都外出勞作去了，絡秀就跟那個婢女在後院裡殺豬宰羊，操辦幾十人的酒餚飯食，菜飯將熟時香氣撲鼻，而且從頭到尾沒有聽到說話的聲音。周浚忍不住透過板壁縫隙向裡窺看，只見一個女子，長相非常漂亮，一邊勞作一邊有條不紊地指揮婢女準備飯菜，周浚愛意頓生。

此時的周浚已經婚配，按當時的規矩，貴族人家一般不會娶民女為妻的。周浚回家之後，就委託媒人前來向李家提親，希望絡秀做他的小老婆。絡秀的父親和兄長一聽，哪裡肯答應。誰知絡秀卻從繡房裡跑出來說：「我們家門第低下，為什麼捨不得一個女兒呢？能與貴族聯姻，那該是多好的一件事啊！」在她的堅持下，父親和哥哥只好同意。

嫁給周浚的李氏，一口氣生下了周顗兄弟三人。

在周顗兄弟還小的時候，她就反覆對周顗兄弟說：「我之所以降身屈節，嫁到你周家做小老婆，就因為希望光耀李家門戶。你們三兄弟如果不把我李家當作嫡親看待，我這條老命也就不要了。」

上面這段記錄給我們提供了幾個方面的資訊。一是周顗父母的認識富於戲劇性，似乎還有幾分浪漫；二是周顗的母親李絡秀不僅漂亮而且非常精明

能幹。試想：一個未見世面的鄉間姑娘，在兵荒馬亂的年代，父兄不在家的情況下，竟然敢開門接待素不相識的一大群男人。不但如此，她還自作主張殺豬宰羊（以最高規格接待一群陌生的不速之客，送一餐便飯就已經很不錯了，何必一定要殺豬宰羊呢？豬羊這麼貴重的財產也敢擅做主張處理），而且還臨時充當屠夫、廚子、接待總管，並井井有條、樣樣周到。這都還不算，到後來周家提親的時候，她竟然不顧禮法不顧羞恥反駁父親，自告奮勇要當別人的小老婆，這樣的女人，即便是在今天，也應該是奇女一個。周浚與這樣一位女子生出的後代肯定不會差到哪裡去。

在李絡秀生下三個男孩之後，不知道是正房夫人的早逝還是別的原因，總之，這位當年帶上一個婢女就能殺豬宰羊的李氏小姐就堂堂正正地做了正房。如此一來，周顗也就名正言順地成了周浚的嫡系長子。

周顗年輕時就因為聰慧、帥氣而名聲遠揚，即使同輩親近之人，也沒有不尊重他的。曾經有一個做了司徒掾（音ㄩㄢˋ，古代官府屬員通稱）（中央高官的幕僚）名叫賁嵩的高深名士，一見到周顗就感嘆說：「汝南一帶果然多出奇士！近年雅道衰頹，如今見到周伯仁，才知道振興風尚，天下太平有希望了。」廣陵戴若思是東南的才俊之士，舉了秀才後，來到洛陽，久聞周顗美名，前往拜訪，見面之後，擔心一出言就會在周顗面前貽笑大方，只得端坐不語，一會兒就告辭了。

周顗的堂弟周穆當時也享有美譽，有幾次想拿周顗尋開心，但周顗陶然自處不願意跟他計較。周顗的胞弟周嵩在當時也是比較有才的名士，一次酒醉之後瞪著眼睛對周顗說：「你的才能不如我，怎麼名聲就比我大那麼多呢？」說完，他把席間正燃燒著的蠟燭砸向周顗。周顗側身躲過之後，面色不惱不火，只平靜地說：「兄弟你用火攻，本來就是下策。」

這兩件事情傳了出去，周顗更受到圈內士人學子的尊重。

工作後，周顗的同事庾亮曾對他說：「人們都把你比作樂廣（廣受讚譽的名士高官，司馬穎、衛玠的岳父）。」周顗聽後，說：「為什麼要美化醜女無鹽，而冒犯美女西施呢？」周顗謙遜的一面由此可見。

真名士的作派

出生在世代顯赫的周家的周顗走入仕途當然是順理成章的事。先前是朝廷的地方政府屢次招聘都被他婉拒。直到他二十歲那年，由於父親去世，才以長子身分繼承了父親的爵位，為武城侯，拜秘書郎。到傻子皇帝司馬衷當政期間（*290～306*）升調為尚書吏部郎（相當於中組部的司局級幹部，此時周顗在*22～38*歲之間），由於八王之亂，不久又被東海王司馬越的兒子司馬毗要去做了鎮軍長史（類似於軍區首長的辦公室主任）。

晉元帝司馬睿在江南站穩腳跟後，先是請周顗擔任軍諮祭酒（類似參謀長），後由於王澄在荊州把一個攤子搞得亂七八糟，司馬睿便將王澄與軍諮祭酒周顗對調，由周顗去到荊州軍區收拾殘局。這次調動，顯然是司馬睿想當然的結果，周顗作為一名文職官員，管管人事、錢糧、民政都很不錯，一旦要帶兵打仗，收拾王澄在荊州惹下的大禍，他實在沒這個能力。

周顗初到荊州，杜弢之亂不僅沒有平息，另一撥盲流又開始造反，而且還加入了杜弢的隊伍。周顗腳跟還未站穩，杜弢所率的兩股流民就三下五除二把周顗打得狼狽而逃，幸好有寒門出身的名將陶侃（陶淵明的曾祖父）派兵救援，周顗才保住了性命。

保住性命無處可去，他只得前去豫章投靠王敦。

說起周顗跟王敦的關係，似乎有點類似於王澄跟王敦的關係。王敦雖然出身名門，但由於長相酷似少數民族，且又滿口鄉音，加上沒什麼文化，而且為人處世總有些不靠譜，時常受到王澄、周顗等人的奚落。《晉書‧周顗傳》

說，王敦從小就比較害怕周顗，見到周顗總是面露怯色，面紅耳赤、手足無措，即使是大冬天也要拿把扇子在手裡不停地搧。

周顗對王敦的刻薄，或許還有關係太熟的原因。周顗死後，王敦曾對手下說：我與周顗總角（尚未成年）之時就在東宮相識，一見面我就覺得他非同尋常，因此答應過他三件事。從年齡上來看，王敦大周顗兩三歲，周顗跟王敦之間應是從小的玩伴關係。撿回性命的周顗此時自然會投奔自以為把持得住的「玩伴」，而不會投奔寒門將軍陶侃。

在王敦門下待了一段時期之後，元帝司馬睿又再次召周顗為揚威將軍、兗州刺史，周顗於是返回首都建康。回到建康的周顗並沒有得到司馬睿讓他馬上赴任的指示，而是又改任他為軍諮祭酒，不久轉任右長史。到中興王朝建立，就升任周顗為吏部尚書。當上吏部尚書後，周顗卻因醉酒以及手下門生傷人而被免官，不久司馬睿就讓他官復原職，並兼任太子少傅（東宮太子的老師）。周顗天生就比較正直，在這種時候當然不願意官復原職，於是便上書司馬睿死活不答應，說自己本來沒什麼大本事，且行為時常出格，怕教壞了太子，給百官樹立壞的榜樣。在司馬睿的堅持下，周顗還是走馬上任了。

然而，周顗在很多時候卻並非上面所表現的那樣謙遜，從他的傳記中所記錄的情況來看，他在對人對事上常常咄咄逼人，名士派頭盡顯無遺，讓人下不了臺。

> 帝宴群公於西堂，酒酣，從容曰：「今日名臣共集，何如堯舜時邪？」顗因醉厲聲曰：「今雖同人主，何得復比聖世！」帝大怒而起，手詔付廷尉，將加戮，累日方赦之。（《晉書‧周顗傳》）

一次，明帝司馬紹與滿朝文武歡聚一堂，大快朵頤。酒過三巡，菜過五味，臣子們紛紛來到司馬紹的身邊向他敬酒，極盡獻媚討好之辭，三下兩下把司馬紹糊弄得找不著北。司馬紹一高興，就站起來大聲問群臣：「今日名臣共集，何如堯舜時邪？」用當下的話翻譯過來，這句話應該是：祖國建設蒸蒸日上，形勢一片大好，今天各位歡聚一堂，是不是就像堯舜盛世呀？話音剛落，席中站出一人，朗聲答道：「雖然今天咱們君臣聚在一起，但怎能與堯舜聖世相比呢，差遠了吧！」

聽了周顗的話，滿堂文武都嚇呆了。只見明帝司馬紹大怒而起：「打入死牢，擇日再砍！」一個手勢，廷尉就上來將周顗推了出去，打入死牢。誰知幾天之後，晉明帝氣消了，又把周顗放了出來，同仁好友紛紛前往周家探望。而周顗卻對來人哈哈大笑地說：「就這點罪過，我本來就不至於死嘛，你們擔心什麼呀！」

王導甚重之，嘗枕顗膝而指其腹曰：「此中何所有也？」答曰：「此中空洞無物，然足容卿輩數百人。」導亦不以為忤。（《晉書・周顗傳》）

對皇上的態度如此，對其他人的態度就更不在話下了。

周顗與王導算是老熟人，當時王導的地位可謂一人之下萬人之上，而周顗卻絲毫不給王導面子，見到王導不僅不會做出尊重討好的舉動神情，而且說話也似乎是不知天高地厚。記得有一次王導與周顗在一起，此時周顗已經發福，挺著個「腐敗肚」坐著，王導主動上前去，指著周顗的肚子說：「周大人，您這裡面都是些什麼呀？」周顗回答說：「這裡面空洞無物，但是像您這樣的人物，容納幾百個是沒問題的！」這就是漢語成語「空洞無物」的起源。

這句玩笑，如果是對自己手下很瞧不起的官員講，尚且需要斟酌，何況是對「王與司馬共天下」的王家王導所言呢？當朝帝王都得聽他安排，你一個周顗又算什麼？

這樣的話慢慢積累多了，周顗自然沒有好下場。

到王敦造反朝廷的時候，朝廷上下誰也不敢多言，怕惹禍上身，此時周顗挺身而出，親率軍隊與王敦拚殺。可惜周顗一介文人，從來不擅帶兵，朝廷軍隊大敗。此時，周顗又奉詔前往王敦軍營去說服王敦。一見面，王敦說：

「周伯仁，你對不起我！」周顗針鋒相對回答說：「你興兵造反，當了叛匪，我親自率領六軍與你拚殺，無奈沒能成功把你鎮壓，致使朝廷軍隊潰敗，所以我辜負了你！」面對周顗視死如歸的神情和正義言辭，王敦不知如何是好，頓時啞口無言。

中國有句話叫「山不轉水轉」，在「有槍便是草頭王」、「城頭變幻大王旗」的晉代，王敦這樣的亂臣賊子不但沒有轉下去，反而轉回了首都，成了總攬兵權的一號軍閥。

至此，名士周顗的噩運便開始降臨。

鐵骨錚錚，血濺祖廟

封疆大吏王敦在外面帶著大軍造反謀逆，殺向首都建康的過程中，可把他當朝為相的哥哥王導害苦了。全家一百多口人還在城裡過日子呢。

初，敦之舉兵也，劉隗勸帝盡除諸王，司空導率群從詣闕請罪，值顗將入，導呼顗謂曰：「伯仁，以百口累卿！」顗直入不顧。既見帝，言導忠誠，申救甚至，帝納其言。顗喜飲酒，致醉而出。導猶在門，又呼顗。顗不與言，顧左右曰：「今年殺諸賊奴，取金印如斗大繫肘。」既出，又上表明導，言甚切至。導不知救己，而甚銜之。敦既得志，問導曰：「周顗、戴若思南北之望，當登三司，無所疑也。」導不答。又曰：「若不三司，便應令僕邪？」又不答。敦曰：「若不爾，正當誅爾。」導又無言。導後料檢中書故事，見顗表救己，殷勤款至。導執表流涕，悲不自勝，告其諸子曰：「吾雖不殺伯仁，伯仁由我而死。幽冥之中，負此良友！」（《晉書‧周顗傳》）

王敦舉兵造反的時候，正義之士劉隗就勸說晉明帝司馬紹把王家一鍋端完事。聽到這個消息，王導嚇了個半死，就天天帶著全家老少去朝廷請罪，希望明帝能保留自己一家的性命。國家大亂，屢屢在國家有難時站出來的正義之士周顗此時成了明帝的依靠。

一天，王導率滿門老少在朝廷門口跪著的時候，正好遇到周顗進宮去，王導便哭喊著對周顗說：「伯仁，我全家百多口人的性命就託付您了，您行行好吧，給我在皇帝面前求求情吧！」周顗聽了，連頭也不回，徑直向宮裡走去。但是一見到明帝，他卻又不斷陳述王導對司馬家建立東晉政權的功勞和忠誠，懇切請求明帝能夠放過王導全家。於是明帝就聽從了周顗的話，並把周顗留下來一起吃飯喝酒，聖上賜周顗同膳，當然是莫大的榮耀。周顗於是又一次喝醉才出宮門。出來時，王導仍然率一家人苦苦跪在宮門外，王導見周顗出來，又是一陣呼天搶地地哭泣求情。周顗卻不答話，只故意對左右的人說：「今年殺了諸賊，取斗大的金印掛在手肘上。」

回到家後，周顗又連夜起草奏章，為王導一家求情，言辭誠懇切至。周顗所做的這一切，完全是從一個知識分子的良知出發，根本也沒想要讓王導知道。王導因為數次向周顗求情而沒有得到周顗的正面答覆，反受白眼和奚落，加之以往周顗肆無忌憚的言行，新仇舊恨在心裡長出毒瘤來。

永昌元年（西元*322*年）正月，王敦以誅隗翦惡為名在武昌（今湖北鄂州）起兵，江南大族沈充也起兵響應，王敦攻入建康。王氏家族此時儼然成了鳩佔鵲巢的主角，挾持皇權、主宰著天下人的生死榮辱。

王敦攻入建康的消息傳來，朝中好友都為周顗捏了把汗，紛紛建議周顗離開建康避開王敦，周顗說：「我是在朝廷中任職的大臣，朝廷喪亂衰敗，我怎麼可以回到鄉下苟且偷生，或者逃奔出國去投靠異族呢？」

好友的擔心不是沒有道理的。

王敦回到建康站穩腳跟後，就開始關心起周顗來了。

一天，他問王導：「周顗、戴若思是全國都享有名望的人，應當位登三司（司馬、司徒、司空的合稱），才能使天下人信服吧？」王導不置可否。過了一會兒，王敦又說：「如果不讓他們任三司，是不是可以把他們削職為民，去做奴僕呢？」王導還是不回答。王敦見兄長如此態度，就試探性地說：「如果都不妥的話，那就應該把他們殺了。」陰險歹毒的王導還是沒有說話。

俄而與戴若思俱被收，路經太廟，顗大言曰：「天地先帝之靈：賊臣王敦傾覆社稷，枉殺忠臣，陵虐天下，神祇有靈，當速殺敦，無令縱毒，以傾王室。」語未終，收人以戟傷其口，血流至踵，顏色不變，容止自若，觀者皆為流涕。遂於石頭南門外石上害之，時年五十四。（《晉書・周顗傳》）

幾天之後，周顗與戴若思一同被捕。押赴刑場時恰好路經太廟（皇帝為祭拜祖先而營建的廟宇），見到太廟，周顗控制不住自己的情緒，高聲喊起了：「天地先帝之靈：賊臣王敦顛覆社稷，枉殺忠臣，肆虐天下，神祇如若有知，應當速殺王敦，不要讓他恣意為害，而顛覆王室。」

見周顗呼喊口號，押解他的刑差急了。為了及時制止周顗的「反動口號」，刑差提起長槍對準周顗張開的嘴就是狠命一槍，霎時，血流如注，滿臉鮮血順著往下淌到腳跟，再順著腳跟一路淌著向前。早已喊不出聲音的周顗，神色除了像先前一樣悲憤之外，舉止自若，道旁觀者無不為之動容。

刑差押解他倆到了南門外就殺害了他們，這一年，周顗五十四歲。

周顗被害後，王敦派人去抄了周顗的家，企圖從中找出一點加害周顗的證據。讓王敦失望的是，差役把周家翻了個底朝天，只搜到幾只竹箱，裡面裝著幾床破棉絮，另有五罈酒，幾石米。

周顗死後，有兩件事提到了他的死，但周顗卻永遠無法知道了。

一天，王敦手下一個參軍與人賭博，那時往往以殺輸家的坐騎為樂事，這參軍的一匹好馬在賭博中被殺，此人便趁機對王敦說：「周家累世享有聲望，但是官位還是沒有達到王公這一級，到了周伯仁即將登上王公位置時，卻又像我的這匹不爭氣的馬一樣，掉了下去。」王敦說：「周伯仁尚未成年時與我在東宮相識，一見面彼此就推心置腹，我就應允了他三件事，哪想到他自己無視王法。該殺！」

還有一件事是：在帝王面前愈加肆無忌憚的王導有一次檢查皇家檔案時，見到了周顗親筆上書請求赦免王氏全家的奏表，言語殷切誠懇之至。王導睹物思情，悲不自勝。當即回到家中召集全家人說：「我雖然沒有親手殺周伯仁，但他是因為我而死的。就是到了地獄，我也對不起他啊！」

兩年之後，王敦病死，周顗被徹底平反昭雪，享受到了生前未能享受的政治待遇。

成語附錄

【成語】**刻畫無鹽，唐突西施**

【釋義】刻畫：描繪。無鹽：戰國時齊國的醜女。唐突：冒犯。西施：春秋時越國美女。比喻拿醜的和美的比較，冒犯與貶低了美的。

【出處】《晉書・周顗傳》：「庾亮嘗謂顗曰：『諸人咸以君方樂廣。』顗曰：『何乃刻畫無鹽，唐突西施也。』」

【成語】**伯仁由我**

【釋義】伯仁：晉周顗的字。表示對別人的死亡負有某種責任。

【出處】參見本文。

【成語】**空洞無物**

【釋義】空空洞洞，沒有什麼內容。多指言談、文章極其空泛。

【出處】南朝・宋・劉義慶《世說新語・排調》：「此中空洞無物，然容卿輩數百人。」

桓溫柔情的英雄，失敗的老大

人物簡介

姓名：桓溫，字元子

家庭出身：譙國桓家（東晉四大家族之一）

籍貫：安徽懷遠

生卒：西元312～373年

社會關係：中層官員桓彝（音一ˊ）的兒子，晉明帝（司馬紹）南康長公主的駙馬，大名士劉惔（音ㄊㄢˊ）的小時玩伴，車胤、王珣、謝安等人的領導

社會身分：名士、賭徒、高官

容貌：奇骨、碧眼、蝟鬚、面有七星，很有特點

主要作品：《請還都洛陽疏》、《辭參朝政疏》、《檄胡文》、《上疏自陳》等

雷人言行

◎堂堂統領一國軍隊的大司馬，卻做出偷看尼姑洗澡的事來。

◎用彈弓裝上子彈向賴床的下屬射去，以此喚醒懶睡的手下。

◎「既不能流芳百世，亦不足復遺臭萬載耶！」

相關成語

哀梨蒸食 咄咄怪事 大筆如椽 鳳毛麟角 流芳百世 倚馬七紙 我見猶憐 出山小草 捫虱而談 肝腸寸斷 光復舊物

作者評價

心慈手軟，怎麼能實現夢想？

假如你更壞，絕對不會有人稱你為梟雄！

桓溫是誰？

桓溫是東晉繼王導、王敦之後，海西公司馬奕與簡文帝司馬昱時期最牛的牛人。他官至大司馬，總攬天下兵權，廢掉海西公司馬奕的皇位而抬出簡文帝司馬昱；三次領兵北伐，兩次平西蜀之亂；他十八歲手刃父親仇人的三個兒子；他求賢若渴，廣攬天下人才；他痛恨無為清談，宣導高效務實的執政效率，掀起一場上至皇上下至百官的改革；面對東晉偏安一隅，他夜不能寐，從不鬆懈。但他也是中國歷史上少見的柔情英雄和失敗者，他是牛人，同時也做過很多雷人之事。

有關桓溫的史料，歷史有很多記載。關於他，筆者不願意在傳統的梟雄與英雄之爭中攪和。英雄或梟雄從來就是對同一個人物的不同命名，相當於把菜刀叫成廚具和兵刃一樣。

英雄也好梟雄也罷，他們都是人。南朝劉義慶和唐代房玄齡最讓人欽佩的是，他們對於魏晉那段歷史充滿人性溫度的記載。

桓大司馬詣劉尹，臥不起，桓彎彈彈劉枕，丸迸碎床褥間。劉作色而起曰：「使君如馨地，寧可鬥戰求勝？」桓甚有恨容。

《世說新語‧方正》這段文字講述的是，總攬全國軍事的大司馬桓溫親自去到下屬劉惔家商量政事，時間已經不早了，可這位名士依然躺在被窩裡睡大覺。桓溫這位比皇帝還牛的第一領袖沒有到床榻邊去叫他，而是「雷性」大發，從兜裡拿出彈弓裝上子彈（估計是硬土塊），對著劉惔「啪」地彈去，子彈彈在枕上立即迸碎，褥上散落一片碎塵。懶散的下屬劉惔頓時勃然大

怒，立起身對桓溫吼道：「頭兒，你這樣發瘋難道就能在戰鬥中獲勝？」第一領袖桓溫一聽，頓時難堪至極。

身為天下第一領袖，不讓侍衛去傳喚下屬，而是親自上門，這是第一難得；見到大睡中的下屬，不是讓人去喚醒他，而是自己上前用隨身攜帶的彈弓一彈打去，更是難得。此等高官如此雷人地召喚下屬，真可謂前無古人後無來者。

> 時有遠方比丘尼名有道術，於別室浴，溫竊窺之。尼倮身先以刀自破腹，次斷兩足。浴竟出，溫問吉凶，尼云：「公若作天子，亦當如是。」

這是《晉書》本傳對桓溫的一段記載。說的是一位會法術的尼姑來到晉國，想來由於尼姑既漂亮又會法術的原因，身為大司馬的桓溫不禁對她充滿好奇，趁尼姑洗澡的當兒，偷偷趴在牆縫邊偷窺，卻不想被尼姑發現了。尼姑在浴室變化法術，要懲罰一下桓溫。只見那姑子赤裸著身子，先用刀剖開自己的肚子，繼而又砍掉自己的雙足，嚇得桓溫趕緊逃跑。等到尼姑洗澡完畢從浴室出來，桓溫就向尼姑討教自己未來的凶吉，尼姑說：「如果你要取代天子的話，就會得到剛才你看到的下場。」

以上兩個故事只是本文的開頭，其實桓溫是一個極其複雜和豐富的牛人，並非只會玩彈弓的白痴和偷看女人洗澡的色鬼。

復仇者的轉身

桓溫是譙國龍亢（今安徽懷遠西北）人，譙國桓家在晉代是僅僅次於琅琊王家、陳留謝家、潁川庾家之後的四大家族之一。

東漢一朝，譙國桓氏是聲名顯赫的儒學世家。如經學大師桓榮以漢明帝劉莊授業恩師的身分，晉爵關內侯，受到朝野上下一致尊重。桓榮之後，譙國桓氏亦為東漢世代豪門望族，門第極高。但這個家族在魏晉易代之際曾遭受過毀滅性打擊。桓榮六世孫桓範作為曹爽的重要謀臣，在司馬懿高平陵兵變後，被誅三族。譙國桓氏也因此幾近滅族，僅有少數子弟僥倖逃過屠殺。譙國桓氏的重新復興起自桓溫的父親「萬寧縣男」（爵位）桓彝。永嘉之亂後，桓彝避難江左，並積極經營，先透過與眾放達名士的頻繁交往，獲得了「江左八達」之一的高名，戴上了大名士的光環，後又在王敦之亂、蘇峻之亂中忠心護主，並最終殉節死，獲得了東晉中興名臣的美譽。這個家族的子弟中亦不乏出色的藝術家。「淝水之戰」中的名將桓伊的音樂造詣更是在東晉首屈一指，其譜寫並演奏的著名笛曲《梅花三弄》，為中國十大古曲之一。

這個家族從桓彝傳到桓溫和桓溫兒子桓玄的時候，達到了頂峰，桓玄甚至還做過幾十天的皇帝，最後被殺，舉族被誅。這個家族從此失去了往日的榮光。

桓彝有五個兒子，桓溫排行老大。

桓彝五十三歲的時候，在一次平叛中，被叛將韓晃與江播殺害。這一年，桓溫只有十五歲。失去了父親的桓溫與母親和弟弟生活相當淒苦，但作為一個血性男兒，桓溫整日枕戈泣血，立志復仇。十八歲那年，適逢江播去世，江播的兒子江彪兄弟三人在守喪期間為了防備桓溫復仇，把刀子放在手杖中，時刻準備迎接桓溫的復仇。桓溫假稱是弔喪的賓客，得以進入，一進靈堂，手起刀落就殺了江彪，江彪的兩個弟弟見勢不妙，立刻跑了。桓溫哪裡肯罷手，一不做二不休，一口氣追上他倆「嚓嚓」幾刀一個沒留。

剛剛十八歲的桓溫，隻身深入虎穴，手刃仇敵的壯舉一時傳遍了東晉門閥帝國，一夜之間家喻戶曉。眼看烈士的後代如此英勇，當朝皇上晉明帝大喜之下，將自己的女兒南康長公主投向了桓溫這支「潛力股」。桓溫這個少年

喪父的孩子，在十八歲那年，坐上了駙馬都尉的位置，承襲了父親萬寧男爵位，任琅琊太守，明帝在位的此後幾年，經多次升遷，做到了徐州刺史。

桓溫一生崇拜的有三個人。一是西漢第十位皇帝漢宣帝劉病已（劉詢本名），劉在位期間「吏稱其職，民安其業」；二是同時代長他一輩的劉琨，當時北方淪陷，只有劉琨堅守在并州，是當時北方僅存的漢人地盤；三是同時代長他一輩的反賊王敦。但是，在當時的人看來，桓溫跟他們中的哪一位都不同。

譬如，他常常問下屬自己的氣質像不像宣帝，下屬沒有一個敢說實話。

再譬如，在第一次北伐的時候，桓溫在北方得到一個手巧的老婢女，這婢女原來是劉琨當年的伎女，一見桓溫，立刻淚流滿面。桓溫問她什麼原因，她回答：「您和劉司空簡直太相像了，讓我不免想起他。」桓溫非常高興，穿戴好衣服帽子，又把婢女叫來詢問。婢女說：「臉面很像，可惜有些薄相；眼睛很像，可惜小了些；鬍鬚很像，可惜紅了些；身形很像，可惜矮了些；聲音很像，可惜嫩了些。」桓溫於是脫下衣帽，感覺非常失落，好幾天高興不起來。

又譬如，桓溫除常常說到王敦之外，一次在路過王敦的墓地時，情不自禁地說：「真是個讓人喜歡的人，真是個很棒的人啊！」平定蜀地後，他召集部屬在李勢的宮殿裡大擺宴席，巴、蜀兩郡的士大夫們也都到了。桓溫一向英雄豪邁，加上那天興奮，慷慨激昂，敘述「古今成敗，事在人為」的關係，四座為之讚嘆。席上難免也說到王敦。宴會散後，眾人還在回味他的話語，其中一位叫周馥的下屬悄悄對大家說：「遺憾的是你們這些人沒有誰見過王敦大將軍！」這話顯然是說桓溫跟王敦不同。

桓溫在萬寧男爵、琅琊太守的位置上，透過兩平西蜀、三次北伐，以實際的功績，最後升任為大司馬，統領全國兵權，左右皇位更替，這其中確實付出了很多努力。

而這些過程中也不乏有人看好他，在關鍵時刻往往將票投向他，從而使桓溫獲得了一展才能的機會。當時李勢在四川作亂，桓溫主動請求要去平蜀，朝中大臣都認為，李勢在四川時間很長，繼承祖上基業已經幾代，而且長江上游、三峽地勢險要，不易攻克。此時劉惔就站出來在皇帝面前力挺桓溫說：「桓溫一定能攻下四川。我看他賭博，沒有贏的把握他是絕不下注的。希望大家能夠相信他！」於是，桓溫這個此前沒有絲毫建樹的軍官得到了這次機會。兩平蜀亂的勝利，讓人們看到了這位青少年時期手刃仇人的英勇軍人，還有帶兵打仗、攻無不克的本領。

在桓溫還未發達之前，他的好友——潁川豪族、都督六州軍事的前荊州刺史庾翼，向成帝舉薦桓溫說：「桓溫年少時就有雄略，希望陛下不要像對常人一樣對待他，不要像養普通女婿一樣畜養他，應該像周宣王委任方叔與召虎一樣把國家重臣的職務交給他，委託給他廣泛地匡濟艱難的重任。」不久庾翼死了，朝廷果然任命桓溫都督荊梁四州諸軍事、安西將軍、荊州刺史、領護南蠻校尉、假節（持皇上符節，主轄區生殺大權）的職權。

當時以善賭著名的「千王」型官員袁彥道更是公開提出來：「我有兩個妹妹，一個嫁給了名士殷浩，一個交給了聞雞起舞的祖逖。假如我再有一個妹妹的話，一定要許配給桓溫。可是我沒有，這不能不說是一個遺憾！」

在桓溫一步步向自己的目標邁進的過程中，也有不以為然，對他所做的一切嗤之以鼻的人，這其中太原王家的王藍田就是一個代表。

> 王文度為桓公長史時，桓為兒求王女，王許咨藍田。既還，藍田愛念文度，雖長大，猶抱著膝上。文度因言桓求己女婚，藍田大怒，排文度下膝，曰：「惡見文度已復癡，畏桓溫面？兵，那可嫁女與之！」文度還報溫云：「下官家中先得婚處。」桓公曰：「吾知矣，此尊府君不肯耳。」後桓女遂嫁文度兒。（《世說新語・方正》）

桓溫曾經替自己的兒子向王家求婚，桓溫的手下王坦之一時不敢答應，就回去和父親藍田侯王述商量。回到家裡，王述很溺愛王坦之，雖然坦之都工作了，王述還是把他抱在膝上。王坦之講了桓溫向自己女兒求婚的事，王述一聽就怒火萬丈，一把將坦之從膝上推下來，說道：「你現在怎麼那麼傻呀，竟害怕起桓溫來了！一個當兵打仗的人家，怎麼能把女兒嫁給他呢？」王坦之只得回去稟告桓溫：「下官家的女兒早就訂了婚了。」在這裡王藍田顯然是看不起桓溫出道的經歷和身分。

事實證明，王藍田戴上這樣的有色眼鏡看待桓溫，是大錯特錯了。桓溫用自己的作為證明了自己不僅僅是一介武夫。他有著更豐富的思想和宏大理想。他的身邊圍繞著幾乎當時所有有志收復北方的志士仁人，他推行德政，立志改革國家弊端，受到了大多數人的追捧。

當年這個失去父親，孤兒寡母淒苦度日的孩子，在母親去世的時候，除了皇家賜予的儀仗之外，幾乎全國所有的名士高官都出場了，豪華的葬禮場面連綿數十公里。在封建時代看來，這樣的作為，算是功德圓滿了。昔日的復仇青年，已經華麗轉身為朝廷的棟樑。

柔情善感與好賭貪色並不矛盾

桓溫有三大特點。一是有林黛玉一般的多愁善感，二是好賭，三是英雄本性——貪色。

> 桓公北征，經金城，見前為琅琊時種柳，皆已十圍，慨然曰：「木猶如此，人何以堪？」攀枝執條，泫然流淚。（《世說新語‧言語》）

上面這段話，說的是桓溫在北伐途中，途經金城，看到當年自己任琅琊內史時種的柳樹，已經十圍粗了，情不自禁手握枝條感慨道：「這些樹都長這麼大了，更何況人呢？哪經得起歲月的流逝啊！」不知不覺，他淚流滿面。

在平西蜀之亂的過程中，桓溫有兩件柔情善感的事被後世津津樂道。

其一是桓溫帶領部隊剛進入三峽的時候，只見兩岸峭壁，直聳雲霄，波濤洶湧，水勢湍急，於是感嘆道：「既為忠臣，不得為孝子，如何？」這話翻譯過來就是說：男人為什麼只能在忠臣和孝子之間做出抉擇呢，難道就不能兼顧嗎？為什麼會是這樣呢？

這段記載，應該是桓溫思念母親和家人的最好表現。一口氣連殺仇人兄弟仨不眨眼的好漢，其實是如此柔情，有時甚至愁腸百結，這個反差不能說不大。

> 桓公入蜀，至三峽中，部伍中有得猴子者，其母緣岸哀號，行百餘里不去，遂跳上船，至便即絕。破視其腹中，腸皆寸寸斷。公聞之怒，命黜其人。（《世說新語．黜免》）

這段文字，說的也是晉穆帝永和二年（西元*346*年）桓溫平西蜀之亂，部隊經過三峽時的事情。當時部隊裡有人捕到一隻小猴，母猴沿著江岸悲哀地嚎叫，一直跟著船走了百多里也不肯離開，終於等到船靠岸的時候，母猴趁勢就跳上了船。母猴一上來卻馬上就咽了氣。眾人剖開母猴的腹一看，只見腸子都一寸一寸地斷開了。這件事不想傳到了桓溫那裡，桓溫一聽勃然大怒，拍著桌子下令讓那個捉了小猴的士兵立刻走人。

作為一位帶領大家赴死的將軍，桓溫在這件事情上的表現，如果放在今天的西方國家，保不準下一屆的總統選舉非桓溫莫屬。而在一千多年前的中國，桓溫此舉無異於發神經。捉一隻小猴算什麼，不就死了一隻母猴嗎？在即將血流成河的關頭，你一個大將軍還真把這些雞毛蒜皮當回事了。但這恰恰就是桓溫的表現。

這也是漢語成語「肝腸寸斷」的由來。

桓溫的柔情似乎很不適合做所謂「英雄」，在筆者看來，歷史上任何英雄都缺少他這樣的溫情。幾乎所有的英雄在個人終極利益與人性道義的衝突

中，都會毅然決然做出冷如冰霜、鐵石心腸、大義滅親的「壯舉」。桓溫，似乎沒有那些為奪得霸權而殺人不眨眼的英雄那麼「偉大」。

為了維護桓家在朝中的主導地位，桓溫也開過殺戒，但對自己的親人，他卻下不了手。

庾玉台（庾友）是庾希的弟弟。庾希被朝廷殺死後，馬上就要輪到庾玉台了。庾玉台的兒媳是桓溫弟弟桓豁的女兒，聽到差役要來捉人的時候，她光著腳跑到桓溫家去。門衛不讓進，這小女子就一邊哭一邊訓斥道：「站開，你是什麼東西！我伯父的家，敢不讓我進去！」她隨即衝了進去，號哭著對桓溫懇求道：「伯父啊伯父！庾玉台的腳只有三寸長，行動都要依靠他人，難道他也會造反嗎？」桓溫聽了就說：「看來，我姪女婿一家是真的急了。」於是庾玉台一家得以赦免。

桓溫這個柔情似水的漢子另一大特點就是天生好賭。想當初，他隻身深入仇家為父報仇，也應是一種賭的行為，明明知道人家正在辦喪事，家中賓客絡繹，而仇家三兄弟也做了充分準備的，他卻偏偏這個時候行事。因為這樣做只有兩種結果，一是殺了仇人，二是被殺。

桓溫的這種嗜賭的心理也許是英雄天生的情結吧。

桓溫的那個時代沒有最低生活保障金，沒有每月一次的撫恤金。父親死後，家裡經濟每況愈下，或許是為了弄點錢來孝敬母親、供養弟弟們，桓溫選擇了賭。

有一次，他輸得很慘，債主又催得很急。桓溫想了很多辦法也沒法搞到錢還債，走投無路的情況下，桓溫想起了素不相識的「千王」袁彥道。

袁彥道，姓袁，名耽，字彥道，陳郡陽夏人。他年輕時就爽朗不羈，先前是某郡太守，好賭博，似乎有某種特異賭技，每賭必贏。因為性格向來狂放，袁彥道丟了官職。桓溫去找他的時候他正在家裡服母孝。一來因為素不相識，二來因為袁彥道正在服喪，所以桓溫實在無法開口，迫於無奈，桓溫還是支支吾吾把自己的請求說了。沒想到袁千王異常爽快，沒有絲毫猶豫就答應了。甚至還有些興高采烈地換掉孝服，把戴的布帽揣在兜裡就跟著桓溫走了。桓溫搬來千王，直接去跟賭博債主會面。債主不認識袁千王，根本想不到千王會親自駕到。見到是桓溫搬來的救兵，不以為然地說：「想必你也不是袁彥道吧？」意思就是根本不怕你桓溫的救兵。於是雙方拉開架勢比拚起來，賭注從每次十萬錢開始，一直升到每次上百萬。袁彥道這邊本來就是性格狂誕之人，一上賭場似乎就忘了自己正在服喪，旁若無人，每擲籌碼大吼大叫。只一會兒就抵平了桓溫的債，還使債主的銀袋子輸了個底朝天。直到這個時候，袁彥道才站起來，抓起東西砸向對方的桌子說：「你倒終於認識袁彥道了吧？」

這是《世說新語》裡的一段記載。桓溫發跡後，把這個袁彥道召到了自己手下，千王最終官至從事中郎。就是這個袁彥道，說遺憾自己沒有多的妹妹嫁給桓溫，可能是從賭博中看出了桓溫的人品和能力吧。

而袁彥道在桓溫手下之後，也依然是狂放不改。一次，桓溫與他擲骰子賭博，估計此時千王已把所有的絕技都教給了桓溫，在與桓溫的賭博中，無論怎麼擲，那五顆骰子就是不聽使喚。袁千王一怒之下，抓起骰子就扔了出去。桓溫卻並不生氣地說：「看見袁先生把怒氣發洩到五個骰子上，才更加覺得當年孔夫子的門生顏回從來不生氣是多麼的難能可貴啊。」

桓溫除了好賭之外，跟所有的英雄一樣，喜好女色。

本文的第一部分曾說過桓溫偷看尼姑洗澡的事。那尼姑在懲罰桓溫偷窺的同時，也藉這個機會對有篡位意圖的他進行了警告和威脅。此處不再贅述。

桓溫作為司馬皇室的駙馬爺，他與公主只不過是名義上的夫妻，男方因在外面有點實權，工作自然就比較忙，也自然就有人有求於他，在工作和應酬的同時，銀子和美女也會有人送上的。長此以往，習慣成自然，慢慢就把家裡的那位當成真正意義上的「家長」了。這樣的「家長」除了在經濟上有些優勢之外，要想享有正常的家庭生活是不太可能的。

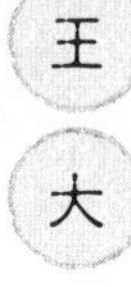

從這個角度講，南康長公主是很不幸的角色。

當時桓溫廣招天下賢才，各種稟賦的名士都在他的屬下工作。桓溫的隨軍司馬謝奕就是其中之一。謝奕，成語「東山再起」的主角謝安的哥哥，名士謝玄與大才女謝道韞的父親。

> 奕既上，猶推布衣交，在溫坐，岸幘嘯詠，無異常日。宣武每曰：「我方外司馬。」遂因酒，轉無朝夕禮。桓舍入內，奕輒復隨去。後至奕醉，溫往主許避之。主曰：「君無狂司馬，我何由得相見！」

《晉書‧謝奕傳》說，謝奕「嘗逼溫飲，溫入南康主門避之」。《世說新語‧簡傲》更詳細地說，謝奕是個很濫酒的傢伙，經常上桓溫家來，拉著桓溫這個領導就是死喝濫喝。桓溫實在沒辦法只得丟下他逃入內室，謝奕每次都會跟進去。後來一到謝奕喝醉時，桓溫就到南康長公主那裡去躲謝奕的勸酒。公主得見駙馬進來，當然高興。這種高興和幽怨加在一起，公主情不自禁地說：「我的夫君，您終於來了，如果不是謝奕那個放蕩的司馬逼你喝酒，八成我今天還是見不到您吧！」

桓溫長期不上公主那裡去，並不是說被工作累得連寢眠的時間都沒有了。在一千多年前的東晉，以桓溫這樣都督全國軍事的人物根本就不會缺女人的，甚至是全國一流的絕世美女。有了這些美女，桓溫自然就會忘記南康長公主的存在了。

這不，漢語成語「我見猶憐」記載的就桓溫泡妞這事。

桓溫討平蜀國後，納了成漢皇帝李勢的女兒為妾。南康長公主起初不知這件事。一天得知後，妒火中燒，立刻就帶著一群婢女各拿兇器氣勢洶洶衝到李女的住所，要殺了她。破門而入的時候，公主只見一女子長長的頭髮垂落到地上，膚色如白玉一般光潔。看到公主一行進來，李女神色安然，慢悠悠地說：「要不是國破家亡，我也並不想這樣。如果今天你能殺了我，就合了我的心願了。」公主看到此情此景，聽了這番話，先前的仇怨早已化成悲憫之情。於是，她丟下閃著寒光的鋼刀，上前抱住李女說：「好妹妹，我見到你也感到可愛可憐，更何況那老傢伙呢！」於是兩人關係從此好得不得了。

「我見猶憐」，後來被用來形容女子文靜嫻雅，讓人望而生憐。

心有多大天空就有多大

桓溫之所以能夠從一個復仇的孤兒成長為剿滅成漢、收復蜀地，三次領軍北伐，掌管全國兵權，廢帝立新的頭號老大，一個主要原因就是因為他愛才、攬才，心胸寬廣，有著常人難及的肚量。

從資料梳理的情況來看，他在世的那一時期，東晉同時期幾乎所有的英雄、名士紛紛投在他的麾下。他在當時那麼拉風，卻不像曹操、司馬炎那樣惹得眾多名士口誅筆伐，一個個避之三舍，躲在山林裡喝酒、談玄、玩女人。這不能不讓人對桓溫的肚量和作為產生好奇。

隨便查找一下，與桓溫同時代的名士、好漢、專家學者，在桓溫的大營內可謂群賢畢至。

車胤：桓溫的從事，「囊螢映雪」中囊螢的主人公。

孟嘉：桓溫的參軍，文學家，東晉山水田園詩人陶淵明的外公。

孫盛：桓溫的參軍，文學家、史學家，所著《晉陽秋》一書為研究三國魏晉時期的重要史料。

習鑿齒：桓溫的荊州別駕，文學家、史學家，精通玄學、佛學、史學，所著《漢晉春秋》一書為研究三國魏晉時期的重要史料。

袁宏：桓溫的參軍，文學家、史學家，所著《後漢紀》一書為研究三國時期的重要史料。

王珣：桓溫的主簿，書法家、文學家，丞相王導之孫，王羲之之姪。他與郗超齊名。書法作品《伯遠帖》為乾隆三希堂珍品之一。

謝安：桓溫的司馬，陳郡謝氏的代表人物，有遠見卓識和決勝千里之外的才能。他是「東山再起」的主人翁。

顧愷之：桓溫的參軍。著名畫家，與桓溫、桓玄私交甚厚。

郗超（郗音ㄔ）：桓溫的參軍，聰明過人，深得桓溫信賴。

謝玄：桓溫的掾吏，陳郡謝氏的代表人物，為淝水之戰的統帥之一，大敗苻堅，中興東晉。

伏滔：桓溫的長史，文學家，與袁宏齊名。

謝奕：桓溫的司馬，陳郡謝氏的代表人物。

袁喬：桓溫的參軍，小名袁羊，滅成漢之戰的謀士功臣。

赫隆：桓溫的長史，東晉風流的代表人物。

羅友：桓溫的記室、從事。

……

如此之多的賢才能夠聚集在桓溫的麾下，首先是因為桓溫的思賢若渴，廣攬英才。

范玄平為人，好用智數，而有時以多數失會。嘗失官居東陽，桓大司馬在南州，故往投之。桓時方欲招起屈滯，以傾朝廷。且玄平在京，素亦有譽，桓謂遠來投己，喜躍非常。比入至庭，傾身引望，語笑歡甚。顧謂袁虎曰：「范公且可作太常卿。」范裁坐，桓便謝其遠來意。范雖實投桓，而恐以趨時損名，乃曰：「雖懷朝宗，會有亡兒瘞（音一ㄟ，掩埋之意）在此，故來省視。」桓悵然失望，向之虛佇，一時都盡。（《世說新語‧假譎》）

曾經有位叫范玄平的失業官員在京都一帶很有聲譽，桓溫也正想招攬起用這些不得志的人才。范玄平聽說桓溫在姑蘇，就前去投奔。桓溫聽說范玄平遠道前來投奔自己，顯得非常高興。范玄平剛一進入院內，桓溫便伸長脖子遠遠地打量著他，說說笑笑，高興得很。他還回頭對手下說：「范公暫且可以任太常卿。」范玄平剛一坐下，桓溫就對他的遠道而來表示感謝。范玄平雖然是來投奔桓溫，又怕人家說他趨炎附勢，有損名聲，便說：「我不是來投奔長官的，因為正巧我有個兒子葬在這裡，特意前來看望一下。」桓溫一聽，頓時大失所望，剛才那種虛位以待的高興勁兒，頃刻之間煙消雲散。

王珣和郗超在桓溫手下的時候，很受器重和提拔。王珣擔任主簿，郗超擔任記室參軍。郗超鬍子很多，王珣身材矮小。於是當時荊州人就給他們編了幾句歌謠說：「大鬍子的參軍，矮個子的主簿；能教桓公歡喜，也能教桓公發怒。」看來桓溫是經常因為這些人才「讓我歡喜讓我憂」的。

一代名相謝安當年四十好幾才參加革命工作，投奔首選的也是桓溫，正是桓溫最初的信任和推崇，謝安才得以一步步邁向成功。謝安投奔桓溫時，還造就了中國歷史上的一個典故，叫「出山小草」。

羅友，當時有名的破落戶，連自己的生存也無法解決的角色，沒有誰願意把他當人看。但是桓溫看重他的才，把他囊在帳下，成了自己的秘書。《世說新語》裡記載說，襄陽人羅友有突出的風度，年輕時人們大多認為他傻。有一次他打聽到有人要祭神，想去討點酒飯，因為去得太早了，那家大門都還沒開，過了好一會兒，主人出來迎神，看見他，就問：「還不到時候，怎麼能在這裡等著？」他回答說：「聽說你祭神，想討一頓酒飯罷了。」他便閃到門邊躲著，就這樣一直等到天亮，得了吃食才走。

即便是到了桓溫手下工作，羅友混吃混喝的德行依然不改。

一次桓溫設宴給車騎將軍王洽送別，被請的都是有一定層次的官員。未在名單之列的羅友也來了。對這位不在列席之列的下屬入席，桓溫也沒管他。酒足飯飽之後羅友要起身告辭，桓溫這才問他：「你剛才像是有什麼事要跟我商量，為什麼不說就要走了呢？」羅友回答說：「我聽說白羊肉味道很美，一輩子還沒有機會吃過，所以冒昧前來，其實沒有什麼事要商量的。現在已經吃飽了，就沒有必要再留下了。」說時，他沒有一點羞愧的樣子。知道了吧，就這副模樣的人，桓溫竟然也把他弄到手下，當個寶物。

這羅友呢，也的確沒讓桓溫失望。他記憶力超強，曾隨從桓溫平定蜀地。佔領成都後，他巡視整個都城，宮殿樓閣的裡裡外外，道路的寬窄，所種植的果木、竹林的多少，都一一記在心裡。後來桓溫在溧洲和簡文帝舉行會議，羅友也參加了；會上一起談及蜀地的情況，桓溫有所遺忘，羅友就按名目一一列舉出來，一點錯漏也沒有。桓溫覺得好奇，就拿記載蜀地都城情況的簿冊來對照，跟羅友說的簡直一模一樣，在場人等無不驚奇。謝安說：「羅友哪裡比魏陽元差嗎？」（魏陽元即魏舒，字陽元，曹魏末至西晉初的人物，山濤死後接替其司徒一職，為「三公」級高官。）

羅友不僅有這樣的特異功能，為官也非常清廉。後來他出任廣州刺史，將赴任的時候，荊州刺史桓豁讓他晚上來家裡吃飯、住宿，他回答說：「我已經先有了預約，那家主人貧困，也許會破費錢財置辦酒食。他和我有很深的交情，我不能不赴約，請允許我以後再遵命。」桓豁暗中派人觀察他，到了晚上，他竟到荊州刺史的屬官書佐家去，在那裡處得很愉快，跟對待名流顯貴沒有什麼兩樣。任益州刺史時，他對兒子說：「我有五百人的食具。」家裡人大吃一驚。他向來清白，卻突然有這種用品，原來是兩百五十套廉價的黑食盒（相當於現今的方便飯盒）。

除了求賢若渴，桓溫對下屬的寬容也是少有的，甚至讓人瞠目結舌。

> 王、劉與桓公共至覆舟山看。酒酣後，劉牽腳加桓公頸，桓公甚不堪，舉手撥去。既還，王長史語劉曰：「伊詎可以形色加人不？」（《世說新語・方正》）

這段話翻譯過來是這樣說的：

王蒙、劉惔和桓溫一起到覆舟山遊玩。酒喝得酣暢的時候，劉惔把腳伸到了桓溫的脖子上，桓溫實在不能忍受，就用手把他的腳撥開了。回來以後，王蒙對劉惔說：「他怎麼能對人流露不快的臉色呢？」

劉惔這個名士也太過分了一些，雖然是桓溫自小的朋友，但做人家的下屬，也應該講點規矩。而那個王蒙卻說桓溫不應該在別人腳放在自己脖子上的時候，流露出不快的神色，簡直豈有此理。要不是桓溫對下屬的寬厚，想來這些名士再怎麼狂也不敢如此放肆。

那個謝奕司馬也跟劉惔不相上下。被桓溫招聘到到荊州後，他在桓溫面前更是有恃無恐，即使是到桓溫家裡去作客，也是衣衫不整、頭巾歪戴，長嘯吟唱，跟在野外和朋友聚會沒有什麼不同。桓溫常無奈地說：「謝奕是我的世外司馬。」謝奕好喝酒，桓溫越是寬待他，他就越發違背晉見上級的禮節。常常勸酒把桓溫追得四處躲避，即使桓溫逃到內室他也會跟著進去，唯獨不敢進的就是南康長公主的寢宮了。

當然，有的官員也會被忽略或疏遠，但桓溫絕對不會因為一點事情就打壓他們。

劉簡作桓宣武別駕，後為東曹參軍，頗以剛直見疏。嘗聽訊，簡都無言。宣武問：「劉東曹何以不下意？」答曰：「會不能用。」宣武亦無怪色。(《世說新語‧方正》)

有一個叫劉簡的官員，先是擔任桓溫的別駕，後來又作東曹參軍，因為過於耿直，常常讓桓溫下不了臺，多少有點被桓溫疏遠。一次參加議事，劉簡一言不發。桓溫問他：「劉東曹怎麼不談點意見？」劉簡回答：「我說了也一定不會採用！」桓溫聽了也沒有責怪的意思。

還有一個叫郝隆的官員，因為未能得到重用，於是在一次單位的聯歡會上就用一種別樣的方式對桓溫發洩了一通。當時大家都必須作詩，不作的就要被罰飲酒。這位官員提起筆來便寫了一句：「娵隅躍清池。」桓溫問：「娵隅是什麼？」郝隆回答說：「南蠻稱魚為娵隅。」桓溫說：「作詩為什麼用少數民族語言？」郝隆說：「我從千里之外來投奔您，才得到個南蠻校尉府的參軍一職，哪能不說蠻語呢！」面對這樣的冒犯，桓溫也只是大度地一笑了之。

桓溫死後，到了謝安執政時期對下屬估計是比較刻薄一些，所以很多的官員對桓溫就特別懷念。這其中表現最突出的要數顧愷之，在拜謁桓溫墓時，他作詩道：「山崩溟海竭，魚鳥將何依！」於是有人問他：「你以前是那樣受桓公倚重，哭他的樣子可以給我們描述嗎？」顧愷之說：「鼻息如北風呼號，眼淚像瀑布奔流。」或說：「哭聲如霹靂開山，淚水像奔流入海。」

流芳百世還是遺臭萬年

未廢海西時，王元琳問桓元子：「箕子、比干跡異心同，不審明公孰是孰非？」曰：「仁稱不異，寧為管仲。」（《世說新語・品藻》）

桓溫在還沒有廢黜海西公司馬奕時，王珣對他說：「箕子與比干相比二人的做法不同，但用意一致，不知您認為誰對誰錯呢？」桓溫說：「仁人的說法不同，我寧可做管仲。」

在上面提到的三個人中，箕子是商代紂王的叔父，作為儒家前驅，其思想上承大禹，下開周公「明德保民」和孔子的「仁」。在商周政權交替與歷史大動盪的時代中，他因其道之不得行，其志之不得遂，「違衰殷之運，走之朝鮮」，建立東方君子國。

比干，商朝沫邑人，中國古代著名忠臣，被譽為「亙古第一忠臣」。

管仲，春秋時期齊國著名的政治家、軍事家，被稱為「春秋第一賢相」，輔佐齊桓公成為春秋時期的第一霸主。

由桓溫對王珣的回答來看，桓溫似乎更趨向於做一個輔佐朝廷的賢相。從桓溫的做法來看，也的確如此。

他生性儉樸，每次宴飲只擺出七奠盤茶果而已。

他務實上進，不放鬆自己，鄙視名士清談的不作為。一次他趁下雪要出門打獵。打獵，對桓溫來說既是一種休閒，更是一種練兵的方式。出門之前，他先去探望王蒙、劉惔等朋友。劉惔見他一身戎裝，單薄緊窄，問道：「老傢伙穿著這身衣服要做什麼？」桓溫說：「我如果不穿這種衣服，你們這班人又哪能閒坐清談呀？」

他愛護百姓、下屬，想在自己的治內施以仁德，達到和諧。

任荊州刺史時，他一心想在江漢地區施行德政，不想靠酷刑威懾百姓。手下有人受杖刑，刑棒只是從官服上掠過。兒子桓式年紀小不知道父親的用意，從外邊回來就對桓溫說：「剛才從官府前經過，看到令史受刑，刑棒上面拂過雲彩，下面掠過地面。」桓式用這話譏諷父親，意思是刑罰根本沒讓受刑的人吃苦。桓溫回答說：「這樣啊，可是我還是擔心打得過重了呢。」

他治軍有方，宣導「團結才能取勝」。

一次桓溫宴請下屬，席上有個參軍用筷子夾薤頭（薤音壘ㄌㄟˇ，別名「蕎頭」，蔥蒜類）頭沒能一下子夾起來，同桌又沒人幫他，而他還夾個不停，滿座的人都笑起來。桓溫說：「同在一個盤子裡用餐，尚且不能互相幫助，更何況遇到危急患難呢！」他便罷了那幾個笑而不幫的人的官。

透過自己的努力，戰功和勢力凸顯之後，他的地位得以迅速提升，最終達到都督全國軍權的頂峰。看到北方仍未收復的大片失地和積弱的國力，桓溫開始了大刀闊斧的改革。

《晉書》本傳記載，此時的他向司馬政權提出了七項改革措施。第一，朋黨隨聲附和，私下議論紛紛，應該制止爭名奪利，不使它滋長下去。第二，戶口凋零稀少，比不上漢朝的一個郡，應該併官省職，讓官吏們長久從事他們的工作。第三，機要事務不可停止，常行的文案應該限定時間。第四，應該闡明長幼的禮儀，褒獎忠於公府的吏人。第五，褒貶賞罰，應該和事實相符。第六，應該遵循前代的典章，昭明學業。第七，應當選拔和設立史官，來撰修

《晉書》等等。

特別是在上述第三條上面，桓溫對司馬政府一貫拖沓的陳腐作風很是不滿，對這個問題，他很早以前就看不下去了，曾跟自己的頂頭上司司馬昱直接建議過。

> 簡文為相，事動經年，然後得過。桓公甚患其遲，常加勸勉。太宗曰：「一日萬機，那得速！」（《世說新語．政事》）

這段話翻譯過來是說，簡文帝（司馬昱）做丞相時，一件事動不動就要經過一年才得以審批下來。桓公（桓溫）對他的拖沓很反感，常催促他。簡文帝就說：「日理萬機，怎麼能快得了？」

由此可見，桓溫的美好願望並不是那麼容易實現的。

如今我們在翻閱東晉那段歷史的時候，所有史家幾乎眾口一詞說桓溫北伐是為了擴大自己的實力，目標就是要取代皇權。其實，這又有什麼不可呢？綜觀魏晉這一時期，從取代劉氏皇權的曹魏，到取代曹魏的司馬家族，哪一個不是如此？曹操曾說過一句話：我不稱王，不知道天下會有多少人稱王。秉持儒家的忠君思想一味屈從於腐敗羸弱的皇權，難道就是對國家負責？那些一味指責的人，怕是有些嫉妒吧？假如讓那些指責的人取得桓溫的成就，想來是絕對不會有桓溫那樣的德政、柔情與寬容的。這不，指責和非議他的人中，桓溫的小時玩伴、好友、手下劉惔就是一個令人鄙視的角色。

當初荊州刺史庾翼臨終時，親自上表想讓兒子園客（庾爰之）接替他的位置。朝廷擔心他會不服從命令，不知道該派誰去接替，於是大家商量起用桓溫。劉尹（劉惔）說：「讓他去，肯定能穩定西楚，但他這一去恐怕再沒有人能控制他了。」

兩平西蜀，三次北伐，桓溫擁有對天下的絕對支配權之後，他廢除了海西公司馬奕，擁立了當時的丞相司馬昱為帝，是謂簡文帝。桓溫的這一舉措當然引起了很多人的不滿，這其中，當年從桓溫手下走出來的謝安就是一個。這時的謝安已經到侍中的位置上了。海西公被廢後，謝安一見桓溫到來，就立刻跪下拜見桓溫，桓溫笑著說：「安石，你有什麼事要行如此大禮呢？」謝安回答說：「沒有君先行禮，而臣下卻站著接受禮拜的。」謝安用了一個「君」字，有意把對人尊稱的「君」與「君王」的「君」混淆，意思就是說，你桓溫現在簡直就成了不是皇帝的皇帝了。

到了老年後，桓溫的帝王夢似乎才陡然凸顯。而由於一貫過於仁慈，他總下不了手，可以說，桓溫的失敗就是失敗在過於善良仁慈。從廢海西公立簡文帝起，桓溫要想把皇位奪過來其實是並不難的事情，而他卻一拖再拖，下不了手。當初他向簡文帝陳述廢海西公的原因時，面對簡文帝得了皇位的實惠還賣乖地眨巴著眼淚，桓溫竟然被弄得不知所措。

簡文帝的死無疑又是一次機會，簡文帝「可取代之」的遺旨本來就有意要將皇位轉讓桓溫。不想在簡文帝擬定詔書的當兒，桓溫曾經的手下謝安、王坦之站了出來，主持了「正義」。桓溫的帝王夢就此擱淺。從此之後，桓溫一病不起。於是他想獲得皇家的「九錫」之禮，但謝安又以文書沒寫好，拖了下去。

雄心勃勃的桓溫只得躺在床上，對親信說：「做這種寂寂無聞的消耗，將會被前朝的那些英雄所恥笑呀。」接著，他一下坐起來說：「如果不能流芳百世，難道也不能遺臭萬年嗎！」

一病不起的桓溫門前開始冷落，病中的他似乎看到了自己的末日。這時候，想方設法要阻止桓溫夢想實現，為自己家族留下發展空間的謝安假惺惺地探視他來了。他從東門進去，桓溫遠遠望見了，嘆息道：「我的門裡很久沒有這樣的人出現了。」

幾天之後，這位柔情俠骨的篡位未遂者，這位東晉的「第一壞蛋」在睜著眼睛等待朝廷「九錫」的過程中，死在了自己的駐地姑孰（今安徽當塗）。這一年，他六十二歲。

成語附錄

【成語】**袁梨蒸食**

【釋義】意指愚人不能辨別滋味，得好梨蒸熟了吃。後用「袁梨蒸食」比喻不識貨，將好東西糟蹋了。也作「蒸食袁梨」。

【出處】傳說漢朝時秣陵（今南京）有一個叫袁仲的人，他家的梨子個頭很大並且味道鮮美，又脆又嫩。由於袁家梨名氣大，當時的人們常以能夠吃到袁家的梨為榮耀。有些人為了炫耀就想盡辦法得到袁家梨。但得到了袁家梨後卻用蒸籠蒸熟了來吃。因此人們就用「袁梨蒸食」來比喻不懂得事物特性，而故弄風雅的虛榮行為。南朝・宋・劉義慶《世說新語・輕詆》：「桓南郡每見人不快，輒嗔曰：『君得袁家梨，當復不蒸食不？』」

【成語】**咄咄怪事**

【釋義】表示吃驚的聲音。形容不合常理，難以理解的怪事。

【出處】南朝・宋・劉義慶《世說新語・黜免》：「殷中軍（殷浩）被廢在信安，終日恆書空作字，揚州吏民尋義逐之，竊視，唯作『咄咄怪事』四字而已。」

【成語】**大筆如椽**

【釋義】椽：放在樑上架著屋頂的木條。像椽那樣大的筆。形容著名的文章。也指有名的作家。

【出處】《晉書・王珣傳》：「珣夢人以大筆如椽與之，既覺，語人曰：『此當有大手筆事。』」

【成語】**鳳毛麟角**

【釋義】鳳凰的羽毛，麒麟的角。比喻珍貴而稀少的人或物。

【出處】《南史・謝超宗傳》：「超宗殊有鳳毛。」《北史・文苑傳序》：「學者如牛毛，成者如麟角。」

【成語】**流芳百世**

【釋義】好的名聲永遠流傳下去。

【出處】《晉書‧桓溫傳》：「既不能流芳百世，亦不足復遺臭萬載耶！」

【成語】**倚馬七紙**

【釋義】比喻文章寫得快。

【出處】南朝‧宋‧劉義慶《世說新語‧文學》：「桓宣武北征，袁虎時從，被責免官。會須露布文，喚袁倚馬前令作。手不掇筆，俄得七紙，殊可觀。」

【成語】**出山小草**

【釋義】出山：從山裡出來。小草：植物。比喻隱士出來做官。

【出處】南朝‧宋‧劉義慶《世說新語‧排調》：「此甚易解，處則為遠志，出則為小草。」

【成語】**捫虱而談**

【釋義】捫：按。一面捺著蝨子，一面談著。形容談吐從容，無所畏忌。

【出處】《晉書‧王猛傳》：「桓溫入關，猛被褐而詣之，一面談當世之事，捫虱而言，旁若無人。」

【成語】**肝腸寸斷**

【釋義】肝腸一寸寸斷開。比喻傷心到極點。

【出處】《世說新語》：「桓公入蜀，至三峽中，部伍中有得猴子者。其母沿岸哀號，行百餘里不去，遂跳上船，至便即絕。破視其腹中，腸皆寸寸斷。公聞之，怒，命黜其人。」

【成語】**光復舊物**

【釋義】光復：恢復。舊物：舊有的東西。指收復曾被敵人侵佔的祖國山河。

【出處】《晉書‧桓溫傳》：「光復舊京，疆理華夏。」宋‧辛棄疾《美芹十論》：「臣願陛下姑以光復舊物而自期。」

謝安賭鬼、風流男人與軍事奇才

人物簡介

姓名：謝安，字安石，號東山，別名謝太傅

家庭出身：「王謝堂前燕」的謝家（晉代除王家之外最顯赫的家族）

籍貫：河南太康

生卒：西元320～385年

社會關係：謝家的頂樑柱，王羲之、高陽許詢及和尚支道林的好友，王坦之的生死戰友、親家

社會身分：名士、風流鬼、賭鬼、朗誦高手、著名軍事家、顯赫高官

容貌：風俊神清、氣宇非凡

主要作品：《蘭亭詩》、《與王胡之詩》、《中郎帖》

雷人言行

◎別人隱居最多與朋友躲在山林間喝酒吃肉、清談玄學，而謝安隱居卻帶著美女晝夜相伴、參加聚會。

◎賭博者一般都是些胸無大志混時間的人，謝安竟然非常嗜好賭博，有一次連拉車的牛都給輸了，只得步行回家。

◎以八萬人的隊伍在淝水之戰中擊敗十多倍於己的敵人，堪稱戰爭史上的奇蹟。

相關成語

風聲鶴唳 圍棋賭墅 草木皆兵 入幕之賓 東山再起 屋下架屋 前倨後恭
新會蒲葵 雅人深致 一往奔詣 投鞭斷流

作者評價

「本來我可以什麼都不幹的，既然迫不得已幹了，當然要幹得最棒！」

不把你打癱瘓我就不是人才

魏晉歷史繞不過謝安，中國戰爭史繞不過謝安，世界戰爭史上以少勝多的戰例也繞不過謝安。

謝安是誰？

一位四十歲才參加「革命工作」的浪蕩公子，一位吃喝嫖賭五毒俱全的名士，一位曾經無所事事嘯聚山林的隱者，在東晉王朝命懸一線的時候一面與人下棋賭別墅一邊運籌帷幄，最後以八萬兵力擊敗八十萬大軍的神話式人物。

三國兩晉史，猶如一支萬花筒，時而是三個國家的歷史，時而是兩個國家的歷史，再一搖晃就會變成十幾甚至二十個國家的歷史。

蜀漢、孫吳先後被滅，三國歸晉，西晉王朝本可以繼秦漢政治格局，一統中國，但貌似精明的晉武帝司馬炎卻推出門閥政體（政權主要由少數幾個高門顯族支撐），將中央集權分散派發給族中子弟和高門士族，讓他們各據一方，作威作福。如此一來，社會各個階級的矛盾和民族矛盾加劇，難以應付。在司馬炎升天之前，又辦了另外兩件「好事」，一是選了禍水賈南風為王子妃，另一件就是把皇位交給了說出「老百姓沒飯吃為什麼不吃肉」和「田裡的青蛙是公家的還是私人的」的傻子司馬衷。

賈南風這個禍水的倒行逆施最終導致了「八王之亂」，司馬叔姪兄弟同室操戈，殺得烏煙瘴氣、血流成河，繼而「五胡亂華」，匈奴、鮮卑、羯、氐、羌等少數民族紛紛殺入中原，群雄混戰，生靈塗炭，司馬王室被迫南遷。從此黃河流域先後成了前涼、後涼、南涼、西涼、北涼、前趙、後趙、前秦、

後秦、西秦、前燕、後燕、南燕、北燕、夏、成漢，以及代國、冉魏、西燕、吐谷渾等二十國的逐鹿之地，直至東晉滅亡也未能收復統一。這就是歷史上所謂的「五胡十六國」。

西元*383*年，前秦皇帝苻堅經過二十餘年的苦心經營和征伐，基本統一了中國北方。此時他刀鋒一指，帶著八十萬大軍，氣勢洶洶朝著偏安江南的東晉王朝殺來了。

出師之前，苻堅的一些大臣認為還不是時候，出來勸阻。但苻堅卻很堅定地說：「從前夫差威陵上國，勾踐能一舉成擒；孫皓承三代之業，司馬軍隊一到，君臣受俘。晉朝即使有長江之險，對我來說有如虛設。憑咱們這麼多兵力，就是把馬鞭投入長江，也足可以使江水斷流！還怕什麼呢？」這就是漢語成語「投鞭斷流」的來由。

> 堅後率眾，號百萬，次於淮肥，京師震恐。加安征討大都督。玄入問計，安夷然無懼色，答曰：「已別有旨。」既而寂然。玄不敢復言，乃令張玄重請。安遂命駕出山墅，親朋畢集，方與玄圍棋賭別墅。安常棋劣於玄，是日懼，便為敵手而又不勝。安顧謂其甥羊曇曰：「以墅乞汝。」安遂遊涉，至夜乃還，指授將帥，各當其任。（《晉書‧謝安傳》）

秦軍南下，東晉聞訊，舉國恐慌。此時已身為宰相的謝安卻非常淡定地向孝武帝司馬曜呈上了禦敵計畫。升任官為尚書僕射的弟弟謝石為征討大都督，姪子謝玄為前鋒都督，兒子謝琰（音ㄧㄢˇ）為輔國將軍，三人統兵八萬，北上禦敵。

接到命令的謝玄不知如何是好，一時慌了神，就去向叔父謝安請教禦敵之策，謝安卻像平時一樣輕鬆自如地說：「你先去吧。到了那裡我會給你下達命令。」說完，他就再也不說話了。謝玄雖然不敢多問，但心中確實沒底，退出後又讓部將張玄再次請示計策。謝安不僅沒有回答，反而吩咐他倆下去準備車馬，自己要跟親朋好友去郊區別墅下棋。到了別墅，擺開棋盤，謝安叫謝玄與自己對弈，並指著自己的這幢別墅說：「姪兒，假如你今天贏了我，這棟別墅就是你的了。」當隱士時的賭癮在此時竟然還那麼大，這不能不讓人驚爆大腦。平日下棋，謝玄總是勝謝安一籌，但這次他卻因牽掛戰事、憂心忡忡，總是不能取勝。對弈完畢，謝安又登山漫遊，神情就像又回到做隱士時的會稽東山一樣，直到夜幕降臨才打道回府。

開赴前線的謝家軍卻並非一帆風順，面對十倍於自己的敵人，在局部戰場，他們吃了不少敗仗。直到這年的十一月，戰爭才出現轉機。

先是謝玄派部將劉牢之率精兵五千人開赴洛澗（今安徽懷定縣西南洛水入淮處）向秦軍將領梁成發動進攻。劉牢之率部奮勇向前，強行渡河，大破秦軍，斬了梁成。秦軍不得不向淮水一線潰逃，而謝石、謝玄卻指揮晉兵節節進逼，直逼壽陽。

在深秋的寒風中，苻堅與弟弟苻融登上壽陽城樓遠望，只見東晉軍陣嚴整，頗具規模；轉而眺望八公山，見草木搖動，以為都是東晉的士兵。身經百戰，投鞭斷流的苻堅頓時感到莫大的恐慌與惆悵，他若有所失地對苻融說：「這也是強敵呀，誰說他們是弱旅呢！」

東晉軍與前秦軍隔淝水遙相對峙。秦軍先鋒雖然新敗受挫，但兵力仍是晉軍的幾倍，而且主力正不斷到達，形勢對晉軍來說依然很嚴峻。東晉將帥經過精密策劃，想出了一條妙計。謝玄派了使臣告訴苻融說：「你們孤軍深入，卻在這淝水岸邊紮營布寨，這雖可使我們長期對峙，但卻不利於速戰速決。如果你們稍微向後退一退，在岸邊騰出一塊空地作戰場，讓我們渡過淝水，與你們一決勝負，豈不是更好的策略？」

苻堅也有自己的想法，他覺得答應對手的要求也未嘗不可，等晉軍渡河到一半時，便可以發動鐵騎衝殺，殺他個措手不及，於是下令後撤。沒想到，秦軍一退就亂了陣腳，有人又夾在秦兵中大聲呼喊：「秦軍敗了！秦軍敗了！」前秦大部分士兵是被強迫徵來，無心與東晉作戰的各族俘虜，他們早已力竭身疲，此時更是亂作一團，不可收拾。東晉軍隊藉機大舉進攻，於亂軍中

殺死前秦前鋒主帥苻融，苻堅也被亂箭射中。秦軍潰不成軍，爭相逃命，自相踐踏，死傷遍地。不少士兵聽到風聲鶴唳，都認為是東晉的追兵趕到，更加慌不擇路，日夜狂奔。後來苻堅在慕容垂的護衛下回到洛陽，淝水之戰就這樣以前秦的慘敗畫上了句號。

玄等既破堅，有驛書至，安方對客圍棋，看書既竟，便攝放床上，了無喜色，棋如故。客問之，徐答云：「小兒輩遂已破賊。」（《晉書・謝安傳》）

當戰爭的捷報送到京城時，謝安正在府中與客人下棋。他隨手拿過捷報翻了翻，就放在一邊，繼續下棋，就好像什麼事也沒發生一般。他若無其事的樣子，讓客人實在忍不住了，就問：「前方戰事怎麼樣了？」

謝安淡然回答：「孩子們已打敗了敵人。」

這就是謝安。在魏晉歷史上與曹操的光芒一樣耀眼的明星。一生以自己的所作所為創造了中華文化中十幾個成語典故的超級大腕。

咱是老謝家的人

山陰道上桂花初，王謝風流滿晉書。
曾作江南步從事，秋來還復憶鱸魚。

這是唐代詩人羊士諤《憶江南舊遊》中的一首，其中「王謝風流滿晉書」講的就是琅琊王家與陳郡謝家的輝煌佔滿整本《晉書》的事實。類似感嘆當年王、謝兩家盛況的詞句，在漢語典籍中不勝枚舉，最為人們熟悉的還有劉禹錫在《烏衣巷》中的那句「舊時王謝堂前燕，飛入尋常百姓家。」由此可見陳郡謝家在當時是何等的顯貴。

謝氏家族祖居陳郡陽夏（今河南太康），家族的來源可能與周宣王時期的申伯有關。不過，謝氏家族真正有史可考的第一人是曹魏典農中郎將謝纘（音ㄗㄨㄢˇ）。他當時所任的官職儘管不高，但由於掌握有人力和物力，任職的地點又是曹魏的中心之一，乃為謝氏家族的興起奠定了基礎。從此，謝纘兒子謝衡，謝衡兒子謝鯤、謝裒（音ㄆㄡˊ）等相繼在魏晉時期進入仕途，不同程度地為家族贏得了聲譽，並使自己的家族從一般的官宦之家演變為世代為官的世族之家。

需要指出的是，在東晉中葉以前，謝氏像以後那樣與琅琊王氏齊名的一流世族地位並沒有形成，家族成員被人歧視的事情還時有發生。即使在謝安出山振興了謝家之後，也還有人對暴發的謝家人不屑一顧。《世說新語·簡傲》裡對這個情況有所記述：

> 謝萬在兄前，欲起，索便器。於是阮思曠（阮裕）在坐，曰：「新出門戶，篤而無禮。」

這句話的意思是，謝安的弟弟謝萬當著哥哥的面，站起來去找小便器，想要撒尿。那個有豪車別人不好意思借就燒掉的瘋狂愛車族阮裕（見本書「阮裕」一章）當時也在場，就說：「畢竟是暴發戶啊，處處顯得憨厚而缺乏禮節。」「新出門戶」就是當時所說的「新戶」，這意思跟中國二十世紀八〇年代城市人說誰誰誰是「農轉非戶口」一樣。

當時間的年輪推到西元383年，由謝安坐鎮京師任總指揮、謝石任征討大都督、謝玄任前鋒都督、謝琰任輔國將軍，四人聯合導演的一場震古鑠今的「淝水之戰」，創造了八萬人大勝前秦八十萬入侵者的以少勝多的戰例，才使謝氏家族走上了無限榮光的舞臺。謝安等四人同日封公，鼎貴無比，不僅獲得了應有的獎賞，而且還使家族的一流門閥地位得以確立。

謝家從一個一般官宦家庭到謝纘之後逐漸轉變成一個世族之家，到謝安

之後又轉變成顯赫門閥，特別是謝安出仕之後，家族實力有了天翻地覆的變化。

政權上，謝尚、謝萬、謝石、謝玄、謝琰等人各領強兵遍佈方鎮，謝氏家族的人幾乎壟斷了東晉王朝的軍政大權，形成了與皇族司馬氏「共天下」的局面。

在財富上，謝家更是富可敵國。按照當時朝廷規定，在官之人都可以按官位高低佔有土地、山澤和佃客，多者可以佔田五十頃、佃客四十戶，少者也可佔田十頃、蔭客五戶。由於謝氏族大官多，擁有的土地和勞動人手也就多，經濟實力自然雄厚。謝安在世時，僅家中的僮僕就有數百人；即便是在晉末和南朝的時候，謝安的孫子謝混「仍世宰輔，一門兩封，田業十餘處，僮僕千人」。謝混死後十多年後，他的夫人東鄉君去世時，家中仍有「資財巨萬，田園十餘所，又會稽、吳興、琅琊等很多處」。而謝玄曾孫大詩人謝靈運，在會稽始寧擁有更多的田產，其中包括幾座山，另有水田旱田無數、果園五處，以及大面積的竹林菜園。這種龐大的莊園經濟，在當時世族中首屈一指。

有專門研究陳郡謝家的專家統計，從東晉到南朝的兩百多年中（西元*317*～*589*年），謝氏見於史傳的人數就有十二代、一百餘人。這其中，文學貢獻與藝術才能的傑出人物隨便一數，就有謝尚、謝奕、謝安、謝玄、謝道韞、謝琰、謝靈運、謝惠連等。至於謝安、謝玄早已名垂青史，而謝靈運、謝惠連、女詩人謝道韞等的文學成就亦在後世廣為流傳。

到南朝的時候，齊國的三朝元老紀僧真曾經向齊武帝請求當世族，齊武帝讓他去徵求謝氏的意見，可見在皇帝眼中，謝氏仍是世族領袖；後來侯景想與謝氏聯姻，梁武帝也認為侯景家的級別不夠，與謝氏所處的不是一個檔次。

謝家的輝煌一直持續到了謝安的九世孫謝貞這一代，成為謝氏最後一位在史籍留下傳記的子孫。在謝貞死去後的四年，已腐朽的陳王朝也終於在「玉樹後庭花」的吟歌中走向終結。三百年風流雲散，到了盛唐，這個家族只能被賦予一番華貴的憂傷，為人們追憶並嘆惋。烏衣巷也已然是夕陽野草，目不暇接地化作了前朝往事。

美色、賭博與藝術

謝安的一生有「三愛」，一是愛美女，二是愛賭博，三是愛藝術。這「三愛」在謝安未入仕之前，幾乎是他生活的全部。

謝安喜歡美色，在當時的名士中是出了名的，他自己也毫不避諱。但他喜歡美色的方式跟他伯父謝鯤不同。謝鯤那種好色近乎於比較下流的好色，身為朝廷中高級官員，卻有著城市小混混那種格調不高的好色言行。

一次，鄰家一美女在織布，謝鯤偶然得見，越看越覺得漂亮，就上前搭訕，誰知那姑娘早看出這個男人不懷好意，愣是沒有答理他。謝鯤實在無法，就動手動腳起來，那*MM*也不是吃素的，仰頭就是一梭子向謝鯤砸去，只聽「嘣」的一聲，一塊門牙掉了下來。遭此一擊，謝鯤竟然像沒事一樣就離開了。後來有人取笑他的時候，他還大言不慚地說：「猶不廢我嘯歌！」這句話的意思是，至少我的嘴沒被砸爛，不妨礙我作為名士還可以仰天長嘯嘛。

安雖放情丘壑，然每遊賞，必以妓女從。（《晉書·謝安傳》）

謝安喜歡美女，有點類似於今天某些貪腐分子和大款包二奶、養小三，要求美眉「長相像演員，說話像播音員，態度像服務員」，雖是錢色交換，卻多少有些「情深深雨濛濛」的味道在裡面。「常挾妓女出遊」，謝安不管上哪裡交遊聚會，都要帶上才貌俱佳的美眉。一出場，弄得滿場風流才子一片嘖嘖之聲，好不羨慕。這個風氣從此也就一直傳了下來，甚至傳到了今天的商

場、賭場、飯桌上。唐朝的李白是謝安的超級粉絲，「但用東山謝安石，為君談笑靜胡沙。」他不僅夢想像謝安那樣有一番出息，還想效仿謝安挾妓出遊，到處招搖風光。N年後，他帶著自己喜歡的女人，來到會稽東山憑弔謝安，寫下了樂府《東山吟》：

攜妓東土山，悵然悲謝安。我妓今朝如花月，他妓古墳荒草寒。

上文講過，謝安老婆是當時的大名士劉惔的妹妹。在當時的社會，對於謝安的種種，她無法阻止，但卻有自己的一套整治謝安的辦法。這些辦法今天看來，更像是專門針對色鬼的惡作劇。一次，她趁謝安出遠門後，召來數位姿色絕佳的藝妓，等謝安快回家的時候才開始盛裝上演。謝安一進家，見無數漂亮美眉穿著羽翼般的薄紗在家裡吹簫弄琴，輕歌曼舞，頓時心猿意馬、心花怒放。正看得起勁，夫人卻突然叫停演出，並拉上帷幕。謝安頓時急了，跳起來就要去拉開帷幕。劉夫人站起來走到謝安面前說：「夫君，這回您得聽我的，我是怕壞了您的小身子骨和聲名大德啊。」夫人的這一招，謝安只有哭笑不得地接受。

謝公夫人幃諸婢，使在前作伎，使太傅暫見便下幃。太傅索更開，夫人云：「恐傷盛德。」（《世說新語・賢媛》）

謝安對美色的嗜好，到功成名就之後仍然不減當年。但此時的他，身為一國宰相，肯定不便像當初一樣在外面養二奶，想帶到哪裡就帶到哪裡。收一位小三回家做小妾，名正言順地包起來就成了他的願望。

有一次，他真看上了一位美人，一面發誓要把美人娶回家，一面卻暗自傷神，不知道夫人那裡怎麼過得了關。

尋思半天，謝安把自己的幾個姪子外甥叫來，繞山繞水說出了自己的想法，幾個姪兒一聽自然心領神會，一拍胸脯說：「您老放心，這事就交給我們吧。」

於是謝安的一群姪子外甥來到了劉夫人的面前，一會兒朗誦《關雎》，一會兒又說禮制，一會兒大談女子無妒方為賢，總之就是要告訴劉夫人：「他老人家」應該娶個小妾，「您老人家」作為正房就不要干涉了。

劉夫人一看這幫孩子如此賣力表演，早知道他們為什麼而來，要幹什麼。於是夫人說：「你們哥兒幾個讀了不少書呀，懂得這麼多道理，真的很讓我高興，你們有誰知道禮法是誰制定的呢？」晚輩中有人回答說：「當然是周公。」

劉夫人一拍桌子說：「既然是周公禮制，當然向著男人了，如果是周婆制禮又會怎樣呢？還會讓你們這些男人如此猖狂嗎？都下去吧！這個事到此為止，以後誰也休想再提。」

嚇得謝安的那幫孩子屁滾尿流地退了出來。這就是漢文化裡「公說公有理，婆說婆有理」的由來。

謝太傅劉夫人，不令公有別房寵。公既深好聲樂，不能令節，後遂頗欲立妓妾。兄子及外生等微達此旨，共問訊劉夫人，因方便稱「關雎」、「螽斯」有不忌之德。夫人知以諷己，乃問：「誰撰此詩？」答云周公。夫人曰：「周公是男子，乃相為爾；若使周姥撰詩，當無此語也。」（《妒記》）

除了好美色，謝安還愛賭，有時甚至到了無以復加的地步。

一次他上西邊去郊遊，一不小心就跟人賭上了，先是輸掉了所有的錢，為了扳本，他孤注一擲，連牛車也押上，最後輸得只剩下自己的身體。沒辦法，只得拄著竹杖長途跋涉徒步回家。途中幸好遇到好友加舅哥身分的劉惔，得以搭乘順風車。這劉惔一見謝安落魄的樣子，氣不打一處，又恨他又疼他，卻不便表露，只說：「安石，牛車丟了沒事，只要你好好的就行。」

賭博不僅是謝安日常的消遣，他還把這種方式運用到了家庭教育和工作中。

他的姪子謝玄小時候估計在自身性別意識上有點模糊，或許是崇拜前代的何晏吧。他喜歡用女人的東西，不僅隨身攜帶紫羅香囊，還喜歡在腰間垂掛著繡帕之類的物品，這在謝家人看來，是不太能接受的，但不管採用什麼方法，就是糾正不了。這事讓謝安知道後，他叫來謝玄，提出要跟謝玄賭一盤，自己以高額錢財為賭注，謝玄必須用「聽叔叔吩咐」為賭注，謝玄經不起高額錢財的誘惑答應了。一番下來，謝玄輸了，只得聽從謝安吩咐，將香囊、繡帕一類物品悉數拿出，付之一炬，以後再也沒有這種偏好了。

淝水之戰前夕，前秦大軍壓境，滿朝王公大臣莫不驚慌失措，為了穩定軍心，消解前鋒都督謝玄的緊張心理，謝安再次用上了賭博的妙招。邀請親朋好友去到自己的別墅下棋，並用自己的豪華別墅為賭注，邀請謝玄與自己「來一盤」。

看來謝安的好賭、豪賭，不僅僅是為了賭，而是在賭裡運籌人生及家國勝敗。

謝安除好色好賭之外，更愛好文藝，包括作詩賦詞、音樂、書法、朗誦等等，且都有一定造詣。

說點題外話，在魏晉以前，很少有藝術家能夠留名的。原因是當時人們並沒有把藝術家與百工匠人區分開來，在兩晉時期，正是因為有了嵇康、王羲之、謝安一類身分高貴之人的參與，藝術才從技藝中分離開來。

《晉書‧謝安傳》一開頭就說謝安「及總角……善行書」。總角，指孩子從八、九歲到十三、四歲的年齡，如此看來，謝安早在少兒時期就開始寫得一手好字了。今故宮博物院收藏的《中郎帖》就是謝安的親筆珍品，被後代若干書家奉為圭臬，價值連城。

在文學成就上，謝安留下了《蘭亭詩》、《與王胡之詩》等一批人們至今傳唱的詩歌。在蘭亭聚會上，他風度翩翩，以詩會友，表明心跡，與王羲之等學士名流唱和，與會者各自在詩中記錄了這一盛會，特別是李密的《蘭亭集序匯評》中，更是詳細記敘了謝安、王羲之詩詞唱和的針鋒相對。《世說新語》裡記載謝安與朋友探討文學藝術的條目不下幾十篇，僅「文學」一節中就有十處。謝安文學領域裡的作用不能說不是他一生的一個重點。

關於謝安與音樂的關係，史料上也有不少記錄。「性好音樂，自弟萬喪，十年不聽音樂」，說的就是謝安十分喜歡音樂，但是弟弟謝萬不幸早逝之後，他非常悲傷，曾經有十年都沒聽過音樂。

但後來謝安似乎不那麼講究了，即使是服喪期間也一樣賞樂聽琴，王坦之知道這件事後曾經專門寫信勸他，要他還是注意一下影響，該講的禮法還是要講，特別是服喪期間，音樂該撤就撤。謝安回信說：「知道你非常愛惜我。我所追求的是音樂，只要與情義相稱，沒有什麼不可以做的，姑且用來自娛罷了。」僅就這件事情，兩人書信往返多次，謝安最終還是沒有聽從。

由於謝安的特殊地位與影響力，人們紛紛效仿。從那時起，人們操辦喪事以及服喪期間就再也不忌諱音樂了。

有一次，聽說「琴棋雙絕」的戴逵（音ㄎㄨㄟˊ）（王徽之雪夜拜訪他，「乘興而來，興盡而去」的那位。本書「王徽之：史上最牛的行為藝術大師」一章有詳細介紹）來到京都，謝安一聽，顧不得身為朝廷首輔，就興沖沖上門去拜訪他，大談音樂、琴理，十分投機，樂而忘返。這哪是首相呀，簡直就是一個追星族。

謝安在文藝方面的造詣還表現在朗誦藝術上，他的「洛下書生詠」在當時堪稱一絕。洛陽曾為華夏民族融合過程中的政治、文化中心。「洛生詠」，就是用當時洛陽書生的口音說話或吟唱，今天看來，「洛生詠」應該是那時的普通話和官方口音。

因為謝安年少的時候就有鼻疾，所以濁音較重，一旦操上洛陽口音就顯得另有一番韻味。用這樣的語音所產生的聽覺效果，估計跟今天港臺大舌普通話或上世紀某些高官打哈哈產生的陌生化效果近似，估計這種陌生化效果使人覺得多了一份新意。在圍繞謝安周圍的那些名士的推廣下，「洛生詠」竟在當時流行開來，以能說這樣的語音為時尚。

一次桓溫想要除掉謝安和王坦之，在請他們赴宴中設下了刀斧手，王坦

之見狀嚇得身如篩糠，謝安卻用「洛生詠」大聲指責桓溫，高貴的濃重鼻音加上洛陽話一開腔，桓溫被徹底鎮住了，當即叫退了埋伏的刀斧手。在全國上下文人名士效仿謝安作重鼻音「洛生詠」的時候，只有大畫家顧愷之不屑一顧。有人說，不是顧愷之不喜歡「洛生詠」的腔調，而是因為他對謝安給他的地位不滿。

哥的故事多著呢

謝安祖父叫謝衡，官至散騎常侍。父親叫謝裒，官至吏部尚書。謝安有兄弟六人，按序分別名為謝奕、謝據、謝安、謝萬、謝石、謝鐵。

謝安四歲的時候，一位叫桓彝的高官見到他，讚嘆說：「這孩子氣韻清秀明達，將來不會比王東海差。」（王東海，東晉初東海太守王承，時被譽為「政聲第一」的大名士。）到稍大一些，謝安器量見識漸顯沉著聰穎，風度豁達，又善寫行書。

六、七歲的時候，謝安哥哥謝奕剛好任剡縣（剡音ㄕㄢˋ）的縣令。一次，一個老頭犯了法，謝奕就採用讓他喝高度白酒的辦法來懲罰他，眼看老頭醉得不行了，謝奕還在讓他繼續喝。這一幕恰好讓謝安看見了。就對謝奕說：「哥哥，這老頭實在太可憐了，你怎麼能這樣做？」謝奕發怒的表情這才緩和下來，對謝安說：「你是想放了他嗎？」於是就把老頭放了。

剛成年的謝安有兩件事情讓人覺得他非同一般。

一次與朋友一起乘船出海遊玩，突然風起浪湧，孫綽、王羲之等人都緊張得不得了，建議回去算了。只有謝安沉吟不語，船夫看了謝安的表情，就繼續向深海划去。一會兒，風越來越高、浪越來越大，有人就恐慌得尖叫起來，驚慌失措地在船上跑來跑去。謝安見狀，不緊不慢地對大家說：「如果這樣驚慌，那就回不去了。」聽了他的話大家立即安靜下來，於是船得以掉頭順利返航。

一次，謝安去拜訪王濛（晉哀帝司馬丕的岳父，官至司徒左長史、封晉陽侯。與劉惔、桓溫、謝尚合稱「四名士」），雙方你來我往清談了很久。謝安離開後，王濛的兒子王修就問父親：「剛才這位客人水準怎麼樣？他能跟父親大人您比嗎？」王濛回答說：「這個人清談起來思路連綿不絕，氣勢咄咄逼人，不是一般地厲害。」這件事讓當時的首輔王導知道後，更加器重謝安了。以上兩件事讓謝安的名聲越來越大。

然而，正是這位正義、善良、沉著、充滿智慧的青年卻死活不幹正事，整天不務正業，隱居在會稽東山跟支道林、王羲之、許詢、孫綽、李充等名士不是談詩論文、暢談玄理，就是遊山玩水，四處旅遊。眼見謝安的同齡人，一個個「參加革命工作」，又一個個走向領導崗位，家裡人那個急呀，但誰也拿他沒辦法。

在四十歲之前，謝安先後有七次都辭去了做官的機會。第一次，當時的司徒招他去做司徒府僚屬，他以自己身體有病為由沒去。第二次，朝廷招他為佐著作郎，還是以身體健康為由不去。第三次，揚州刺史庾冰因為仰慕他的聲名，發誓不把謝安弄到手下不甘休，一次又一次親自下到謝安所屬的郡縣督促催逼。謝安不得已只得赴任。僅僅一個多月，他又出現在東山，做起了閒雲野鶴。第五次，被招為尚書郎，沒去。第六次，被召為琅琊王的僚屬，還是沒去。第七次，主管官員升任的吏部尚書范汪親自出面發函請謝安到自己手下做吏部郎，謝安仍然不為所動。但這一次，礙於吏部尚書的面子，他用一封信委婉回絕了盛情。

這一次，桀驁不馴、目中無人的謝安終於惹怒了朝廷。他被有關部門奏了一本，原因是屢招不至，輕視朝廷權威，判處終身禁錮（「禁錮」是中國古代對官員或名士學者的一道刑罰。一般指免除有罪官員的官職，剝奪其政

治權利和部分人身權利，並終身禁止其本人或其親屬任官、參加其他社會活動。本書「阮裕：逃官典範與怪異的愛車族」一章已有詳細說明）。

被判處「禁錮」謝安自己倒沒覺得什麼，可是家裡老婆受不了了。你一個大男人，不尋思著爭取功名光耀門楣，一天到晚只跟那幫所謂的名士鬼混，這樣下去我就沒希望了。謝安老婆是他的好友、大名士劉惔的妹妹，娘家也是不一般的家庭。有一天她終於忍不住了：「先生，難道您一輩子就這樣算了嗎？」謝安回答說：「我不是不想做官，我是怕做了官免不了災禍。這輩子估計就這麼著了吧！」

對謝安的這種態度，當時還未承襲帝位的簡文帝司馬昱卻不以為然，他聽說謝安在東山一邊是不願出來做官，一邊又大肆畜養二奶，於是斷言：「謝安肯定會出山入仕，只是時候還未到罷了。他既然喜歡與人同樂，肯定就會與人同憂。」

司馬昱的話果然說中。謝安四十歲那年，支撐家族門庭的弟弟謝萬因為與敵交戰單騎狼狽潰逃，被削去一切職務，至此，謝家在士族中的政治經濟地位遭遇了前所未有的打擊。直到此時，謝安才想到要出來工作。

此時前朝首輔王導已死，唯一能與桓溫抗衡的就是庾氏家族政權，隨著庾氏勢力被桓溫剪除之後，桓氏政權蒸蒸日上，成了當時最具實力的士族家庭。謝安選中的主，就是桓溫。

永遠活在「人民」心中

說起謝安出山還有兩個插曲。

對於謝安這樣引人注目的明星，一旦要出山為官，朝野上下一片譁然。

啟程那天，朝中的官員都來為他送行。高靈（高崧）當時擔任御史中丞，也來為他送行。高靈喝了點酒，仗著酒意，譏笑道：「你屢次違背朝廷的旨意，在東山隱居，大家經常在一起議論說：『安石不出山，他將怎樣面對天下的百姓？』現在天下百姓又將如何面對你呢？」言下之意就是，你謝安現在出來做官了，有沒有能力馬上就要通過檢驗了，你又能做成什麼大事呢？面對別人的譏諷，謝安只能笑而不答。是呀，這時候的謝安畢竟四十歲了，想要成功談何容易！

謝安到了桓溫的部隊，桓溫當然大喜過望，但為了便於掌控這位大名士，他想找個藉口殺殺謝安的威風。恰巧這時有人給桓溫送來一些草藥，其中有「遠志」，桓公便拿起來問謝安：「這種草藥又名『小草』，為什麼一個東西會有兩個名稱呢？」謝安一時沒能回答上來。旁邊在座一位姓郝的參軍就應聲答道：「這好理解，埋在地下的就叫『遠志』，長出上面的只能叫『小草』。」桓公看著謝安笑道：「郝參軍的解釋確實不錯，也很有意味。」謝安聽了如芒針刺背，頓時坐立不安。

投奔在桓溫手下的謝安一方面踏踏實實、勤勤懇懇地工作，一方面見機行事，很受桓溫的青睞，沒幾年，就「噌噌噌」往上連跳幾級。到簡文帝司馬昱時期，謝安已經在桓溫的保舉下在司馬昱身邊輔政了，而此時作為一人之下萬人之上的桓溫卻帶兵在外，為北伐和篡奪地位積極籌備。

此時的謝安一面悉心觀察時局，一面在桓溫面前表現得畢恭畢敬。但到關鍵時刻，面對桓溫獨霸天下的野心，謝安瞅準時機，該出手時就出手，當面背後都針鋒相對，特別是「詔書事件」和桓溫要求加「九錫」這兩件事情上，謝安或硬或軟地挺過去了，直到桓溫一命歸天，從而保住了司馬天下，也給後來的自己的地位和謝家的輝煌留下了巨大的空間。在這些過程中留下了「入幕之賓」等成語。

淝水之戰之後，謝安的地位和謝家的輝煌達到了頂峰，一日之內一門四封。窮極一時的炫目終於招來了忌恨，謝安於是被小人所讒，為了避嫌確保自己和家人安全，他只得搬出京城，避住鄉下，並再次產生了歸隱東山的念頭。然而，這個想法還未來得及實現，謝安就一病不起。

西元*385*年，謝安終於走完了他傳奇的一生。讓他死不瞑目的是，調唆加害於他的小人竟然是他的女婿——生死戰友王坦之的兒子王國寶。

前來弔念謝安的人中，有一個人風塵僕僕從外地趕來，他向人們講述了這樣一件事：當年他在中宿縣做事，無奈嶺南經濟凋敝，實在無法生活下去，只隨身帶了五萬把當地產的蒲葵扇前來投靠謝安。謝安當時雖然還很年輕，作為名士卻已盛名昭然。謝安知道情況後，從中隨意拿了一把，不論什麼場合都拿在手上搖著。萬人追捧的謝名士做形象代言人的後果自然可想而知。人們競相打聽扇子的出處，蜂擁購買，扇價一路飆升好幾倍。那人於是得了一筆不菲的收入轉回家去，家中自此發達。

謝安死後，圍繞謝安的封謚及後代待遇問題朝廷展開了一場極其激烈的爭論，後來還是王獻之等正義的一方佔了上風，謝安及其後人得以享受應有的待遇。三十年之後，當年曾在謝家「北府兵」裡服役的一位叫劉裕的人滅了東晉，改國號為宋，歷史進入了南北朝時期。奪得政權的劉裕可能是懷念當年在北府兵營的日子，再一次對謝安的子孫進行封賞。這些都是謝安所不曾料到的。

成語附錄

【成語】**風聲鶴唳**

【釋義】唳：叫聲。把風的響聲、鶴的叫聲，都當作敵人的呼喊聲，疑心是追兵來了。形容驚慌失措，或自相驚擾。

【出處】《晉書・謝玄傳》：「聞風聲鶴唳，皆以為王師已至。」

【成語】**圍棋賭墅**

【釋義】表示臨危不懼的大將風度。

【出處】《晉書·謝安傳》載，苻堅率眾百萬，次於淮淝，京師震恐。晉孝武帝加謝安為征討大都督。「安遂命駕出山墅，親朋畢集，與玄圍棋賭別墅。」

【成語】**草木皆兵**

【釋義】形容神經過敏、疑神疑鬼的驚恐心理。

【出處】《晉書·苻堅載記》。

【成語】**入幕之賓**

【釋義】晉朝時期，大將軍桓溫因為赫赫戰功開始居功自傲，先是廢海西公立晉文帝。後來又圖謀篡奪皇位。他拉攏郗超等人。在召見敵對派謝安時，讓郗超躲在幕後偷聽。風把幕帳吹開暴露了郗超。謝安風趣地稱他為入幕之賓。比喻關係親近的人或參與機密的人。

【出處】《晉書·郗超傳》：「謝安與王坦之嘗詣溫論事，溫令超帳中臥聽之。風動帳開，安笑曰：『郗生可謂入幕之賓矣。』」

【成語】**東山再起**

【釋義】指退隱後再度出任要職。也比喻失勢後重新得勢。

【出處】《晉書·謝安傳》：「隱居會稽東山，年逾四十復出為桓溫司馬，累遷中書、司徒等要職，晉室賴以轉危為安。」

【成語】**屋下架屋**

【釋義】比喻機構或文章結構重疊。

【出處】《世說新語·文學》：「不得爾，此是屋下架屋耳。」晉朝時期，庾仲初寫了《揚都賦》送給庾亮，庾亮極力抬高其身價，說可以與張衡的《二京賦》以及左思的《三都賦》媲美。於是人人爭相抄寫。太傅謝安則認為評論過高，只是屋下架屋，處處模仿別人的作品，內容十分乏味。

【成語】**前倨後恭**

【釋義】先前傲慢，後來恭敬。形容對人態度由壞轉好。多指人勢利。

【出處】《世說新語・排調》：「謝遏夏月嘗仰臥，謝公清晨卒來，不暇若衣。跣出屋外方躡履問訊。公曰：『汝可謂前倨而後恭。』」

【成語】**新會蒲葵**

【釋義】謝安隨意拿在手裡的東西別人也競相效仿。比喻公眾對此人的追崇達到了極點。

【出處】《晉書・謝安傳》：「安少有盛名，時多愛慕。鄉人有罷中宿縣者，還詣安。安問其歸資，答曰：『有蒲葵扇五萬。』安乃取其中者捉之，京師士庶競市，價增數倍。」

【成語】**雅人深致**

【釋義】原是讚賞《詩經・大雅》的作者有深刻的見解。後形容人的言談舉止不俗。

【出處】南朝・宋・劉義慶《世說新語・文學》：「『訏謨（訏音ㄒㄩ，訏謨指遠大的謀略）定命，遠猷辰告。』謂此句偏有雅人深致。」晉朝時期，謝安與子姪們聚會，問他們《毛詩》中最精彩的句子。謝玄說：「昔我往矣，楊柳依依，今我來思，雨雪霏霏。」謝安則稱讚「訏謨定命，遠猷辰告」。他說該句包含著高雅人的情致。

【成語】**一往奔詣**

【釋義】支道林稱讚謝安的原話，後多用來指文章一氣呵成，才氣不凡。

【出處】《世說新語・文學》：「謝後粗難，因自敘其意，作萬餘語，才峰秀逸，既自難干，加意氣擬托，蕭然自得，四坐莫不厭心。支謂謝曰：『君一往奔詣，故復自佳耳。』」

【成語】**投鞭斷流**

【釋義】肥水之戰前，苻堅手下反對出兵，苻堅說：我現在這麼多兵力，光是把馬鞭投進長江，就足以截斷江流。比喻人馬眾多，兵力強大。

【出處】《晉書・苻堅載記》：「以吾之眾旅，投鞭於江，足斷其流。」

王徽之 史上最牛的行為藝術大師

人物簡介

姓名：王徽之，字子猷，外號王黃門

家庭出身：中國第一望族——琅琊王家

籍貫：山東臨沂

生卒：西元338～386年

社會關係：丞相王導的孫子，書聖王羲之的兒子，大書法家王獻之的哥哥，桓沖的僚屬，名士戴逵的好友

社會身分：紈絝子弟、書法家、竹癡、混日子的中下級官員

容貌：絕不是「青蛙」，卻屬於不梳頭、不拴腰帶的邋遢貨

主要作品：有書帖《承嫂病不減帖》、《新月帖》等傳世

雷人言行

◎出行途中，下雨了，跳下自己的馬，完全不講上下級秩序，強行擠進領導車中，並對上司說：「你怎麼能一個人享受一輛車呢？」

◎途中遭遇素不相識的地位、威望遠遠高於自己的朝廷重臣，不但不迴避，反而派出僕人叫住別人為他演奏笛子。

◎一時心血來潮，想起遠方好友，於是乘船前往，經整整一宿航行終於到達朋友門前，卻突然下令掉頭回家。

相關成語

人琴俱亡 乘興而來 興盡而返 騎曹不記馬 拄笏看山

作者評價

用自己獨有的放蕩灑脫給了世俗幾記響亮的耳光。只可惜，餘音不存久矣！

基因的放大或轉移

雖然，「雪夜訪戴」的故事說來每每會讓藝術界的朋友擊節讚嘆，但對於疏離國學的人來說，許多人至今是不知道這個故事的。

故事的主人翁叫王徽之，從生命的姿態和品質而言，他的名字絕對應該排在他父親「書聖」王羲之、弟弟王獻之之上的。遺憾的是，一千多年過去了，我們這個把功利獲取看得大於一切的民族，至今仍把王徽之的大名掩藏在高官輩出的琅琊王氏家族的倒數，這不能不說是一種悲哀。更有甚者，在聽完王徽之的故事後，竟會冷冰冰地甩出一句：「神經病！」

王徽之讓人嘆服得五體投地的首先是他幾乎不沾人間煙火的灑脫。這種灑脫一方面是一種生活的價值取向，另一方面更是一種審美趨向。能達到這種境界，可以說，他老子王羲之的這一基因在他身上得到了傳承和放大。

父親王羲之弱冠之時（二十歲），處在政治逆風口的太傅郗鑑為了站穩腳跟，主動派人到「王與司馬共天下」的丞相王導家選女婿，早聽說過郗家女兒郗璿絕色美貌的王導子姪們一個個趕緊穿戴一新，衣冠楚楚，挺足精神迎接郗太傅婚使的挑選，只有王羲之一人對此事毫無在意，寬衣坦腹橫躺在東邊廂房的床上休息。是謂「東床坦腹」。而老謀深算的郗太傅竟然恰恰就選中王羲之做了自己的女婿。

王徽之就是王羲之與郗璿的第五個兒子。

但在事業上，王徽之與他父親卻大相逕庭，書法藝術方面僅學得父親的一鱗半爪，遠遠落後於弟弟王獻之不說，工作上更是一塌糊塗。《晉書‧王徽之傳》記載，說他「雅性放誕，喜好聲色」，時常蓬首垢面，不拴褲帶，從不做正事。從這一點上來講，王徽之的派頭更像曾經在網上紅極一時的「犀利哥」，很酷、很潦倒。

> 子敬與子猷書道：「兄伯蕭索寡會，遇酒則酣暢忘反，乃自可矜。」（《世說新語》）

而一旦遇到酒這玩意兒，他頃刻就來了精神，以至於跟他關係最好的弟弟王獻之在寫信給他的時候說：「兄長，你總是落落寡歡，什麼事情都不能讓你提起精神來，一旦遇到酒，你就能開懷暢飲，流連忘返，真是被你打敗了！」

> 王子猷作桓車騎騎兵參軍。桓問曰：「卿何署？」答曰：「不知何署，時見牽馬來，似是馬曹。」桓又問：「官有幾馬？」答曰：「『不問馬』，何由知其數？」又問：「馬比死多少？」答曰：「『未知生，焉知死？』」（《世說新語》）

王徽之的第一次入仕，就擔任了車騎將軍桓沖的騎兵參軍。按說，這也完全得益於他父輩祖上的地位和蔭庇。但是，王徽之對做官實在沒有興趣，估計像他這樣出生在高官世家的子弟對於做官，這就好比，你請一個天天在海裡打魚的漁民去釣魚一樣，實在沒法讓他起勁。在桓沖手下幾個月後，桓沖實在看不下去了，就主動找他談了一次話。

「請你告訴我，你是負責哪個部門的工作？」桓沖說。

「不知道是哪個部門，不過經常見到有人牽著馬來進進出出，好像是負責軍馬的事吧。」王徽之答道。

「你那裡有多少匹馬呢？」桓又問。

「『不問馬』，我怎麼會知道有多少匹？」王回答說。

這句話裡，「不問馬」原來出自《論語・鄉黨》裡，說的是馬棚失火了，孔子趕回來問弟子們是否有人受傷，從頭至尾都沒有問馬匹的損失情況。這本來是孔子以人為本，以人的生命為重的精神體現。在這裡，王徽之卻借用過來反諷桓沖。

「最近馬死了多少？」桓沖又問。

「『未知生，焉知死？』」王回答說。

這句話的出處在《論語・先進》篇裡，說的是，有一次子路問孔子，「死」是什麼概念。孔子回答說：「你連活著的意義都沒搞清楚，又怎麼能知道死亡的概念呢？」在這裡，王徽之要表達的意思是：存活的馬有多少我都還不清楚，怎麼會知道死了多少呢？你這個人也真是喜歡糾纏。

看了上面這個故事，估計讀這篇文章的您也清楚王徽之對工作敷衍潦草到什麼程度了。

嘗從沖行，值暴雨，徽之因下馬排入車中，謂曰：「公豈得獨擅一車？」（《晉書・王徽之傳》）

關於王徽之的工作，還有更搞笑的。一次，王徽之與頂頭上司桓沖一起外出公幹。根據當時「國家有關公務員不同級別應享待遇的規定」，桓沖乘車，王徽之只能騎馬相隨，半路適逢天降大雨，雨一開始，王徽之就迫不及待地從自己馬上跳下來，急沖沖攔停頂頭上司的車，不管三七二十一，拉開車門就往車上擠，一邊擠一邊還說：「你怎麼能一個人享受一輛車呢？」弄得桓沖一時不知道說什麼好，只得收起平日的威嚴，讓他跟自己同車行進。

沖嘗謂徽之曰：「卿在府日久，比當相料理。」徽之初不酬答，直高視，以手版拄頰云：「西山朝來致有爽氣耳。」（《晉書・王徽之傳》）

一天桓沖與王徽之坐在一起，便試圖做做王徽之的思想政治工作，讓他振作起來，於是搭訕著對他說：「你在我的官署待的時間也不短了，最近一定做了不少事吧？」王徽之也不答話，只是將眼睛遠遠地看著高處，雙手托著臉頰自言自語地說：「西山的早晨，空氣真的好清新啊！」這個回答簡直讓桓沖哭笑不得。

如此的下屬，讓桓沖不得不「開銷」了他。到海西公司馬奕太和年間，才又被召為黃門侍郎（皇宮中工作人員，負責傳達皇帝詔命），或許這一次他的工作態度有所改變，否則絕對是活不出來的。

讓你見識什麼叫狂誕

從王徽之內心來說，面對裝模作樣的世界他早已噁心透了，他只得用自己獨有的放蕩灑脫不停地搧世俗的耳光。這樣的酷，是你我這樣的人裝死都裝不出來的。所以，筆者想對看這篇文章的您說：別逗了，咱們酷不過魏晉，酷不過王徽之，充其量也是假裝瀟灑！

因為，他有那樣的環境，而咱們所處的這個時代，人們的心智普遍蒙上惡俗的且不懂裝懂的灰塵太厚太厚。

王徽之去表兄弟郗恢家，郗恢當時正在裡屋，王徽之進到客廳後，見空無一人的客廳地上比上次多出一張西域彩色羊毛地毯，整個客廳一時顯得格外高雅豪華，王徽之因那地毯的成色和新奇差點驚叫：「阿乞（郗恢小名）怎麼會有這個東西呢？簡直太好了！」說完，他轉身興高采烈地對跟隨自己的僕人一揮手：「哈哈哈，捲起來，先拿回家！」那僕人慌不迭立刻動手。

一會兒，郗恢從裡屋出來，發現豪華地毯沒了，怎麼也弄不明白，自言自語屋裡屋外看了好半天，還是不明所以。王徽之只得微笑說：「剛才有個大力士衝了進來，把毯子一捲，扛著就跑了。」郗恢一看王徽之說話的表情，便什麼都明白了。只得微笑著搖頭，一點也沒責怪的意思。

王子猷出都，尚在渚下。舊聞桓子野善吹笛，而不相識。遇桓於岸上過，王在船中，客有識之者，云：「是桓子野。」王便令人與相聞，云：「聞君善吹笛，試為我一奏。」桓時已貴顯，素聞王名，即便回下車，踞胡床，為作三調。弄畢，便上車去，客主不交一言。（《世說新語》）

一次，王徽之到京都去，到清溪渚船剛要靠岸補給，此時正好有一隊人馬從岸邊經過，為首那輛豪華馬車的簾子一開，露出一張臉來。這不是別人，正是權傾一時的桓溫的宗親本家桓子野（桓伊）。王徽之不認識桓伊，但門客中卻有人認得，於是驚呼：「是桓伊！那就是桓伊！」王徽之一聽，立刻來了精神，他知道桓伊是誰，知道他是淝水之戰中功不可沒的大將，是封了爵位的顯貴人物，也聽說桓伊笛子吹得特棒，只是苦於未曾見面，更沒聽過他的笛聲。

此時的王徽之不知道是忘卻了自己僅僅是個中下層官員，還是潛意識裡從來就沒把任何高官當高官看待，反正，他又一次把手一揮，讓人前去把桓伊叫住。這桓伊也怪，好好地趕自己的路，竟然被一個下層官員的僕人給叫停了下來。一詢問，原來是王徽之想聽自己為他秀上一曲。王徽之，桓伊不僅知道，應該說，也是久聞其瘋狂另類大名的。於是，桓伊就老老實實地來到王徽之船上。王徽之見到身著比自己級別高得多的官服的桓伊，就站起來大大咧咧地對桓伊說：「聽說你笛子吹得很好，能不能為我演奏一曲呢？」這在見了上級官員路過必須跪地迴避的古代，如此放肆，殺十次頭的罪都夠了，而這個桓伊竟然一聲不吭地在胡床上坐了下來，拿出笛子就吹開了。桓伊一共為王徽之吹了三支曲子，演奏完畢，轉身就走，主客雙方一句話也沒有說。

王徽之與桓伊這一作派，當下的美利堅下層官員與上級官員能否達到，筆者不得而知。反正，在我所處國度的今天，這樣的事情是做夢也不可能發生的。

支道林，世稱支公或林公，東晉高僧，一代佛學大師、著名書法家。他

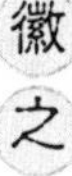

不僅佛學造詣高深，也精通老莊之說，世代崇信佛教，曾著《聖不辯之論》、《道行旨歸》、《學道戒》等論書，「即色本空」的思想就是他的首創，為般若學「六家七宗」的代表人物。如此重量級的人物在王徽之面前，卻受夠了氣。

王徽之有次去著名豪族謝萬（謝安弟弟）那裡，一進門，就見支道林在裡面。支公得見王徽之進去，神色即刻傲慢起來。王徽之見了，也沒表露什麼，而是坐下來與謝萬開始閒聊，聊的話題竟然是支公的行頭裝扮和健康問題。王徽之說：「如果支公不是佛家裝扮，鬍鬚頭髮都留著的話，神情應該比現在還要強得多吧？」謝萬回答說：「唇齒相依，不能偏廢。鬚髮和精神難道有什麼關係嗎？」此時，支公臉色難看到了極點，但王徽之與謝萬仍有滔滔不絕之勢。於是，支公終於爆發：「我的七尺身軀，今天就交給你們二位了。儘管評吧！」

苻宏，前秦皇帝苻堅的兒子，曾對父親發起的淝水之戰持反戰態度。苻堅戰敗，苻宏叛逃降晉，謝太傅（謝安）常常招待他，苻宏也由此自認為才華出眾，經常好為人上，認為所有的客人沒有能讓他折服的。一天，恰好王徽之來了，謝安讓他倆一起聊天。王徽之什麼話也沒說，只是愣愣盯著苻宏看了半天，起身就走。臨出門時對謝安說：「這個人和常人終究也沒什麼不同嘛。」只此一句，就讓苻宏非常羞愧地退了出去，從此收斂了許多。

> 寧可食無肉，不可居無竹。無肉令人瘦，無竹令人俗。人瘦尚可肥，士俗不可醫。

這是蘇軾《於潛僧綠筠軒》中的句子。此話的根源來歷就是王徽之。王徽之一生，除了愛酒、愛聲色之外，還有就是愛竹，且愛竹的程度甚至超過前兩項，達到無以復加的地步。他曾經暫住別人的空房子，一住下就趕快讓下人種竹子。有人覺得奇怪：「暫時住一住，何必要這樣麻煩呢？」王徽之沉吟良久，指著竹子說：「我不能一天沒有這位仁兄啊！」其愛竹之情真意切，由此可見。

如此愛竹，加上原本的狂放個性，自然就會有離譜的故事發生。

王子猷嘗行過吳中，見一士大夫家極有好竹，主已知子猷當往，乃灑埽施設，在聽事坐相待。王肩輿徑造竹下，諷詠良久，主已失望，猶冀還當通。遂直欲出門，主人大不堪，便令左右閉門，不聽出。王更以此賞主人，乃留坐，盡歡而去。（《世說新語》）

一次經過吳郡，王徽之見一個士大夫家有非常好的竹林，主人也已經知道了王子猷會來，就灑掃庭除，準備好酒肉，在大廳裡坐著等他。王徽之卻坐著轎子從大門招搖而進院內，壓根兒就沒想過要去跟主人打個招呼，直接來到竹林裡，旁若無人，一詠三嘆地獨自賞竹。在大廳等著要接待他的主人一看這種情況，頓時失望至極。本想王徽之可能會在賞完竹之後，會跟自己禮貌性寒暄幾句，說點什麼。可等了很久，在竹林裡好一番沉吟夾雜尖叫之後的王徽之，賞完竹後，卻徑直向門外走去，絲毫沒有和主人告別的意思。此時主人實在忍無可忍，立刻下令家人關上大門，不讓王徽之出去。王徽之這才不得不停下來，正視這個院落裡的主人。雙方寒暄之後，王徽之留了下來，酒醉肉飽，縱情歡樂一番才離開。

愛竹，心中只有竹而無其他。如此癡狂，還有什麼事情做不出來？

哥並沒有醉，盡興而返就不虧

嘗居山陰，夜雪初霽，月色清朗，四望皓然，獨酌酒詠左思《招隱詩》，忽憶戴逵。逵時在剡，便夜乘小船詣之，經宿方至，造門不

前而反。人問其故，徽之曰：「本乘興而行，興盡而反，何必見安道邪？」（《晉書・王徽之傳》）

雪越下越大，呼呼的北風一個勁地颳，從下午開始，大雪就一直沒有停止。

午間與一幫文朋詩友喝過了頭，送走朋友之後，在小妾的攙扶下王徽之歪歪倒倒走進了臥房，倒頭便睡。

一覺醒來，已是深夜時分，此時酒已醒了大半。王徽之推開躺在一旁的美妾，打著酒嗝從床上爬起來，此時那身邊的美人睡得正香。他趿上棉鞋，來到門前，剛推開一絲縫隙，一陣寒風迎面撲來，他打了一個冷顫。門開後，寒風夾雜著大片大片的雪花撲進門來。王徽之舉目一望，地上早已覆蓋了一層厚厚的雪，遠處的山、近處的樹木、房舍都掩映在一片白色之中。習習沙沙雪落的聲音使天地之間顯得異常靜謐，廂房那邊下人的呼嚕聲一陣接著一陣，偶爾有幾聲狗吠從遠處傳來。

一個多麼富有詩意的雪夜啊。

王徽之拍著自己的門框對著廂房那邊的下人高喊：「上菜——溫酒——」

於是，呼嚕聲停止了，下人住的那一排廂房的燈頃刻間紛紛亮了起來。一個黑影打著燈籠彎著腰快步跑到他面前，聽完王徽之對菜餚和酒水的詳細要求後，點頭哈腰地退了下去。王徽之轉身進屋叫醒了熟睡中的美妾，然後在美妾的侍候下披上了披風，來到了一間飲酒賞景的屋子。只一會兒，四、五個美人環佩叮噹、一片鶯語燕呢拎著手爐，陣陣香氣中，王徽之就被圍在了中間。此時，下人已將熱騰騰的肉、冒著熱氣的酒陳放齊備。大家一起動起手來。

喝著喝著，雪停了，風住了，一個晴朗的雪夜呈現了出來。夜雪初霽，月色清朗，四望皎然。看著眼前的美景美人，王徽之站了起來，一邊喝酒一邊大聲吟誦起來：

經始東山廬，果下自成榛。
前有寒泉井，聊可瑩心神。
峭蒨青蔥間，竹柏得其真。
弱葉棲霜雪，飛榮流餘津。
爵服無常玩，好惡有屈伸。
結綬生纏牽，彈冠去埃塵。
惠連非吾屈，首陽非吾仁。
相與觀所尚，逍遙撰良辰。

熟悉的人就知道，這是那個與潘安、石崇號稱文學界「金谷二十四友」，形象奇醜，以《三都賦》使洛陽紙貴的左思的《招隱詩》。

吟誦完畢，在美妾們的掌聲中，王徽之又一頓英雄般地引頸猛灌美酒。喝著喝著，他忽然想起了自己在剡縣的好友戴逵，舉起的酒盅在空中停了好半天。眾人正面面相覷之際，王徽之把酒盅重重地往桌案上一放，高喊一聲：「備船！」

戴逵（西元326？～396？年），字安道，東晉音樂家、書畫家、哲學家，終身不仕的隱士。

下人須臾就備好了船。王徽之打發了眾美妾，在幾個男僕的簇擁下，踏著吱吱咯咯的積雪，上了停泊在家門口的船，船上早準備了燒旺的火盆和冒著熱氣的酒肉。幾個駕船的艄公一見主人坐定，立刻使出渾身力氣，划著王徽之的遊船飛也似的向剡縣方向而去。

雪夜，撐著燈籠的遊船在「吱吱咕咕」急促的槳聲中飛馳。王徽之一邊飲酒一邊不停地在船頭和船廂中吟哦獨步，看山看水看雪夜。

經過整整一宿，天亮的時候，王徽之在船艙中睡著了，再次醒來的時候已近中午。此時，距離戴逵的住地越來越近，馬上就要見到戴逵了，王徽之搓

揉著眼睛打著哈欠從船艙中走了出來，顯得異常興奮。

眨眼工夫，船就到了戴逵家門前的碼頭。船夫們慌慌忙忙地拋下錨，將船固定好，習慣性直起腰來，等待著船上的男僕們攙扶王徽之下船。王徽之邁開大步走上船頭，站定，對著戴逵的院門看了良久。他忽然轉身，一揮手，吩咐船夫：「掉頭，回去。」

此話一出，船夫、僕人頓時驚訝萬分。一個僕人打了一個趔趄（音ㄌㄧㄝ丶ㄐㄩ，身體搖晃，站不穩），差點掉進河中。

一位大膽的船夫以為自己聽錯了，將耳朵轉過來對著王徽之，大著膽子問：「主人，您說什麼？」

「回去！」王徽之對著他大吼一聲。

為首的僕人終於慌了，跌跌撞撞地靠近王徽之面前說：「大人，咱們千辛萬苦，冒著雪夜視線不好翻船的危險，才到達這裡，您怎麼也得進去看看再說吧。您，您這是為什麼呢？」

「哈哈哈哈！」王徽之忍不住大笑起來，「我本是乘興而來，現在又興盡而返，何必一定要見戴安道呢？回去吧！」

承載著王徽之的遊船，在吱吱咕咕的槳聲中，沿著來時的路返了回去。

兄弟，哥跟你沒完

很多時候，王徽之似乎只活在自己的理想狀態中，對俗世的人情世故毫不關心。但有一件事，卻是他常常掛記心尖的，這就是他跟弟弟王獻之的兄弟之情。

「東床坦腹」的王羲之娶上了絕世美才女郗璿之後，兩人卿卿我我，一氣生下了一大堆孩子，僅男孩就有七個，王徽之行五，王獻之最小。在兄弟七人中，史料記載有點出息的也就五個，他們分別是王凝之、王操之、王徽之、王煥之、王獻之。哥幾個自小都隨父習書，「王氏凝、操、徽、渙之四子書，與子敬書俱傳，皆得家範，而體各不同。凝之得其韻，操之得其體，徽之得其勢，煥之得其貌，獻之得其源。」其中，只有「得其源」的王獻之可跟父親相提並論，世稱「二王」。其餘兄弟，包括王徽之在內，充其量只是一鱗半爪。

小弟王獻之不僅書法了得，且在能力、風度上都獨佔鰲頭，當時的名士們也常常把王徽之與王獻之進行比較。相比的結果，自然是王徽之相形見絀。

王子猷、子敬曾俱坐一室，上忽發火，子猷遽走避，不惶取屐；子敬神色恬然，徐喚左右，扶憑而出，不異平常。世以此定二王神宇。（《世說新語》）

記載說王徽之、王獻之兄弟倆，曾在房間裡閒坐，突然屋頂著火了，王徽之慌忙逃跑躲避，連鞋都來不及穿。而王獻之卻神色恬淡，不慌不忙地叫來侍從，扶著自己走了出來。

房頂起火，慌忙跑出來本來是人之常情，這也顯得王徽之不拘禮法，是個不虛偽藻飾的性情之人，在當時，處於琅琊王氏這種世代高官之家的王徽之，如此不講規矩、驚驚咋咋是需要勇氣承受譴責和批評的；而對於王獻之，家中失火還不慌不忙、講究禮法排場，死要面子活受罪，非僕人來攙扶才離開，這也需要膽量、氣度和非一日之功的修煉，跟兄長王徽之相比，自然更勝一籌了。

還有一次，王徽之兄弟三人一起去拜訪謝公（謝安），王徽之、王操之兩人說了很多俗事，而王獻之只是略作寒暄就不說話了。三兄弟走後，在座的客人問謝公：「剛才的三位賢士，哪個最好？」謝公說：「小的最出色。」客人問：「您怎麼知道的呢？」謝公說：「有能力、有修養的人是很能控制自己

的話語的，而浮躁淺薄的人一般話比較多。我是根據這個推知的。」

顯然，魏晉時代，即使是謝安這樣的高人也免不了以儒家的價值取向去評判青年一代的。在這樣的價值取向之下，王徽之自然在弟弟王獻之面前顯得矮了幾分。

然而，王徽之就是王徽之，特立獨行的他對小弟王獻之不但從未有過嫉妒之心，在所有兄弟中，恰恰與這個強過自己的弟弟關係更鐵。

自打小時候起，兄弟倆就格外友好，常常一起談論時事，並肩共讀。哥倆最喜歡的一本書，就是《高士傳》，對其中的人物，兩人的看法卻各有不同。王獻之特別喜歡的是「井丹高潔」一則，王徽之卻更喜歡「長卿慢世」這一則。井丹，字大春，東漢郿地（今陝西省眉縣）人，年輕時學於太學，通五經，善談論，京師人都議論說：「五經紛綸井大春。」據說，他為人非常清高，從未學會伺候人，更不屑攀龍附鳳；長卿，即司馬相如，西漢大辭賦家，擅長彈琴的絕色帥哥、文學明星，他所用的琴是西漢景帝時梁王所贈的「綠綺」，他的一曲《鳳求凰》，致使美麗的卓文君與他連夜私奔的愛情故事無人不曉，「琴挑文君」、「文君夜奔」的典故皆出於此。

從哥倆對人物故事的品評來看，較之王獻之的性格，王徽之的喜怒哀樂似乎更具人性的溫度和光輝。

西元*386*年，中華大地殺戮達到了空前殘酷。鮮卑族的拓跋珪稱代王，建都盛樂，改稱魏，中華歷史上的北魏由這一年開始；此外，後秦姚萇入長安，稱帝；呂光稱涼州牧、酒泉公，建都姑臧（今甘肅武威），後涼政權由此開始。

也是在這一年，中國歷史上著名的書法家王獻之兄弟也攜手黃泉。

關於王徽之、王獻之兄弟情深在《世說新語‧傷逝》裡有一則「人琴俱亡」的故事，讀來淒美哀傷至極。

與獻之俱病篤，時有術人云：「人命應終，而有生人樂代者，則死者可生。」徽之謂曰：「吾才位不如弟，請以餘年代之。」術者曰：「代死者，以己年有餘，得以足亡者耳。今君與弟算俱盡，何代也！」未幾，獻之卒，徽之奔喪不哭，直上靈床坐，取獻之琴彈之，久而不調，嘆曰：「嗚呼子敬，人琴俱亡！」因頓絕。先有背疾，遂潰裂，月餘亦卒。（《晉書・王徽之傳》）

先是王徽之、王獻之同時生病，家裡人四處求醫問藥。一日有一術士登門，在給兄弟兩人看完病後，順口就說：「一個人的命要結束的時候，如果有人願意把自己的壽命送給他，那麼，我可以透過法術，把那個人的壽命轉給要死的這個人，讓他活得更長一些。」王徽之聽了術士的話，顯出從未對人有過的祈求神情，撲通一聲跪在地上倒頭便拜，對術士說：「大師，我的才學不如我的弟弟，請您把我剩下的壽命轉給他吧，求求您了！求求您了！」術士見此，轉過頭來認真地看了看王徽之，無奈嘆息道：「願意把壽命轉給別人的人，必須是自己的壽年有多餘的，才能夠用來彌補快死亡的人，讓他繼續活下去。而你的壽命和你弟弟的相差無幾，你用什麼轉給他呢？」聽到術士的解釋，王徽之伏地悲慟。

幾天之後，王獻之死亡。

由於徽之此時亦在重病之中，家人不敢將情況如實告訴他。幾天沒有王獻之的消息，重病中的王徽之就待不住了，勉強支撐起來問身邊的人：「為什麼這麼幾天沒有弟弟的消息？是不是已經不在人世了？」他說話的時候沒有一點傷感，說完就叫車去憑弔，到了靈堂，一聲不哭。因王獻之平素喜歡彈琴，王徽之就徑直坐到靈床上去，叫人取來王獻之的琴，試圖彈奏。他擺弄半天，始終無法調準琴音，便把琴往地上一摔，說道：「子敬（王獻之的字）啊！子敬！人和琴都不復存在啦！」王徽之隨即痛哭欲絕，很久才恢復過來。一個月以後，王徽之病情加重，背部潰爛開裂，在家人的一片哭聲中死去。

兄弟之情撼動世人。

成語附錄

【成語】**人琴俱亡**

【釋義】俱：全，都。亡：死去，不存在。形容看到遺物，懷念死者的悲傷心情。

【出處】《晉書‧王徽之傳》：「取獻之琴彈之，久而不調，嘆曰：『嗚呼子敬，人琴俱亡。』」

【成語】**乘興而來，興盡而返**

【釋義】指趁著高興便做某事，沒有興致或興致已過便停止。形容人做事隨心所欲，不循規蹈矩。

【出處】《晉書‧王徽之傳》：「（徽之）嘗居山陰，夜雪初霽，月色清朗，四望皓然，獨酌酒詠左思《招隱詩》，忽憶戴逵。逵時在剡，便夜乘小船詣之，經宿方至，造門不前而反。人問其故，徽之曰：『本乘興而行，興盡而反，何必見安道邪？』」

【成語】**騎曹不記馬**

【釋義】指有名士習氣，不理事務。

【出處】《晉書‧王徽之傳》載：「徽之字子猷。性卓犖（音ㄌㄨㄛˋ，卓越特出之意）不羈，為大司馬桓溫參軍，蓬首散帶，不綜府事。又為車騎桓沖騎兵參軍，沖問：『卿署何曹？』對曰：『似是馬曹。』又問：『管幾馬？』曰：『不知馬，何由如數！』又問：『馬比死多少？』曰：『未知生，焉知死！』」

【成語】**拄笏看山**

【釋義】拄：支撐。笏（音ㄏㄨˋ）：古代大臣上朝時拿著的手板。舊時比喻在官有高致。

【出處】南朝‧宋‧劉義慶《世說新語‧簡傲》：「王子猷作桓車騎參軍，桓謂王曰：『卿在府久，比當相料理。』初不答，直高視，以手版拄頰云：『西山朝來，致有爽氣。』」

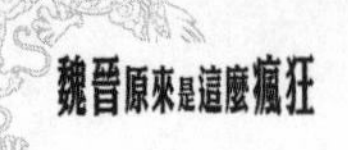

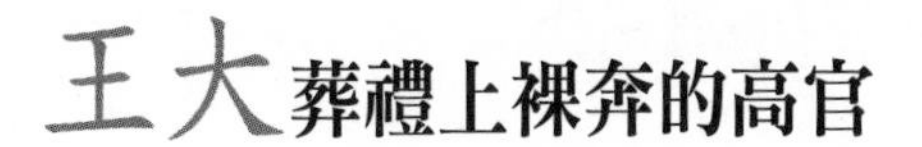

王大 葬禮上裸奔的高官

人物簡介

姓名：王忱，字元達，小字佛大，外號王大

家庭出身：貴族世家

籍貫：山西太原

生卒：不詳（355？～392？）

社會關係：藍田侯王述的孫子，高官王坦之的兒子，奸臣王國寶的哥哥，東晉著名經學家范寧的外甥，王恭的族叔、兒時童伴和敵人

社會身分：酒鬼、藥鬼、裸奔狂人、高官

容貌：承襲祖上大酒糟鼻子，醜鬼一個

作品：個人文集五卷

雷人言行

◎「三天不喝酒，就感覺靈魂不在身上了。」

◎岳父家有喪事，不但不幫忙做事，反而邀約十幾人赤身裸體魚貫而進，圍著岳父繞幾圈就走了，令在場人等跌破眼鏡。

◎身為大軍區司令，酒後與另一高官發生鬥毆。

相關成語

後起之秀　身無長物

作者評價

為什麼一定要效仿阮籍？喝酒、嗑藥、裸奔都是折騰自己，何苦？

笑破肚皮的活寶之家

王大，大名王忱，是生活在東晉中後期的人物。本文用他的小名入題，是因為在記載他的很多史料上都以這個名字為主。如果把王大的瘋狂任誕與魏晉的其他名士相比，包括曹魏時代「竹林七賢」，沒有一個能超得過他。他的酗酒、裸奔無論是當時還是現今，都讓人跌破眼鏡。

王大是歷史上著名的山西太原王家人。現在說山西太原王家估計知道的人不會很多，假如時間回溯一千多年，在魏晉南北朝時期提起太原王家，幾乎沒有人不表現出敬仰羨慕神色。即使到了魏晉之後的南北朝時期，太原王家的代表人物王慧龍因在南朝的劉宋政權遭到迫害，跑到北方投降了北魏。北魏的宰相崔浩，在其沒有任何身分證明的情況下，僅憑王慧龍的大酒糟鼻子就認定他是太原王家的後人，並表現出少有的熱情，虔誠侍候之外，還在拓跋皇帝面前力挺這位名門之後，使王慧龍在北魏最終得到重用，成了一代名將。

據說這個家族是春秋時期周靈王太子晉公的後裔，是理所當然的貴族，到了東漢末年，這個家族中的王允更是因為計殺董卓，以他的壯烈而一舉將整個家族推進了一流高門的行列。進入晉代後，雖然山東琅琊王家的輝煌遠遠高於太原王家，但琅琊王家是「新戶」——得勢不久的暴發戶，按照當時的門閥制度和潛規則，排名就自然落後於太原王家。

太原王家到了王忱的父親王坦之這一代，便已經有了「五世盛德」的美名。據統計，僅西晉時期，太原王氏先後有十二人在朝中任要職，其中有三人位至「三公」（中央常委的三位核心人物）；整個魏晉時期，這個家族出了兩位皇后、一位駙馬。

在《晉書》和《世說新語》裡，對這個家族有很多搞笑的記載，隨便說一條，就能讓人笑翻肚皮。

> 王渾與婦鍾氏共坐，見武子從庭過，渾欣然謂婦曰：「生兒如此，足慰人意。」婦笑曰：「若使新婦得配參軍，生兒故可不啻如此。」（《世說新語》）

這則故事說的是王忱家一個叫王渾的前輩與妻子的一段對話。這個女人據說是鍾繇的後代，史書裡說她很賢能，但同時也記載了她的口無遮攔，用現在大老爺們的話來說，「瘋婆娘」一個。上面這段是《世說新語•排調》的原文，翻譯過來是這樣說的：王渾和妻子鍾氏一起坐著閒聊，看見兒子武子（王濟）從院子經過，王渾高興地對妻子說：「你看，我們有這樣一個兒子，也該知足了。」妻子笑著說：「如果我能嫁給你弟弟參軍王淪，生的兒子一定比現在這個更優秀。」

這話即使在今天也不是一般女人說得出的，暗戀老公的弟弟本來就不光彩，何況還說出來？

王大的祖父叫王述，因承襲父親藍田侯的爵位，時人以王藍田稱呼他。王藍田外表憨厚少言，內心卻極其強悍，即使是在王導主政的時期，也堪稱舉足輕重的人物，他依靠自己的誠實肯幹，從驃騎將軍開始，一直幹到揚州刺史、散騎常侍、尚書令的位置才結束。

他的個性耿直暴躁，《世說新語》上記載有一則關於他吃雞蛋的事情。王藍田有一次吃雞蛋，先是想用筷子扎進雞蛋裡面把雞蛋挑起來剝了吃，但是沒能成功，一怒之下，就把雞蛋扔在地上。那雞蛋非但沒破，反而在地上轉個不停，見此，他從席上一躍而下，對著雞蛋一腳踏去，可惜沒有踩中。此時他已經憤怒至極，從地上撿起雞蛋放入口中，「喀嚓」一聲把雞蛋咬了個粉碎，但這一次他並沒有吃，而是狠狠地把它吐了出來。

王大的父親叫王坦之，字文度。這個人可以說是風流宰相謝安的至交好友，特別是在反對桓溫的叛亂中一起出生入死，保住了東晉皇權。他先是在桓溫的手下做長史，後來從桓溫手下出來站在了倒桓的一方，桓溫倒臺後，與謝安一起執掌東晉政權。其人品、功績都被世人稱道。

在相關史料裡，有一則無意間透露出了王大祖父王藍田和父親王坦之相處的一些細節，也能把人雷個半死：

> 王文度為桓公長史時，桓為兒求王女，王許咨藍田。既還，藍田愛念文度，雖長大，猶抱著膝上。文度因言桓求己女婚，藍田大怒，排文度下膝，曰：「惡見文度已復癡，畏桓溫面？兵，那可嫁女與之？」文度還報溫云：「下官家中先得婚處。」桓公曰：「吾知矣，此尊府君不肯耳。」後桓女遂嫁文度兒。（《世說新語・方正》）

這則記載裡說，王大父親王坦之在當時不可一世的桓溫手下做官，桓溫為了政治上的考慮，想籠絡王家，向王家提出娶王坦之女兒為兒媳聯姻，王坦之說要回家問問父親。王坦之回到家，「藍田愛念文度，雖長大，猶抱著膝上。」這就是說，王坦之雖然到了女兒都該婚嫁的年齡了，回到家中仍然被父親攬在膝上抱著。「文度因言桓求己女婚。藍田大怒，排文度下膝」，王坦之剛一說出問題，就被不高興的父親從膝蓋上推了下來。多搞笑的一對活寶父子啊！

本文主人翁王大就出生在這樣的家庭裡。

王大的父親王坦之一生共生了四個兒子，依次是王愷、王愉、王國寶、王忱（王大）。

在王大兄弟四人中，史料記錄最多，影響最大的是王國寶和王大。縱然王坦之一生磊落，為世人稱頌，而王國寶這個傢伙卻讓人失望，儼然一勢利小人、奸臣賊子。雖然是名相謝安的女婿，卻投奔在司馬道子的麾下，敵對謝安，又貪縱聚斂，「後房伎妾以百數，天下珍玩充滿其間。」隆安元年（西元*397*年），王恭、殷仲堪諸鎮起兵，要求將他誅殺，司馬道子無力抵禦，只好

將他殺死。

關於王大的出身和家庭，筆者之所以拉拉雜雜地說這麼多，主要原因是魏晉歷史繞不過太原王家這個一等貴族；其次就是鋪墊一下王大的出場。

空前絕後的裸體悼念秀

太原王家王大這一支人的先人叫王湛，王湛是典型的大酒糟鼻子，但這基因好像只遺傳在男子身上，假如女生也是大酒糟鼻子的話，估計是很難出兩個皇后的。這遺傳到了王大這一代，在男人身上表現得並不普遍。可以肯定的是，王大被遺傳了，所以王大是個形象比較困難的男人，而他那千夫所指的哥哥王國寶卻長得一表人才，不但沒有大酒糟鼻子，還帥得驚動黨中央。

有史為證：前秦皇帝苻堅的哥哥苻朗到建康，他才華橫溢，所到之處眾人無不嘆服。對於這樣一位人傑，王大當然是想見識一番的，於是主動去拜訪。誰知苻朗並不買帳，假稱生病不願見王大，其實在苻朗心裡並沒有瞧不起王大的意思，只是因為很討厭王大的哥哥王國寶。這時有人對苻朗說：「難道你真不願意見見吏部郎（王國寶）的兄弟嗎？」誰知苻朗卻回答說：「吏部郎是誰？不就是人面狗心、狗面人心的兄弟倆嗎？以後少跟我提他們。」在這裡「人面狗心」當然指的王國寶，而「狗面人心」則指的王大。由此可見，王大聲譽不錯的同時，長相之醜也是「聲名遠揚」。

王大自小就特別聰慧，剛到弱冠二十就跟當時同族的王恭、王珣等名士一樣名噪一時了。有那樣的家庭背景，做官當然不是個問題，一出道便做了驃騎將軍的長史（司令官手下的秘書長）。

王大的舅舅叫范寧，范寧是中國文化史上著名的經學家，東晉一號飽學之士，也是《後漢書》作者范曄的祖父。范寧看到自己的外甥王大能有出息，當然很高興，跟王大一起的時候難免美譽之詞溢於言表。一次，他對王大說：「你的氣質和才氣超凡脫俗，聲望之高，我都佩服，真是後起之秀啊！」這王大原本就是個聰明非凡的人，聽到舅舅這樣誇讚自己，隨口就回答：「不有此舅，焉有此甥？」這話翻譯過來就是：沒有您這樣的舅舅，哪會有我這樣的外甥呢？

這就是成語「後起之秀」的來由。而「不有此舅，焉有此甥？」一句到今天已經演化成千萬個拍馬溜鬚的版本了，常見的是「沒有您這樣的領導，哪會有咱單位的成績呢？」等等。如此肉麻的拍馬之語，真要怪王大這個「始作俑者」。

有「五世盛德」的家庭出身和范寧這個舅舅的讚譽，王大自然就飄飄然起來，一般的名士根本就不放在眼裡。這方面《晉書‧王忱傳》裡有一則記載：

> 嘗造其舅范寧，與張玄相遇，寧使與玄語。玄正坐斂衽，待其有發，忱竟不與言，玄失望便去。寧讓忱曰：「張玄，吳中之秀，何不與語？」忱笑曰：「張祖希欲相識，自可見詣。」

說王大有一次去舅舅家玩，恰好遇到江南名士張玄，一者張玄的學識本來就值得敬佩，二來東晉王朝作為偏安政府，對江南名士不能不表示出應有的尊重。王大一進去，舅舅就興高采烈地把他介紹給張玄。張玄聽說進來的是王大，一改先前的隨意，頓時就提起架勢，正襟危坐，等待王大的寒暄和交流。誰知道王大卻一言不發，根本沒有做出應有的熱情和主動。張玄面對面地跟王大無趣地坐了一會兒就悻悻而去。

張玄走後，范寧實在忍不住了，就生氣地對外甥說：「張玄是江南的俊傑，這麼重要的人物來到咱們家，你為什麼不跟人家說說話呢？弄到如此尷尬的地步，真是不可理解。」王大笑了笑，回答說：「他張玄如果真想結識我的話，為什麼不上我家裡去拜訪我？而要假裝在你這裡遇上我呢？」聽了這話，范寧無言以答。立即就上張玄家轉達了王大的意思。張玄聽了果然就穿戴整齊星夜去拜訪了王大。兩人一見，就擺開了酒宴，頻頻舉杯，賓主之間好像之前根本沒發生任何事情，幾杯酒下去便聊得非常投緣，從此成了要好的朋友。

王大的這種做法，一方面因為有一流的門閥世家作背景，另一方面，在他的內心，人生的價值取向上，一直把恢復「竹林七賢」之風當成了自己的目標。他最崇拜的人就是前輩王澄，這種崇拜絲毫不亞於今天喜歡麥可傑克森的男孩在夢中模仿傑克森跳舞。

王大不但喜歡酗酒，還嗑藥（五石散），而且吃得瘋瘋癲癲。

他反覆研究「竹林七賢」中的阮籍，一次他的族姪、好友王恭問他：「你覺得阮籍跟司馬相如比，哪一個更奔放？」王大回答說：「我看差不多吧，只是阮籍更嗜酒。我想，是因為阮籍心中有不愉快的東西，所以才要猛喝，這應該是借酒澆愁吧。」阮籍、王澄這兩個偶像，在官場上都是一無是處的混混。

王大最著名的一句話，是每一個通曉魏晉歷史的人都知道的——「三日不飲酒，覺形神不復相親。」這句話翻譯過來，就是說：只要三天不喝酒，就感覺魂不附體了，幹什麼都沒精神。

他的狂放不拘和嗜酒如命，隨著年齡的增加簡直達到了無以復加的地步。特別是表現在喝酒上，比「竹林七賢」的阮籍還要阮籍，阮籍為了逃避司馬氏的聯姻籠絡，曾經創下了大醉六十天的紀錄，而王大則「一飲連月不醒」，且一旦喝醉就不顧及自己的身分地位，「或裸體而遊」——赤身裸體到處亂跑。

婦父嘗有慘，忱乘醉弔之，婦父慟哭，忱與賓客十許人，連臂被髮裸身而入，繞之三匝而出。其所行多此類。（《晉書・王忱傳》）

最讓後世不能忘記的是，他岳父家辦喪事的那次。從史書交代的情況來看，應該是岳父的父親或者母親去世吧。岳父的老人去世，作為女婿本來應該前去料理喪事，出錢出力，不遺餘力。而本文的主人翁王大卻絲毫沒那回事，照樣在外大喝特喝，喝醉了才突然想起應該去靈堂悼拜一下。於是叫上一起喝酒的十幾個弟兄，跌跌撞撞就向岳父家去了，到了岳父家門口，王大突發奇想，估計他想起了曹丕弔喪學驢叫，阮籍發母喪之前吃一隻乳豬、灌一罈酒，然後大喊一聲「媽媽，永別了！」，再口吐鮮血倒在地上等等。反正王大就是來了靈感，逼著兄弟們一個個脫得赤條條的，然後「連臂被髮裸身而入」。一行十幾個人在王大的帶領下，赤身裸體、披頭散髮，手挽手、肩並肩，在眾目睽睽中就闖進了靈堂，進去之後也不管三七二十一，圍著棺材和正在放聲痛哭的岳父轉了三圈，就走了。《晉書》本傳上還說，「其所行多此類」，類似的瘋狂事件在王大身上還有很多。

我的媽呀！

荊州新來了「大哥大」

王大雖是酒鬼、藥鬼，生活中表現十分狂誕，但是在對待工作上卻是一點也不馬虎，只要是對工作有利的，都能夠虛心接受，無條件採納。《世說新語・政事》中有載，王大有次在吏部主管官員推薦選拔。一天，他正草擬推舉名單，臨寫完，一位叫王瑉（音ㄇㄧㄣˊ）的下級官員來訪，王大就將草擬名單拿出來給他看。（這在今天看來當然是違反保密原則的。）王瑉自恃很理解王大的正派，就按自己瞭解的情況修改了近一半被推舉人的名單，王大拿過一看，不但沒有發火，還認為王瑉改得好，比先前的那份更合理，於是大加讚賞一番，謄正之後就交了上去。

王大與哥哥王國寶雖為同胞，卻走的是截然不同的人生道路。對王國寶的齷齪勾當他痛恨至極。當時王國寶在司馬道子的支持下，不可一世，翻雲覆雨。一次，在遇到王國寶與他的同黨王緒的時候，當著王國寶的面王大故意大聲呵斥王緒：「你們做那些傷天害理的事情，難道就不怕日後會清算坐牢嗎？」正義正氣由此可見。

除了上面兩則故事之外，王大在工作中的優秀表現，還體現在荊州任上。這一點，他與他的偶像——琅琊王家的王澄相比，簡直一個天上一個地下。晉孝武帝太元十四年（西元*389*年），由於防務需要，王大被派往荊州任刺史（地方最高行政長官），都督荊州、益州、寧州等三州軍事，兼建武將軍，並「假節」（由皇帝賜予，在所轄區域代表皇帝對所有官民擁有生殺大權的憑據）。

荊州，魏晉時期華夏最富庶之地，也是戰略要地，歷來為兵家必爭，年齡長他一輩的東晉名士周顗、王澄可以說都是栽倒在荊州任上的。這樣一來幾乎東晉的半條命都掌握在了王大的手裡，任務之艱，可想而知。

王大向來是個自恃才氣之人，好酒如命不說，酒後往往放任不拘，加之又時常表露出對阮籍、王澄的仰慕。他這種性格的人，年齡也只有三十幾歲，朝廷竟然派他去擔任如此重要地方的如此位置。從家人到滿朝文武，知道這個消息的人，只要提起，莫不為晉王朝的命運和王大擔憂。讓大家意想不到的是，王大一到荊州，「威風肅然」，形勢迅速得到改變，「殊得物和」——政通人和，秩序井然。

荊州也是前任大司馬桓溫（名相王導之後左右朝政的人，晚年欲廢帝自立，未果而死。詳見本書「桓溫」一章）父子經營多年的地方，此時桓溫雖然已經不在人世，但其兒子桓玄卻仍帶著父親的兵馬駐紮在這裡。荊州是桓溫及其後代的封地，而且在當地可說擁有幾代故交舊友，加上這個桓玄也是自命不凡之人，因此常常做出一些仗勢凌人的事來。見到太原王家的王大又一次把權力伸進自己桓家的領地，桓玄自然是十二分地不滿，因此在王大初來乍到時，就時時處處跟他作對。

說起這桓家跟太原王家，還真有剪不斷理還亂的關係。遠的不說，就是王大與桓玄他們的父親這輩，就有說不完的故事。本章第一部分「笑破肚皮的活寶之家」曾經提到，當時王大的父親王坦之就是在桓玄的父親桓溫手下做長史，為了籠絡王家勢力達到篡奪地位的目的，桓溫曾經提出想要娶王大的姐姐做兒媳婦。王大父親回家跟爺爺王藍田商量，王藍田大發雷霆把父親王坦之從膝上推了下來，並說：「我們家的姑娘，怎麼能嫁給一個當兵的人家呢？」他顯然是很瞧不起桓家，但是後來王藍田去世後，桓溫的女兒卻嫁給了王大的一個哥哥。姻倒是聯上了，可兩家的感情和桓溫的陰謀詭計卻沒能跟王家聯上。王大的父親王坦之後來跟了成語「東山再起」的主角謝安，並且在桓溫幾次大兵壓境要篡奪皇權的時候與謝安出生入死，保住了司馬氏天下。

到了王大跟桓玄這輩，他們之間仍然有扯不清的瓜葛，除了工作上直接的利害衝突之外，私下裡還是親戚和朋友。

> 玄嘗詣忱，通人未出，乘轝（音ㄩˊ，同「輿」）直進。忱對玄鞭門幹（意指守門的吏役），玄怒，去之，忱亦不留。嘗朔日見客，仗衛甚盛，玄言欲獵，借數百人，忱悉給之。玄憚而服焉。（《晉書‧王忱傳》）

王大來到荊州後，由於要推行自己的新政，不得已要拿以官員身分盤踞在荊州多年的「黑社會」老大桓玄開刀。這桓玄也發毛了，他得給王大一點顏色看看。一天，桓玄收拾打扮駕著豪華馬車要去拜訪王大。到了王大府上，門衛一看是桓玄大人到了，馬上轉身進去稟報王大。桓玄有意要讓王大難堪，就吩咐司機「加大油門」衝進王大的院子。王大聽到聲音，從家裡走了出來。一看當時的情況，他什麼也不說，只拿著鞭子走到門衛室，對著自己家值班的門衛「劈哩啪啦」就是一頓暴打。桓玄一看，這哪裡是打他的門衛，明明是在打自己的臉嘛。於是，吩咐下人掉轉馬頭就走。看到這種情況，王大也不相留，只是冷冷地看著桓玄的馬車離開。整個過程從頭到尾兩人沒說一句話。

王大在荊州把每個月的初一這一天定為自己接待親戚好友同僚的日子，每當這時候，都會大擺威儀，把一個大軍區司令員的架勢做足做亮。大門外，庭院裡，衛兵挺立，盔明甲亮，精神抖擻。桓玄看到這種情況，又生一計，他想看看王大是否因為有這些衛兵才如此威風，便提出要把這幾百衛兵悉數借走跟自己去打獵。王大一聽，連想都沒想就說：「拿去吧！」

從此之後，桓玄對王大是又恨又怕。收拾好了桓玄，荊州的治理就不在話下了。

王、桓兩家勢力在荊州就這樣和平共處，直到西元*391*年桓玄被召為太子洗馬而離開荊州。

關於這兩人的分別，《世說新語》裡有載：

> 桓南郡被召作太子洗馬，船泊荻渚，王大服散後已小醉，往看桓。桓為設酒，不能冷飲，頻語左右：「令溫酒來！」桓乃流涕嗚咽，王便欲去。桓以手巾掩淚，因謂王曰：「犯我家諱，何預卿事！」王嘆曰：「靈寶故自達。」

這段話翻譯過來是這樣的：

桓玄被調回京城做太子洗馬，臨行之前船停在江邊蘆葦灘上，王大聽到桓玄即將出發的消息時，剛好吃過五石散，已經有些醉了，但還是堅持要親自去為桓玄送行。桓玄見王大上船來送自己，很是高興，就吩咐手下設宴擺酒，要跟王大喝上一杯。這時候的王大剛剛才過足毒癮一會兒，為了保命，肯定是不敢喝冷酒（詳情請參看本書「何晏」一章第四部分「藥鬼和『偉哥型搖頭丸』」）。於是王大就連續對左右說了幾遍：「叫他們把酒溫熱上來。」王大一心想的是不能喝冷酒，並沒別的意思。誰知桓玄一聽這話，立刻就一把鼻涕一把淚地哭了起來。王大一看這架勢，氣不打一處，站起來就要走。桓玄一見王大要走，一邊用手巾擦眼淚，一邊對王大說：「我哭是因為你不小心觸及了已故家父名字的忌諱，按規矩我必須得哭，關你什麼事，你走什麼啊？」

原來，晉人的習俗，假如當著別人的面不小心說出了那人父母的名諱是犯大忌的。而作為被冒犯者的後人，無論在什麼情況下，一旦聽到有人冒犯自己尊長的名諱，一是必須懲罰對方，二是必須表示悲傷才能證明自己的孝心。「溫酒」一詞，犯了桓溫的名諱，所以桓玄不得不哭。

王大見桓玄梨花帶雨地說出原委，方才悔恨不已。鑑於桓玄對這事的處理態度，王大由衷地說了一句：「桓靈寶（桓玄，字靈寶）的確是曠達大度啊！」

這一別，也是王大跟桓玄的最後一次別離。王大又吸毒又酗酒地過著狂亂的生活，在桓玄走後的第二年就死在了任上。而桓玄，在王大這個剋星死去之後的第十二年，就逼著東晉安帝獻出了國璽，改國號為楚，自己做起了皇帝。

兩位高官的酒後鬥毆

要說王大的一生，必須得提到一個人，這個人在東晉後期是赫赫有名的保皇派，公認的忠臣。他也是山西太原王家的一員，是王大的從姪，但是年齡似乎跟王大相差無幾。

這個人叫王恭，史料對他的記錄比王大多得多。他是東晉孝武帝皇后王法慧的哥哥，他曾兩次帶領軍隊殺向首都建康，要驅除挾持皇帝意欲篡位的奸臣，後一次竟被各路軍閥推為盟主。他不但性格耿直厚道，清廉之聲遠揚，而且長相也很帥，在歷史上一直受到後人褒獎。

漢語中有一句成語，叫「身無長物」，就是起源於他跟本文主人翁王大的一個故事：

王恭在會稽為官回到建康，王大聽說他回來了，就去看他。去的時候，看到王恭正坐在一張六尺大的竹席上。因為這是會稽的特產，王大一眼得見就對王恭說：「你既然從那邊回來，想必帶有這個東西，可不可以送我一張？」王恭不置可否。於是兩人開始談起相互感興趣的話題，聊夠了，要分手的時候，王恭就把坐著的竹席捲了起來送給王大。王大也不嫌是用過的，拿了就走。竹席被王大拿走之後，王恭沒了坐的，只得坐在草墊上。很多天之後王大無意間聽人說起王恭只得坐草墊的事情，大為驚訝。他去到王恭家一看，果然如此，於是對王恭說：「我本來以為你有多的，才問你要。唉！沒想到啊。」王恭對王大說：「叔叔，看來您還是不瞭解我啊！我做人從來都這樣，身無長物。」

中國有句話，少年叔姪為弟兄。《晉書‧王忱傳》中介紹王大的時候說，「弱冠知名，與王恭、王珣俱流譽一時。」由此可以推斷，王大與王恭雖是叔姪，但更是兒時童伴關係，到了剛成年的時候，就一起出名了。

在很長一段時期內，王大、王恭倆可說是形影不離，即使分手之後，也非常想念對方。這樣的友誼一來有家族的關係，但更多的是兩人之間志趣相投，在一起總有說不完的話。

> 王恭隨父在會稽，王大自都來拜墓，恭暫往墓下看之。為人素善，遂十餘日方還。父問恭：「何故多日？」對曰：「與阿大語，蟬連不得歸。」因語之曰：「恐阿大非爾之友，終乖愛好。」果如其言。（《世說新語‧識鑒》）

這段說的是：

王恭的父親當時在會稽任上的時候，王恭也隨父親住在會稽。一次王大從建康來到會稽祭奠他先人的墳墓，王恭聽說王大來了，就前往墓地去探望王大。王恭向來厚道順從，從不撒謊，但這一次離開父親一去就是十多天才回家。王恭的父親王蘊就問兒子：「你為什麼去了這麼多天才回來呢？」王恭回答說：「因為跟王大聊天，一聊起來就停不下來，所以這麼多天才回來。」王恭的父親聽了，就說：「恐怕阿大不是你的朋友，估計你們的友誼最終是要分手的。」或許是這句話產生的某種暗示，這對少年叔姪到後來竟真的分道揚鑣了。

事實上，王恭父親的那句話，在王恭的潛意識裡是起了作用的。當然，假如一點由頭都沒有也不至於讓這對優秀的叔姪反目。這其中，要「感謝」一位叫袁悅之的中下層官員，這個傢伙是個壞透頂了的東西，他跟在王國寶、王緒身邊，在司馬道子的麾下見風使舵，一個勁兒地攻擊王恭。王恭在不知情的情況下，加上父親當年的那句話，又加上王國寶是王大的哥哥，就開始懷疑在司馬道子那裡對自己使壞的人或許就是王大。因為很多事情，只有王大知道。王恭帶著這樣的情緒，與王大之間的仇隙不發生都不可能了。這樣的情緒終於在一次酒宴上爆發出來。這次事件可能是中國歷史上為官級別最高、架勢最大、導火由頭最俗氣低級的群毆了。

> 王大、王恭嘗俱在何僕射坐。恭時為丹陽尹，大始拜荊州。訖將乖之際，大勸恭酒，恭不為飲，大逼強之，轉苦。便各以裙帶繞手。恭府近千人，悉呼入齋；大左右雖少，亦命前，意便欲相殺。何僕射無計，因起排坐二人之間，方得分散。所謂勢利之交，古人羞之。（《世說新語・識鑑》）

這件事大約發生在西元389年，當時王恭的身分是丹陽尹（首都建康地理上隸屬丹陽，丹陽尹就相當於今天北京市委書記），王大呢，剛剛接到調任荊州一號長官的調令，還沒動身。

適逢一位姓何的同事請客喝酒，王大與王恭同時都是被請的貴賓。在這樣的場合，很久不見的叔姪終於見面了，一頓猛喝下來，大家都差不多了，時間也不早了，宴會快結束大家打算要告辭的時候，故事發生了。

酒後的王大可能想到以後見面的機會不多了，或許也是想藉這個機會跟從姪再來兩杯，酒後好溝通，便於澄清一些事實。於是，他就勸王恭再來一杯。王恭本來就對王大有了誤會，趁著酒興當然不買叔叔的帳。王大覺得很沒面子，就開始強迫起王恭來，王大越是逼迫王恭越是生氣。於是兩人純粹拉下臉面，惡語相向，雙方都把衣帶挽在了手上，有點像上世紀七、八〇年代的人打架，先要把最貴重的財產——手錶脫了放在兜裡一樣。王恭家裡的家丁僕人較多，有近一千人，全都被手下叫來了；而王大的手下人卻沒那麼多，但也被隨從叫來了，王大讓他們衝上去，與對方拚了。這位何姓同事沒想到好心好意請一頓飯，卻把家裡鬧成了即將血流成河的戰場，且這兩方都不是自己得罪得起的，心裡那個急呀，不用說了。

古代貴族就是不一樣，雙方的家丁奴僕全都叫上陣來，心裡恨不得張口咬死對方，但架子還得繃足了——都端坐在自己位子上。這請客的主家沒了辦法，只得起身坐在兩人中間一個勁兒地求爺爺告奶奶，勸解兩位大人。可能是怕對不起請客的主家，兩邊才各自散去。

此後，兩位從開襠褲時代一道成長起來，可以一連聊十多天的叔姪，在政治的漩渦中，就這樣結束了情誼。

從王大去到荊州兩人就再沒見面了，沒幾年，王大死在了任上。

隨著時間的推移，王恭似乎明白了其中的一些原委。後來，權勢越來越大的王恭在對付司馬道子的鬥爭中，會常常想起王大。有一次，王恭吃了五石散，為了「發散」走到京口一個叫射堂的地方。他見晨暉照著閃光的露珠，初生的桐枝吐露嫩芽，不禁觸景生情，隨口說道：「王大故自濯濯。」翻譯過來就是，王大的確是個明朗閃亮的人啊！

西元392年，估計是酗酒、吸毒太多，正值壯年的王大死在了荊州的任上。在他死後，圍繞荊州刺史這一要職，那些投機鑽營的勢利爬蟲，包括想穩固天下的晉孝武帝都為這一職位絞盡了腦汁，鬧出了一個個羞人的笑話。

幾年之後，王恭也在捍衛所謂正統皇權的鬥爭中，被司馬道子殺死，一起受害的還有他的五子及其弟王爽、王爽的姪子秘書郎王和、孟璞、張恪等人。

成語附錄

【成語】**後起之秀**
【釋義】後來出現的，或新成長起來的優秀人物。
【出處】《晉書・王忱傳》：「卿風流俊望，真後來之秀。」

【成語】**身無長物**
【釋義】除自身外再沒有多餘的東西。形容貧窮。
【出處】南朝・宋・劉義慶《世說新語・德行》：「對曰：『丈人不悉恭，恭作人無長物。』」

後記

在《魏晉原來是這麼瘋狂（*818*瘋狂魏晉的牛人）》一書快脫稿的一個晚上，我夢見了外公，第二天我寫下了下面這則日記掛在博客上。不久後的一天，我萌生了用這則日記做這本書後記的想法。各位見笑了。

外公來了，高興勁兒呀，甭提了。快三十年沒見外公了，外公喜歡熱鬧，馬上帶外公逛街去。

外公，為什麼就只能在夢裡見到您呢？感謝這個離奇的夢讓我見到了您；也恨這個夢讓我想起您！時光掠走的東西永遠回不來了。

外公！我一生唯一見過的祖輩親人！我想您，卻不想回到童年！

外公，物質匱乏的年代已經過去了，商場裡吃的用的堆山似海，眼睛都看累您。我有能力買好菸給您抽了！您最喜歡的奢侈無比的月餅，家裡隨時都有。

外公！我沒有去當匪，我在一個陌生的城市靠閱讀和碼字為生，認識我的人中開始有人叫我「先生」了，我很喜歡這個稱呼，卻一直戰戰兢兢聽著這個稱呼不敢答應。

外公，現在的書太多了，您過去要找的那些書現在全有了，您要哪個朝代的我可以馬上找給您。我有一壁六米長、兩米五高的書櫃，全塞滿了，比我們家當年那個小書櫥大得太多太多。

外公，您第一次生氣的情景我現在還記得，我興高采烈地告訴您我把各個朝代的書讀完了，您聽了一定「很生氣，後果很嚴重」。

現在才發現那時的我太無知了，在您的鼓動下太想做飽學之士。外公，我永遠做不了飽學之士！我眼睛都讀鼓了，讀痛了，每一天都佈滿血絲。我把書當作敵人，一本本消滅，卻發現敵人越來越多，他們漫山遍野，悄無聲息地襲來，越壓越近，太恐怖了！

外公！我一秒不敢停，滿眼都是敵人！他們越逼越近！

外公，這是我親手鼓搗的第三本書了，不知道這本會怎樣。我還有兩件好事要告訴你，我有一大幫很關愛我的師友、密友，我也很愛他們，但是，我不想說感謝，我怕一說出來就褻瀆了他們對我的深情厚意；另外，我老婆很賢慧，包括我像劉伶那樣濫酒，像王徽之那樣不諳正事，如阮咸那般好色，她都很能理解。她說：勝祥的「系統」中了魏晉的病毒，無論殺毒或是格盤（指格式化硬碟），那都不是他了。

人物中國：

01	解密商豪胡雪巖《五字商訓》	侯書森	定價：220元
02	睜眼看曹操-雙面曹操的陰陽謀略	長　浩	定價：220元
03	第一大貪官-和珅傳奇（精裝）	王輝盛珂	定價：249元
04	撼動歷史的女中豪傑	秦漢唐	定價：220元
05	睜眼看慈禧	李　傲	定價：240元
06	睜眼看雍正	李　傲	定價：240元
07	睜眼看秦皇	李　傲	定價：240元
08	風流倜儻-蘇東坡	門冀華	定價：200元
09	機智詼諧大學士-紀曉嵐	郭力行	定價：200元
10	貞觀之治-唐太宗之王者之道	黃錦波	定價：220元
11	傾聽大師李叔同	梁　靜	定價：240元
12	品中國古代帥哥	頤　程	定價：240元
13	禪讓--中國歷史上的一種權力遊戲	張　程	定價：240元
14	商賈豪俠胡雪巖(精裝)	秦漢唐	定價：169元
15	歷代后妃宮闈傳奇	秦漢唐	定價：260元
16	歷代后妃權力之爭	秦漢唐	定價：220元
17	大明叛降吳三桂	鳳　娟	定價：220元
18	鐵膽英雄一趙子龍	戴宗立	定價：260元
19	一代天驕成吉思汗	郝鳳娟	定價：230元
20	弘一大師李叔同的後半生-精裝	王湜華	定價：450元
21	末代皇帝溥儀與我	李淑賢口述	定價：280元
22	品關羽	東方誠明	定價：260元
23	明朝一哥 王陽明	呂 崢	定價：260元
24	季羨林的世紀人生	李 琴	定價：260元
25	民國十大奇女子的美麗與哀愁	蕭素均	定價：260元
26	這個宰相不簡單--張居正	逸 鳴	定價：260元
27	六世達賴喇嘛倉央嘉措的情與詩	任倬灝	定價：260元
28	曾國藩經世101智慧	吳金衛	定價：280元
29	魏晉原來是這麼瘋狂	姚勝祥	定價：280元

《明朝一哥 王陽明》

出版3個月隨即暢銷100000冊的歷史大書
呂崢以心寫史最牛新銳，叫板當年明月。
《明朝那些事兒》之後最值得期待的通俗歷史佳作
最年輕、最犀利的陽明心學傳人為您講述，有故事的思想，有思想的故事，有故事和思想的歷史。

王陽明到底有多牛？大明王朝三百年，只出王守仁一人。研讀《蔣介石日記》，發現蔣介石一生中最大的偶像是王陽明。閱讀王陽明，令蔣介石「手之舞之，足之蹈之」。日本「明治維新」的先驅在中國明代找到了他們唯一的精神領袖——王陽明。

《明朝一哥王陽明》凝聚了作者披閱三載、增刪數次的心血。在窮盡一切辦法汲取中外王學研究的基礎上，用通俗幽於默的語言將王陽明幾起幾落的人生歷程娓娓道來，力圖全景式地展現陽明先生盪氣迴腸的一生。除此之外，作者並不止步於寫一本通俗歷史人物傳記，而是舉重若於輕、深入淺出地將陽明心學的三大命題「心即理」、「知行合一」以及「致良知」的形成、發展貫穿其中，使心學思想的脈絡有跡可循。

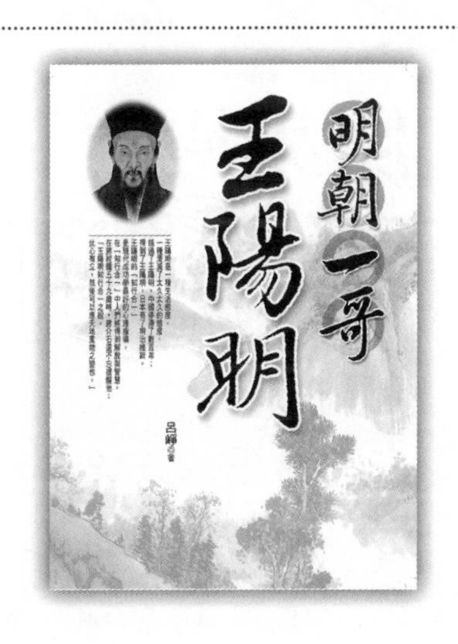

國家圖書館出版品預行編目資料

魏晉原來是這麼瘋狂 / 姚勝祥

-- 一版. -- 臺北市 :廣達文化，2011.12

; 公分. - (人物中國:29) (文經閣)

ISBN 978-957-713-487-5 (平裝)

1. 魏晉南北朝史 2.通俗史話

623　　　　100023172

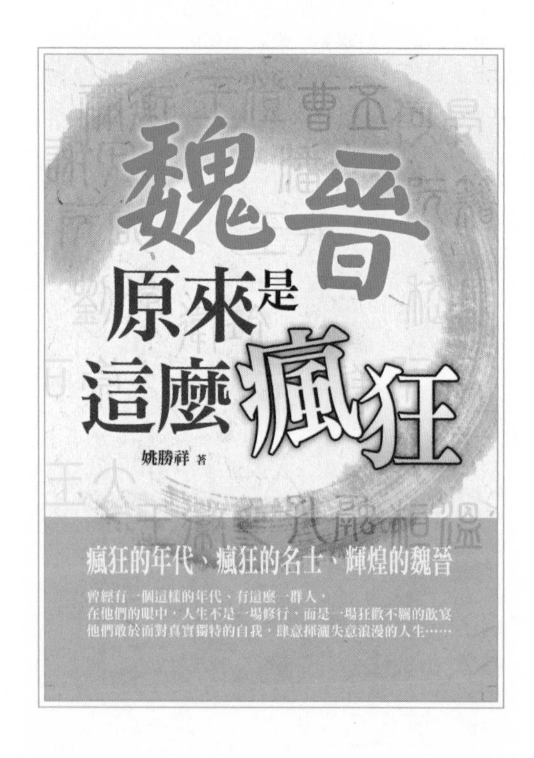

書山有路勤為徑
學海無涯苦作舟

魏晉原來是這麼瘋狂

作　者：姚勝祥
叢書別：人物中國：29
出版者：廣達文化事業有限公司

文經閣企畫出版
Quanta Association Cultural Enterprises Co. Ltd
編輯執行總監：秦漢唐

編輯所：臺北市信義區中坡南路 287 號 5 樓
通訊：南港福德郵政 7-49 號
電話：27283588　傳真：27264126
劃撥帳號：19805171
戶名：廣達文化事業有限公司
E-mail：siraviko@seed.net.tw
www.quantabooks.com.tw

製　版：卡樂製版有限公司
印　刷：大裕印刷排版公司
裝　訂：秉成裝訂有限公司

代理行銷：創智文化有限公司
23674 新北市土城區忠承路 89 號 6 樓
電話：02-2268-3489　傳真：02-2269-6560

CVS 代理：美璟文化有限公司
電話：02-27239968　傳真：27239668

一版一刷：2012 年 1 月
定 價：280 元

書山有路勤為徑，學海無涯苦作舟。